战国派儿

战国时期的人与事

ZHANGUO PAIER
ZHANGUO SHIQI DE RENYUSHI

郑连根　著

齊魯書社

图书在版编目（CIP）数据

战国派儿：战国时期的人与事／郑连根著. —济南：齐鲁书社，2015. 9
ISBN 978 - 7 - 5333 - 3388 - 1

Ⅰ. ①战…　Ⅱ. ①郑…　Ⅲ. ①中国历史—战国时代
Ⅳ. ①K231

中国版本图书馆 CIP 数据核字(2015)第 192535 号

战国派儿：战国时期的人与事
郑连根　著

主管单位	山东出版传媒股份有限公司
出版发行	齊魯書社
社　　址	济南市英雄山路 189 号
邮　　编	250002
网　　址	www. qlss. com. cn
电子邮箱	qilupress@ 126. com
营销中心	(0531)82098521　82098519
印　　刷	济南华东彩印有限公司
开　　本	710mm × 1000mm　1/16
印　　张	18. 25
插　　页	3
字　　数	256 千
版　　次	2015 年 9 月第 1 版
印　　次	2015 年 9 月第 1 次印刷
标准书号	ISBN 978 - 7 - 5333 - 3388 - 1
定　　价	**42. 00 元**

目 录
contents

战 国 派 儿：战国时期的人与事

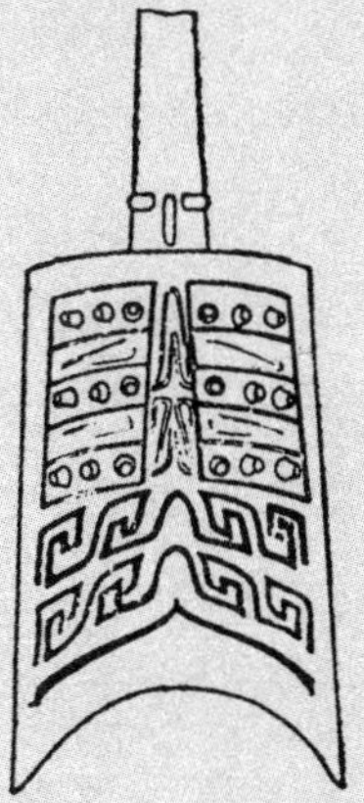

目 录

战的国（代序言）

魏 新

国就是个家，一战准乱。乱七八糟，乱出七雄、百家，千军万马，争斗的争斗，争鸣的争鸣，争得你死我活。这段时期的人们，脑门上都有俩字油亮：不服。

国不服国，家不服家。名誉上还有个居委会管着，家事全自个儿说了算。居委会主任姓姬，称周王，住洛阳，门口挂着过时的横幅，原写着“普天之下，莫非王土”，由于风吹日晒，“王”字掉了个横，就成了“莫非土土”。这倒也名副其实，到处都是土，风一吹，全扬起来了，看不清人，迷眼，两军交阵，往往就是一阵风，什么也看不见，就听见有敲鼓的，有打锣的，大家都在嗷嗷叫，风停了，地上躺着死人，站着活人，半死的人匍匐如蛆，死人一身血，活人也一身血，一个个灰头土脸，傻站着，脑子活泛的从地上割个脑袋，冲到前面，举起来比划两下，张开大嘴，准备吼一嗓子，想出声？够呛，嗓子全哑了。如孟子说：“争地之战，杀人盈野，争城之战，杀人盈城。”

人更不服人。能打的，立军功，就可加爵。就算是马加爵，拿着锤子去战场猛抡，说不定就抡成马服君。能说的，三寸不烂之舌，就能从“齐秦”变成苏秦，携六国相印，走在无垠的旷野中。人的上升空间广阔，死得也快，不服就玩命，从小命玩到老命，就叫成功。小命没了，是命不好；老命没了，是命好得让人发指，不小心成了“万夫指”。

谁都不服谁，所以能青史留名的人多不得善终。

自己人要想服也难，好不容易有了次将相和，被传为千古佳话。

佳话也很有可能是假话。负荆请罪的廉将军晚年悲凉，英雄迟暮如美人变老，让人唏嘘。

这就是战国，还不知道什么才是真正的大一统，不管是地域还是思想。过去的事还没有沉淀出普世真理，时代就已经完全变了模样，未来如何，谁也难以判断。人们焦虑，但来不及彷徨；人们慌乱，看起来疯狂；人们开始变得复杂，再不像以前那样天真，一个个殚精竭虑，一个个筋疲力尽，都生怕错过一个时机，就错过了一个时代。

战国是一个不能复制的时代，钱穆先生在《国史大纲》中称之为“中国史上一个变动最激剧的时期”。一切都在飞速变幻，从三家分晋开始，到秦灭六国，系统不断升级，APP 每天自动更新。再往后，中国历史的各种形态就基本稳定起来，秦始皇修了防火墙，后面的朝代不断装各种杀毒软件，中央越来越庞大，凝固速度击败了百分之九十九的人脑。一直到到民国，才进入又一个不能复制的时代。

事实上，今天的我们，也生活在一个被互联网改变了的战国里。

连根兄继《春秋范儿》后，又著大作《战国派儿》，在我看来，更有价值。这种价值不仅来自他对那段历史的梳理和诠释，更有那段历史对我们今天的关照和启迪。历史没有真相，只残存一些道理。有了这些道理，就有了读史的价值。

我早就有写一本和战国有关的书的想法，也曾尝试着写过十几万字，因学力不逮，总觉得难以把握到位，读连根兄这本书，觉得酣畅有趣，回味无穷。战国本身虽写满“不服”，对连根兄，我还是服了的。

战国还有一个特点，就是客多。有门客，有说客，还有刺客，也可以说，那是一个属于客的时代，那么多人客居战国，寄人篱下，难免会遇到店大欺客，当然，也有客脱颖而出，也有客以命殉主，更多的客则默默无闻，客死他乡。

连根兄是蒙古族，生于内蒙古赤峰，我在县城长大，和连根兄相识于济南。对这座我们共同生活了很多年的城市，都有着非常复杂的感情。不管怎样，我们都是这座城市的客，有时是乘客，有时是游客，有时是顾客，终将成为过客。

我们也是战国的过客，因为，读书让我们可以经过更悠远的时光。

是为序。

（作者系著名学者、作家、央视《百家讲坛》主讲）

前言

一个躁动不安又活力四射的时代

今年1月份，齐鲁书社出版了我的《春秋范儿》一书。2月份，此书登上了《中国新闻出版报》的社科类畅销书榜，京东网、当当网等不少网站也予以推荐。自己写的一本书能获得这么大的关注，这是我完全没想到的。受到鼓励之后，我就又写出了这本《战国派儿》。按照历史的顺序，"春秋"之后是"战国"，我写完"春秋"之后写"战国"，也算顺理成章。

虽然"春秋"与"战国"在时间上紧密相连，算是姊妹，但这两个姊妹的"精气神"却差异极大。如果说"春秋"是贵族，那么"战国"就是平民，"春秋"是大家闺秀，"战国"就是小家碧玉，甚至连小家碧玉都算不是上，就是个有时还口吐脏字的邻家女孩；如果说"春秋"还有外交上的彬彬有礼诗酒唱和的话，那么"战国"则完全变成了纵横家摇唇鼓舌雄辩滔滔的"大忽悠"；如果说春秋时代的人还追求"诗意和远方"的话，那么战国时代的人就特别务实，赤裸裸地追求"富与贵"；如果说春秋时代的整个社会像一段流经平原的河流的话，那么到了战国时代，这条河所流经就是峡谷与断崖，所造成的景观就是险滩与瀑布，其变动之剧烈，前所未有。

前所未有的社会巨变催生出了兼并战争，催生出了富国强兵的变法，催生出了士人阶层的崛起，也催生出了文化上的百家争鸣。激烈的社会转型制造了很多机遇，让很多人由草根迅速逆袭为将相，急剧的变动亦可以让很多人由将相立马变成阶下囚，继而死无葬身之地；社会巨变激发出了人们的巨大潜能，让他们拼命地开疆辟土，让他们拼命地奔向富贵，让他们拼命地赚取军功和爵位，让他们拼命地保护自己、打击对手。

战国时代，温情脉脉温文尔雅行不通了，取而代之的是功利主义盛行，好勇斗狠上位。为了所谓的成功，苏秦可以“头悬梁，锥刺股”，吴起可以杀妻求将，人们对自己狠，对别人更狠。人们越来越躁动不安，越来越心思用尽。社会风气也因此变得浮躁，变得充满戾气，同时也变得活力四射，机遇与风险并存。巨变摧毁了许多规则，巨变也制造很多潜规则，人们拼命想抓到点什么，人们拼了命最后仍然什么都没抓到，哪怕是一根稻草，或者是一片浮云。

也不能说什么都没有留下。巨变让人们身心俱疲，无比焦虑，巨变也让人性的复杂与深刻得到了充分的展现与提炼。在巨变的时代，人才受到了真正的礼遇，士人的地位空前提高，他们在各国之间奔走游说，自由言说且相互论争。他们想把自己的思想推销给君王，他们想用自己的奇思妙想扭转时局，他们想用自己的一技之长安身立命。当整个战国时代结束之后，一个大秦帝国巍然矗立。自此，以皇帝集权和郡县制为特色的帝国体制在中国沿用了两千多年。还有就是百家争鸣所留下的先秦思想，这是中国思想文化史上的一座丰碑，它是“一座非人工的纪念碑”，至今仍高高屹立，为人仰望。秦始皇曾焚烧过诸子百家的书籍，可诸子百家的思想高度硬是没怎么受影响，这不能不说是一个奇迹。六国的精兵强将都抗不住强秦的虎狼之师，可当诸子百家作为一个文化整体存在时，他们的思想和目光竟能像金刚一样，穿过了秦朝焚书的熊熊火光。最后，暴政的火光熄灭了，思想的光芒仍然温暖着人们。统一的帝国治理结构和辉煌的诸子百家思想，这是中国人经历躁动不安而又活力四射的战国时代后所萃取出的两枚勋章。

透过上面的表述，有心的朋友可能会感觉到战国时代与当下生活的某种相似性。不错，我也在对历史的回望中看到了现实的某些影子。现实是携带者历史遗传基因的隔代子孙，历史是现实社会在时光长河中的一次次聚焦。若说现实是一个站在岸边看云看水的人，那么历史可能就是这个人在水面上的倒影。历史可以做现实的镜鉴，历史可以启迪今人的思考，激活今人的智慧。只要用心读史，我们就不难感受到现实与历史之间那种特有的纠葛、错位与张力。

以上算是我对战国时代的一个简单概括，谨以此作为本书的前言，并期待您的回应。

第一辑：

变法路

智伯：贪婪之人没智慧

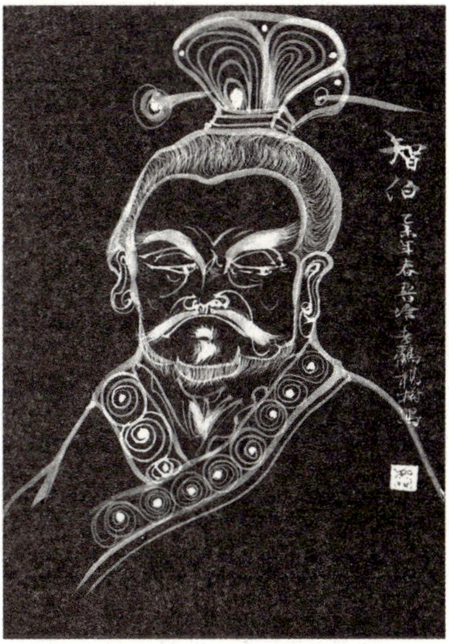

智伯像　杨树 绘

晋国是春秋时期的大国，自晋文公重耳建立霸业之后，晋国担任诸侯国霸主的时间前后有近百年，是诸侯国中称霸时间最长的一个。可是，到了春秋末期，晋国国君的权威也丧失了，晋国的实权由韩、赵、魏、智、范、中行六大政治家族把持，这在历史上叫作“六卿擅权”。这六大政治家族各有自己的地盘和武装，他们之间互相倾轧。在残酷的政治斗争中，范、中行两大政治家族先被清洗掉了，这样就只剩下智、赵、韩、魏四家，这四大政治家族中，又以智家的势力最大。

智家的实力最强，智家的当家人智襄子（本名智瑶，又称智伯）就不免骄横嚣张。有一次，智襄子与韩、魏两家的当家人韩康子、魏桓子一起喝酒。宴会之上，智襄子就“戏康子而侮段规”，戏弄韩康子，还侮辱人家的谋士段规，对别人很不尊重。

智氏家族的一个人叫智国，听说这件事之后就劝智襄子说：“您怎么能在宴会上随意戏弄、侮辱其他家族的当家人呢？欺负蜜蜂、蚂蚁、毒蛇之类的小动物，这些小动物急了都会害人，何况是大家族的当家人？您恐怕得防止人家报复。”

智伯说：“我们智家实力最强，我不攻击韩、魏、赵几家就不错了，他们怎么敢攻打我？”因此，他根本就不听智国的劝谏。

侮辱别人还不算，智伯还特别贪婪。他仗势欺人，向韩康子要地。本来每个家族各有地盘的，你突然想要别人的土地，谁愿意给呀？韩康子最初也不想给。可是，段规说：“智伯这个人刚愎自用，还贪图小利，他要土地，您不给，他就会发兵攻打我们，而我们又打不过他。所以，还不如给他土地。他顺利地从咱们韩家得到土地后，还一定会向魏、赵两家去要。那两家不给，他们之间就会兵戎相见，打起来。智伯跟别人打起来了，我们韩家就‘得免于患而待事之变矣’——不但能免于受攻击，还能借此坐山观虎斗，等待机会。”韩康子一听有道理，就答应了智伯的无理要求。

智伯轻易地就从韩康子那里要来土地，觉得太爽了，就又向魏家要地。魏桓子本来也打算不给，但魏桓子的谋士任章认为应该给，他说：“智伯无缘无故地就向别人要地，别人一定很恐惧。我们把土地给他，智伯一定会更骄傲，他一骄傲就会轻敌。而被要地的各家因恐惧就会互相联合，‘以相亲之兵待轻敌之人，智氏之命必不长矣’。所以，您不如先把土地给智伯，以让智伯更加骄傲，而我们则联合韩家、赵家一块对付智家。”魏桓子听后说：“善！”太好了！于是，也把土地给了智伯。

如果智伯适可而止，就此收手，悲剧也许就不会发生了。可是，贪婪之人总是得陇望蜀，永不知足。智伯又向赵家要地。结果，赵家的当家人赵襄子坚决不给。智伯碰了钉子，很生气，就胁迫韩、魏两家，一块出兵攻打赵家。

赵家打不过智、韩、魏三家的联军，就逃跑到了晋阳城（今天的山西太原）。智伯乘胜追击，很快带兵把晋阳城给包围了。围城之后，智伯下令攻城，但晋阳城头上的飞箭密如雨下，智伯的军队多次进攻都攻不下来。就这样，赵襄子死守晋阳城两年多。

强攻不下，智伯就开始想别的办法。有一天，他发现晋水绕过晋阳城往下游流去，于是想起了水攻之法。他吩咐兵士在晋水上筑一道堤坝，拦住上游的水，待水涨满之后，再让士兵在水坝上挖开了口子，对着晋阳城猛灌。大水灌进晋阳城，百姓的房子都被淹了，人们不得不把锅挂起来做饭。可是，晋阳城的老百姓恨透了智伯，宁可淹死，也不肯投降。

智伯约韩康子、魏桓子一起去察看水势，得意扬扬地说："今天我才知道大水也能灭掉一个国家呀。"

这话让韩康子和魏桓子心中一惊，两人嘴上没说什么，但私下里做了两个小动作，"桓子肘康子，康子履桓子之跗"，魏桓子用胳膊肘碰了韩康子一下，韩康子用鞋碰了碰魏桓子的脚背，通过这两个小动作，两人就达成了默契。为什么？原来，魏家的封邑安邑（今山西夏县西北）旁边也有一条河——汾水，韩家的封邑平阳（今山西临汾市西南）旁也有一条河——绛水。智伯的话正好提醒了他们，既然晋水能灌晋阳，那么汾水、绛水不一样也可以灌安邑、平阳吗？兔死狐悲，智伯今天灭赵家，明天后天不也会用同样的手段对付我们吗？

恰在此时，赵襄子派门客张孟来找到了韩康子和魏桓子，跟他们说："唇亡齿寒，今天智伯灭了赵家，接下来就会灭你们两家。"韩康子、魏桓子也同意张孟的判断，很快，赵、魏、韩三家就达成了联手共同对付智伯的作战计划。计划也很简单，你智伯不是把大堤里的水灌到晋阳城中吗？我们就以其人之道还治其人之身，再让士兵对着智伯的军营掘开个口子不就得了？

第二天夜里，智伯还在睡觉，猛然间听见一片喊杀声。他连忙爬起，发现衣裳和被子全湿了，再定睛一看，兵营里全是水。智伯惊慌不定之时，四面八方响起了战鼓。赵、韩、魏三家的士兵驾着小船、木筏一齐冲杀过来。智家的兵士，被砍死的和淹死在水里的不计其数。智伯全军覆没，他自己也被三家的人马逮住杀了。

赵、韩、魏三家灭了智家，不但把智伯侵占两家的土地收了回来，连智家的土地也被三家给分了。后来，这三家又把晋国的其他土地也瓜分了，“三家分晋”的格局就此形成。

如果把晋国比作一个大股份公司的话，那么它原本有智、赵、韩、魏四大股东，而其中智伯所代表的智家又是第一大股东，智伯本人还是CEO（晋国的执政官）。由于智伯的经营不善，他不但把自己的小命给玩完了，还把智家第一大股东的地位也给弄丢了。那么，智伯为什么会犯如此严重的错误呢？北宋史学家司马光认为：“智伯之亡也，才胜德也。”意思是，智伯有才华但没道德，没有达到一个好领导所应具备的“德才兼备”的标准。智伯有啥才华呢？有人总结他有五贤，第一，“美鬓长大”，人长得高大，胡须也漂亮，是个大帅哥；第二，“射御足力”，不论是射箭还是驾车，都是一把好手；第三，“伎艺毕给”，会很多技艺，那个年代贵族该会的技艺他差不多都会；第四，“巧文辩惠”，能言善辩，是个不错的演说家；第五，“强毅果敢”，性格坚强，做事果断，有比较强的决策能力。大家通过这五条可以大致想象一下智伯的样子：高大帅气，威猛有力，多才多艺，能言善辩，再加上“官二代”的身份，这不就是当今很多女性梦寐以求的嫁人对象吗？可是且慢，智伯身上还有一个致命的缺点：“不仁。”“不仁”就是没有同情心，不厚道，凡事只讲利害不讲道义，也就是“无德”。当初，老爸智宣子选接班人的时候，就有一个叫智果的人指出过智伯的致命缺欠，说他“以其五贤陵人而以不仁行之，其谁能待之？”意思是，智伯日后用自己的五项优点凌驾于别人之上，而自身却没有仁德，那谁受得了他？智伯后来的灭亡也证实了这个判断——既然你让别人都受不了，那别人就只好联合起来把你搞掉了。

智伯虽然姓智，但他本身并没有智慧。他很帅很有才，甚至也很有本事，但缺乏道德的滋养，所有的这些在他身上都没能转化成智慧。没有智慧的统摄，才能就没有确定的指向——才能是一种技术手段，可以用来行善也可用来作恶。对智伯来说，他的才能就是他实现贪欲的手段。有智慧的人一定懂得节制，而智伯却十分贪婪，最后也恰恰是贪婪害死了他。

贪欲害死过很多人。今天的不少贪官也是智伯型的人物，他们中间不乏帅哥、“官二代”，他们并不是窝囊废，有的人甚至还很有本事，大权在握之际，他们呼风唤雨，能搞定很多事。可是，他们都是有本事没智慧的人。他们都不能搞定自己，尤其是不能驯服自己的贪欲。老子说：“知人者智，自知者明；胜人有力，自胜者强；知足者富，强行有志。”可见，光能揣摩领导、搞定别人是不够的，真正的智者一定有自知之明，能充分地了解自己、战胜自己。怎么才算“战胜自己”？节制欲望，不让自己变得贪婪。有了这个基础，智慧之树才能在一个人的心田慢慢生长。若贪欲疯长，则智慧的种子根本不能发芽。从这个意义上讲，我们可以说，所有的贪官都是没有智慧的人——连贪欲都驯服不了，哪里有智慧呢？

尹铎模式

尹铎像　杨树 绘

在“三家分晋”这个历史大事件中，一个叫尹铎的人和他治理晋阳（今山西太原）的方式起到了不可忽略的作用。

尹铎是春秋末期晋卿赵简子的家臣。晋顷公时，赵简子派尹铎去治理晋阳。上任之前，尹铎说：“以为茧丝乎？抑为保障乎？”意思是您是想让晋阳成为提供赋税的城邑呢还是使其成为日后稳固的大后方？赵简子说：“保障哉。”要使晋阳城成为危难时的避难所。

尹铎上任后，就“损其户数”，减少纳税的户口，以轻徭薄赋的方式治理晋阳。在一个横征暴敛盛行的年代，有人仍在实行“仁政”，这样的人太难得了。结果，晋阳城的老百姓就对尹铎以及他所代表的赵简子家族充满了感恩之情。

赵简子后来选儿子赵无恤为接班人，并对他说："晋国有难，而无以尹铎为少，无以晋阳为远，必以为归。"意思是，若日后有难，不要嫌尹铎年轻资历浅，也不要嫌晋阳太远，而一定去晋阳投奔尹铎。赵简子去世之后，赵无恤接班，是为赵襄子。

赵襄子之时，晋国的四大政治家族是智、赵、韩、魏，其中又以智家实力最强。智家的当家人智伯仗势欺人，先后向韩家、魏家索要土地，韩、魏两家慑于智伯的淫威，就答应了。智伯又向赵襄子要土地，赵襄子坚决拒绝。结果，智伯就胁迫韩、魏两家一块发兵攻打赵襄子。赵襄子抵挡不住智、韩、魏三家的联军，只好撤退。往哪里撤退呢？有人说，咱们撤退到长子县吧，那里距离近，而且城墙很厚。赵襄子说，那里的城墙厚，是驱使疲惫的老百姓修成的，现在再严令他们死守在那里，百姓怎么会支持我们呢？还有人说，咱们去邯郸吧，那里的仓库充实，到了那里就不用为军粮问题发愁了。赵襄子也不同意，说：邯郸仓库的粮食都是当地官员搜刮民脂民膏所得，现在我们跑到那里去，那里的百姓又怎么会跟我们一条心呢？最后，赵襄子想起了老爸的"政治遗嘱"，撤退到了尹铎治理下的晋阳城。

这个决定实在是太英明了！智伯随后就追到晋阳，并将这座城池给包围了起来。后来，智伯用水攻之计，将晋水决开一个大口子，水淹晋阳城。晋阳"城不浸者三版，沉灶产蛙"，整个城市都成了一个大池塘，青蛙在里面游来游去，低处全是水，人们只能把锅挂起来做饭。可是，即便到了这个时候，晋阳百姓依然与赵襄子一条心，"民无叛意"，誓死不向智伯投降。正因为有了晋阳百姓的坚决支持，赵襄子才能死守晋阳两年多。最后，赵襄子成功策反了韩、魏两家，一举打败了智伯。打败智伯后，赵、魏、韩三家成了晋国的大股东，最后，三家干脆将晋国一分为三，晋国消失了，赵、魏、韩三家取而代之。

赵襄子能在关键时刻打败智伯，与晋阳百姓对他的坚决拥护是密不可分的；晋阳百姓之所以坚决拥护赵襄子，又跟尹铎用轻徭薄赋的办法治理晋阳关系甚大。试想，若尹铎平日就对晋阳百姓横征暴敛，那么，晋阳被淹之际，还会“民无叛意”吗？恐怕不会吧。商纣王统治暴虐，当时的百姓就恨恨地诅咒：“时日曷丧？予与汝偕亡。”（你这个自比太阳的家伙什么时候死呀，我们宁愿与你一块死）

尹铎模式，其实就是一种政府官员与治下的百姓同甘共苦、休戚与共的官民关系。官民关系是鱼水关系还是水火关系，效果大不一样。说要争取民心，这已然是一种“策略性要求”了，有争取民心之心，说明与百姓已经有所距离、有所偏差了，理想的状态是：民心民意是一切政府诞生与运作的起点和终点，权力本来就是人民授予的，理应“权为民所用”。退一步，如果说争取民心的话，那尹铎模式就算一个争取民心的好样本，他争取民心的方法其实也很简单：不与民争利，尽可能地让利于民。可惜的是，现在有些官员治理一个地区，连当年的尹铎都不如。为了所谓的政绩，为了讨上司的欢心，为了个人的私利，不少官员非但不让利于民，反而与民争利。官员与百姓争利，官民关系又怎能和谐？

魏文侯的文治武功

魏文侯是魏桓子的孙子。魏桓子曾与赵襄子、韩康子联合灭掉了智伯，并分了智家的土地，奠定了三家分晋的格局。传位到魏斯这里，周天子承认了既定事实，于公元前403年册封魏斯、赵籍、韩虔为诸侯，这个魏斯就是魏文侯。司马光以这一年作为春秋与战国两个时代的分界点，因此，魏文侯可以说是魏国的开国之君，也是魏国百年霸业的开创者。

魏文侯像　杨树 绘

一

魏国地处中原，西有秦、韩，南有楚，北有赵，东有齐，易受攻击，而难于防守，可以说是典型的“四战之地”，一点也不占“地利”。但魏文侯是个雄才大略之君，治国有方，魏国居然在他的领导下率先称霸诸侯，这不能不说是一个奇迹。

《史记》载："文侯受子夏经艺，客段干木，过其闾，未尝不轼也。"这段简略的记载说的是什么事？说的就是魏文侯的"文治"，他拜子夏为老师，学习儒家经典。他对段干木十分尊重，每次经过段干木的家门口，一定会扶着车前的横木，向着段干木的房子行注目礼。这就涉及魏文侯的文化情怀了。子夏是孔子的高徒，"孔门十哲"之一，以"文学"见长。魏文侯将子夏请到魏国，并亲自拜子夏为师，这表明了他对儒家文化的高度认可和真心尊重。

子夏不是一个人来到魏国，他带来的是一个学术团队，田子方、段干木、公羊高、谷梁赤等人既是子夏的弟子，也是这个思想学术团队中的重要成员。田子方和段干木都是名闻诸侯的贤士。他们当时到底多厉害？一个小细节就能让人窥见一斑。魏文侯的太子子击（就是后来的魏武侯）出行，在路上遇见了田子方。子击下车"伏拜"，可是"子方不为礼"，太子给自己行了"伏拜"之礼，田子方愣是不回礼。子击很气愤，就问田子方："富贵者骄人乎？贫贱者骄人乎？"子击是太子，田子方就是一个士人，子击问，是富贵者有对人傲慢的资本还是贫贱者有对人傲慢的资本？田子方回答："当然是贫贱者。"然后给他解释说，富贵者怎么可以对人傲慢？"国君而骄人则失其国，大夫而骄人则失其家。失其国者未闻有以国待之者，失其家者未闻有以家待之者也。夫士，贫贱者，言不用，行不合，则纳履而去耳，安往而不得贫贱哉。"这段话说得掷地有声，意思是，国君对人傲慢就会失去国君的地位，大夫对人傲慢就会失去大夫的地位。没了国君地位的人，我没听说过还有人待他像国君一样的，失去了大夫地位的人，我也没听说过还有人待他像大夫一样的。但是士人就不一样了，他们本来就是贫贱者，说的话不被当权者采纳，行事作风与当权者不合拍，他们穿上鞋，拔腿就走了，他们走到哪里都可以继续做士人。

子击听了田子方的一番话，彻底服了，"乃谢之"，士人确实是大爷，咱惹不起。

在我看来，田子方的这段话简直就是战国时代“士”阶层的集体宣言。士人在当时之所以牛得不得了，跟他们的自身特点及时代风气有关。士人没有“恒产”，没有祖先的封地和官位可以继承，因此也就少了牵挂和羁绊，想留就留，想走就走，有极高的流动性。另外，战国时代是一个人才稀缺的时代，得人才者得天下，各诸侯国的富贵者都知道这个道理。所以，士人只要有本事，就不愁找不到管饭的地方，“此处不留爷，自有留爷处”。可以说，战国时代盛行的“尊贤养士”风尚给士人提供了充分施展自己才华的广阔舞台，反过来，士人也利用这一有利的社会条件，砥砺气节，纵横叱咤，给历史交出了一份满意的答卷。这份答卷的名字就叫“百家争鸣”——那是中国思想史的一个黄金时代。

公羊高和谷梁赤也是一流的学者，两个人在黄河之西的魏国讲《春秋》，公羊高所讲的体系被后人称为《春秋公羊传》，谷梁赤所讲的体系被后人称为《春秋谷梁传》，这两部著作再加上《左传》，就是三部解释《春秋》最有名的三部著作，称为“《春秋》三传”。“《春秋》三传”中，子夏这个学术团队就完成了两传，由此也可看出“子夏西河讲学”的重要意义。

中国知识分子一直有做帝王师的企盼，能给国君做老师一直被视为文化人的最高荣誉。应该说，子夏是第一个享有这个荣誉的大儒。孔子生前周游列国，也曾想做“帝王师”，借国君之力推行仁政，结果都失败了。现在，机会降临到了子夏的头上。子夏完成了老师的遗志——孔子一生也没有遇到明君，现在，子夏终于遇到了，这个人便是魏文侯。魏文侯真心尊重子夏，子夏坐镇魏国，开讲儒学，这一幕堪称君王与大儒良好合作的典范。

子夏被魏文侯请到魏国讲学，不仅推动了儒家学说的发展和传播，而且促进了魏国的思想文化建设，甚至对提升魏国的国际形象都关系重大。《资治通鉴》评论，魏文侯拜子夏为师，并礼敬段干木、田子方等人后，“四方贤士多归之”，魏国成了人才洼地，各国的才俊纷纷来魏国谋求发展，魏国俨然成了中原文化的宗主国。

整个战国时代，士人的流动空前频繁，各诸侯国的国君、王室成员也普遍尊敬士人、重视人才，直到后来出现了以“养士”著称于世的“战国四君子”。应该说，魏文侯拜子夏为师，开启了整个战国时代“尊贤养士”风尚的序幕。从某种意义上讲，正因为有魏文侯尊重士人、重用贤者的示范效应，后来者才推波助澜，使“士人”这一新兴的社会阶层在战国时期大显身手。

二

抓思想文化建设的同时，魏文侯还任用李悝，率先变法，改革内政。李悝是卫国人，来到魏国后受到了魏文侯的重用。

魏国山多地少，人口密集，粮食生产仅能维持国内百姓的日常需求。针对这种情况，李悝推行精耕细作的农业生产方法，综合利用田地和山川，提高了魏国的土地使用率和耕地的粮食亩产量。为鼓励粮食生产、平衡粮价，李悝还实行了平籴法，即在丰年的时候，国家用高于市场的价格收购农民的粮食，使农民的利益不受损失。在灾年的时候，政府再把国家储存的粮食以低于市场的价格卖给市民，使市民不致买不起粮食而流离失所。实行这项“国家储备粮”政策，一来可平抑物价，二来可以增加国家的粮食储备，增大抵抗灾害的能力。“家有余粮，心里不慌”，粮食生产增多后，魏国百姓安居乐业，魏国的国家实力也大大增强了。

农业之外，李悝还十分重视商贸发展。魏国处于中原地区，四周诸侯国各有各的特产，比如秦国的皮革、玉石，赵国的布帛、枣栗，楚国的鸟兽、橘柚等，李愧利用魏国地处中枢的优点，鼓励百姓从事商贸活动，各国的货物在魏国大量交易，魏国获得了大量的商业税，财政收入增加了许多。

李悝是个法家人物，他主张废除世卿世禄制，即“官二代”不能光靠老爸“有功有禄”就顺理成章地继承官位和俸禄，若“官二代”没有新的功绩和值得称道的才能，其官位和俸禄就会被剥夺。平民子弟或外来“士人”，只要确有才华，亦可取得官位和俸禄。这种触及特权阶层切身利益的变法自然会遭到抵制，但魏文侯坚决给李悝撑腰，力挺李悝。最后，变法得以推行。打击特权阶层的做法激活了社会活力和创造精神，也有利于人才脱颖而出。

此外，李悝还颁布成文法《法经》，用来规范魏国人的行为。《法经》是李悝撰写的我国第一部刑法法典，里面包括《盗法》《贼法》《囚法》《捕法》《杂法》《具法》六章，详细说明了各种罪名及其处罚的规定。后来，商鞅在秦国实行变法，也借鉴了《法经》的原则及部分内容，甚至汉初萧何制定《汉律》时还吸收了《法经》的成果。

经过李悝变法，魏国国力大增。在战国时期，变法图强是各诸侯都要面对的时代课题，而最先对此进行破题的就是魏文侯治理下的魏国。后来的商鞅变法，其变法的一个样板就是魏国的李悝变法。

三

要想称雄诸侯，外交和军事也很重要。魏国处于“四战之地”，外交环境极为复杂，稍有不慎，就可能招来其他国家的进攻。因此，魏文侯在继位初期一直采取联合赵、韩，三晋抱团求发展的外交策略。《资治通鉴》上的一段记载能很好地说明这点：

> 韩借师于魏以伐赵，文侯曰：“寡人与赵，兄弟也，不敢闻命。”赵借师于魏以伐韩，文侯应之亦然。二国皆怒而去，已而知文侯以讲于己也，皆朝于魏。魏由是始大于三晋，诸侯莫能与之争。

这段文字的大意是，韩国想讨伐赵国，向魏国借兵，魏文侯说：“我们魏国跟赵国是兄弟之国，我们不能帮助你讨伐赵国。”赵国也想讨伐韩国，也向魏文侯借兵，魏文侯用同样的理由回应赵国。韩、赵两国最初都很生气，但后来知道魏文侯真的拿自己当兄弟，就都感激魏国，都到魏国去朝拜，魏国由此成为韩、赵两国的带头大哥，魏、赵、韩三个诸侯国抱成团，其他诸侯国自然争不过。

国力强盛之后，魏文侯北伐中山，“使子击守之”，子击是魏文侯的儿子，也就是后来的魏武侯；向西则进攻秦国，击溃了秦国的西河防线，“至郑而还，筑洛阴、合阳”，取得了原属秦国的河西之地，并在那里设置了西河郡。

西河郡的首任郡首就是著名的军事家吴起。吴起本是卫国人，后到鲁国寻求发展，最后又来到魏国。魏文侯任用吴起为将，魏国的军事训练和作战指挥随之上了一个台阶，成为战国初期第一军事强国。

四

文治武功之外，魏文侯本人也很有魅力。几件小事可看出他为人之一斑。

一次，魏文侯与管理猎场的一个小官约好了去打猎。这天，魏文侯与文武百官开怀畅饮，天又下起雨来，但魏文侯仍命人驾车前往猎场赴约。一块喝酒的官员问：“今天喝酒喝得正高兴，且天又下雨，您命人驾车要干什么呀？”魏文侯说：“我与猎场管理员约好了今天去打猎，在这里喝酒虽然也很高兴，但我哪能不去赴约呢？”说完，他前往猎场，亲口给那个猎场管理员说，今天下雨了，我看咱们约定的打猎计划就取消吧。从这件事可看出魏文侯是一个非常讲信用的人。取消打猎约定的事，他本可派个人告诉猎场管理员一声就可以了，但是他不这样做，亲自约定的事一定要亲自取消。对一个猎场管理员都如此尊重，讲信用，这样的国君，你说该不该点赞？

还有一件事。魏文侯派乐羊攻打中山，攻克之后，把这片土地封给了自己的儿子子击。估计打下中山之后，他也很高兴，就问群臣：“我是一个什么样的国君呀？”

大家都说：“仁君。”这是自然的反应。但也有不爱拍马屁的人。一个叫任座的大臣就唱反调：“君得中山，不以封君之弟而以封君之子,何谓仁君?"您得到了中山的土地,不把它封给弟弟却封给了儿子,这怎么能算是仁君的做法?

这话说得太直白了,结果"文侯怒,任座趋出",魏文侯发怒了,任座一看事不好,就赶紧溜掉了。

任座溜掉之后,魏文侯又问大臣翟璜,我到底是什么样的国君。

翟璜坚定地回答:"仁君。"

魏文侯这时自己的心里也有些动摇,就追问:"何以知之?"

翟璜说:"臣闻君仁则臣直。向者任座之言直,臣是以知之。"翟璜的话说得极有水平,我听说国君有仁德,大臣才敢于有话直说。刚才任座的话说得很直接,我凭这一点就知道您是仁君。听听,这话里面除了拍马屁,更有劝谏。

听翟璜这么一说,魏文侯改"怒"为"悦",让翟璜赶紧把任座给召回来,而且魏文侯自己还"亲下堂迎之,以为上客"。

这个小细节非常有趣,从中可看出魏文侯知错就改、虚怀若谷的气度。道理说出来,人们可能也觉得没什么,明君不都是这样吗?是的。可是,现在的很多领导干部却未必能做到这一点。

白居易当年问鸟窠禅师:"什么是佛教?"

鸟窠禅师回答:"诸恶莫作,众善奉行,自净其意,是诸佛教。"意思是,各种坏事都不要干,好事则要身体力行,让自己的思想意念保持清净,这就是佛教。

白居易听后觉得无甚高论,就说:"此三岁小儿知之!"这些道理三岁小孩都知道呀。

鸟窠禅师回答:"三岁孩儿虽道得,八旬老翁行不得。"道理是三岁小孩都知道的,可是要想完完全全地真正做到,八十岁的老人恐怕也很难呀。

历史上的明君也是如此。虽然明君所创建的功业各不相同,可是他们在为人处世方面还是有高度的相似性的,比如胸襟坦荡、礼贤下士,比如宽厚包容、知人善任,比如虚怀若谷、善于纳谏,比如言行一致、说到做到，等等。这些说出来也尽是些三岁小孩都知道的道理，可是若能真正做到就非常了不起。

魏文侯是历史上的一代明君，他的“明”也不外乎将常人所知的道理落到了实处。可是，就凭这一点，他便开创了战国初期魏国的百年霸业。

公元前387年，魏文侯去世，太子子击继位，是为魏武侯。

魏武侯统治期间，魏国继续兴盛，北面打败赵国，南面讨伐楚国，开疆辟土，多有斩获。可是，魏武侯始终没有立太子，在选择接班人这个问题上没搞好。公元前371年，魏武侯去世，公子罃和公中缓两个儿子争国君之位，魏国陷入了内乱之中。最后，罃胜出，是为魏惠王。魏惠王在治国方面远不及爷爷魏文侯和老爸魏武侯。在他统治期间，庞涓率领的魏军在马陵道被孙膑指挥的齐军打败。此后，魏国国势衰退，霸主地位随之丧失。就像很多“富不过三代”的故事一样，魏国的霸业由爷爷魏文侯创建，结果还是在孙子魏惠王的手上给毁掉了。

李悝的“相人术”

“知人”是一种智慧，老子说：“知人者智，自知者明。”可见，若一个人既知人又知己，那简直就可成为智者，难怪兵法上都说：“知己知彼，百战不殆。”“知人”并不是一件容易做到的事。现实生活中，不少领导提拔、任用干部选错了人，“看人看走了眼”；一些女人选老公也会遭遇遇人不淑的情况，也属于“看人看走了眼”，男人选老婆当然也会“看人看走了眼”。

为了避免“看人看走了眼”，中国古人可没少下功夫。有人发明了相术，一看这人的相貌，就能预测他未来的吉凶祸福，譬如诸葛亮，一看魏延就说此人长有“反骨”，后来魏延果然谋反。如能学会这招，那看人当然不会看走眼。但是，这种办法99%的人恐怕是学不了的。以诸葛亮为例，他能看出魏延有“反骨”，却不能看出马谡会失街亭，可见他的相术也是有时看得准有时看不准。以诸葛亮的智商都不能将此术学精学透，遑论凡夫俗子？

还有别的好办法吗？相比而言，我倒觉得孔子的相人术有一定的可操作性。孔子说：“视其所以，观其所由，察其所安。人焉廋哉？人焉廋哉？”意思是，看一个人行事的目的何在，再考察他以往的所作所为，再审视一下他的心思安放在何处，如此一来，这个人还能够隐瞒什么呢？他还有什么能瞒得住呢？这种看人的思路，以人事代替巫术，以行事作风来代替长相，不再“以貌取人”，也不再玩玄而又玄的神秘主义，很值得提倡。

战国时期，最先在魏国实行变法的政治家李悝也延续了孔子“相人”思路，提出了相人的五条标准，也很有可操作性。史书记载，在选择国相的问题上，魏文侯一度在魏成和翟璜之间摇摆不定。无奈之下，魏文侯就向李悝请教，他说：“‘家贫思良妻，国乱思良相’，现在要从魏成和翟璜两人中挑选一个担任国相，你认为哪个合适？”

李悝像　杨树 绘

李悝答：“下属不参与尊长的事，外人不过问亲戚间的事。臣子我在朝外任职，不敢妄议朝政。”

魏文侯说：“先生就不要临事推让了！”

李悝说：“君弗察故也。居视其所亲，富视其所与，达视其所举，穷视其所不为，贫视其所不取，五者足以定之矣，何待克（悝）哉！”意思是，大王您没有仔细观察呀！看人，平时看他与什么人交往，富贵时看他把钱都给了谁，显赫时看他推荐了什么人，穷困时看他所不做的，贫贱时看他所不取的。用这五条标准您自己就可以判断该用谁了，又何必要问我呢！

这五条标准可以说就是李悝的“相人术”。果然，听了李悝的这番话，魏文侯就明白该选谁了。他说：“先生请回吧，我已经选定国相了。”

在回府的路上，李悝经过翟璜家门口，翟璜就向李悝打听魏文侯选谁做国相之事。李悝说:“肯定是魏成,不会是您。”

翟璜忿然作色,很不服气地说:“西河守吴起是我举荐的;国君担心邺这个地方难以治理,我推荐了西门豹;国君想讨伐中山国,我推荐了乐羊,拿下中山后,找不到合适的人去治理,我推荐了您;国君之子找不到合适的师傅,我推荐了屈侯鲋。我有什么比不上魏成的呢!”

李悝说:“您把我推荐国君,难道是为了结党以谋求高官吗?国君问我在魏成和翟璜之间该选择谁做国相,我并没有正面回答他的问题,而是向他提出了五条标准:居视其所亲,富视其所与,达视其所举,穷视其所不为,贫视其所不取。我说,根据这五条,您就知道谁更适合担任国相了,哪里还用问我呢!国君马上醒悟,就让我回来了。我据此推断国君会选中魏成为国相,因为魏成享有千钟的俸禄,十分之九都用在了外面,只有十分之一用在自己家,所以在东方得到了卜子夏、田子方、段干木三个贤人。这三个人,国君都奉他们为老师;而你所举荐的五人,国君都任用为臣属。你怎么能和魏成比呢!”

翟璜听罢,一再行礼说:“我翟璜真是个粗人,失礼了,愿终身为您的弟子!”

需要说明的是,卜子夏就是孔子的学生子夏,是公认的贤人。段干木和田子方则是子夏的高徒,段干木一生“守道不仕”,“官之则不肯,禄之则不受”。田子方为人刚毅果决,傲王侯而轻富贵,名闻诸侯。他初事魏文侯,后来担任齐国国相,齐国由此大治。

李悝向魏文侯提出的五条选拔人才的标准,比笼统地说“德才兼备”要具体,具有很强的可操作性。今天,有关组织部门考察干部,不妨予以借鉴,美女选老公、帅哥选老婆,亦不妨学学李悝的“相人术”。学会了这招,“看人看走眼”的几率就会大大降低哦。

邹忌的齐国政改

邹忌像　杨树 绘

战国时期的改革者大多是法家人物，如魏国的李悝、楚国的吴起、秦国的商鞅等，不过也有例外，那就是齐国的改革，主持这场改革的人不是法家人物，而是一个杂家，这个人叫邹忌，是个大帅哥。中学语文课本里有一篇古文《邹忌讽齐王纳谏》，说的就是这个帅哥劝谏齐威王的故事，这则故事就是邹忌主持齐国改革的一个前奏。

一

邹忌在齐国最先辅佐的国君并不是齐威王，而是齐威王的老爸齐桓公（战国时期的齐桓公，姓田，名午，与春秋时期的齐桓公是两个人，春秋时期的齐桓公姓姜，名小白）。

齐威王当政后，邹忌得到重用，在齐国推行一系列富国强兵的改革。

齐威王这个人很有故事，在此不妨说一说。史书记载，齐威王当政之初是一个很不靠谱的国君，一心享乐，根本不理治国之事，而且这样的时间竟然长达九年。本来就接个烂摊子，自己再如此荒诞不经，结果就是“诸侯并伐，国人不治”。《史记》上还详细了记载“诸侯并伐”的情况：“齐威王元年，三晋因齐丧来伐我灵丘（今山东高唐）。”“六年，鲁伐我，入阳关（今山东泰安市）。晋伐我，至博陵（今山东高唐县西南）。七年，卫伐我，取薛陵（今山东阳谷县）。九年，赵伐我，取鄄（今山东鄄城）。”可见齐国此时的国际地位之差，不但韩、赵、魏三晋之国敢来侵略齐国，就连很弱小的鲁国、卫国都敢兴兵伐齐。到了这个地步，齐国真的是一点大国的尊严都没有了。就在这个时候，邹忌登场了。

邹忌的登场亮相不是谈改革，而是谈琴艺。原来，齐威王是个音乐发烧友，迷恋弹琴，经常在后宫内抚琴自娱。邹忌来到王宫，对侍臣说：“听说大王爱弹琴，我特地前来拜见，为大王抚琴。”

齐威王听说来了位高明的琴师，非常高兴，立即召见邹忌。

邹忌走进后宫，先听齐威王弹琴。听完后，他连声称赞道：“好琴艺呀！好琴艺……”齐威王不等邹忌称赞声落音，连忙问道：“我的琴艺好在哪里？”

邹忌躬身一拜道：“我听大王那大弦弹出来的声音十分庄重，就像一位明君的形象；我听大王从那小弦弹出来的声音是那么清晰明朗，就像一位贤相的形象；大王运用的指法十分精湛纯熟，弹出来的个个音符都十分和谐动听，该深沉的深沉，该舒展的舒展，既灵活多变，又相互协调，就像一个国家条理分明的政令一样。听到这悦耳的琴声，怎么不令我叫好呢！”

邹忌接着说道：“弹琴和治理国家一样，必须专心致志。琴弦好似君臣之道，大弦音似春风浩荡，犹如君也；小弦音如山涧溪水，像似臣也；应弹哪根弦就认真地去弹，不应该弹的弦就不要弹，这如同国家政令一样，琴弦配合协调，才能弹奏出美妙的乐曲，这正如君臣各尽其责，才能国富民强、政通人和。弹琴和治国的道理一样呀！”

齐威王说：“先生，你的乐理是说到了我的心坎上，但是光知道弹琴的道理还不够，必须审听琴音才行，请先生试弹一曲吧。”

邹忌于是两手轻轻舞动，只摆出弹琴的架势，却并没真的去弹。齐威王见邹忌如此这般，恼怒地指责道：“你为何只摆空架子不去真弹琴呢？难道你敢欺君不成？”

邹忌答道：“臣以弹琴为业，当然要悉心研究弹琴的技法。大王以治理国家为要务，怎么可以不好好研究治国的大计呢？这就和我抚琴不弹，摆空架子一样。抚琴不弹，就没有办法使您心情舒畅；您有国家不治理，也就没有办法使百姓心满意足。这个道理请大王三思。”

这就是邹忌的本事。他总能兜着圈子劝谏。如果直来直去地劝谏，齐威王未必听得进去，可经邹忌这么一兜圈子，齐威王居然听进去了，说：“善！”你说得太好了，那你就来当国相，帮助我治理国家吧。

好事来得就这么突然。邹忌凭说琴讽谏齐威王，三个月之后高升为齐相。

善于兜圈子讲道理（古人称之为讽谏）是邹忌的一大特点，既然对这个拿手，当然不能只用一次。面对齐国这个烂摊子，改革从哪里选择突破口？邹忌又使出了他的看家本领——讽谏，这就是《邹忌讽齐王纳谏》的故事了。

邹忌本人是个大帅哥，身高“八尺有余，其形貌昳丽”（当时的八尺折合今天的185厘米），即长得又高又帅。一天早晨，邹忌穿戴好衣帽，照着镜子，对他的妻子说：“我同城北徐公比，谁漂亮？”

他的妻子说：“您漂亮极了，徐公哪里比得上您呢？”

城北的徐公，是齐国公认的美男子。邹忌也不太相信自己会比徐公漂亮，就又问他的小妾：“我同徐公比，谁漂亮？”

小妾说：“徐公怎么能比得上您呢？”

有客人从外面来，邹忌同他坐着闲聊，邹忌又问他：“我同徐公比，谁更漂亮?"

客人说:"徐公不如您漂亮。"

后来,徐公来了。邹忌仔细地观察,发现自己远不如徐公漂亮。

明明自己没有徐公漂亮,为什么妻子、小妾、客人都说自己比徐公漂亮呢? 邹忌的结论是:"妻子认为我漂亮,是因为偏爱我;小妾认为我漂亮,是因为害怕我;客人认为我漂亮,是因为有求于我。"

于是,邹忌再次拿此事讽谏齐威王,说:"我确实知道自己不如徐公漂亮。可是我妻子偏爱我,我的妾害怕我,我的客人有求于我,所以他们都认为我比徐公漂亮。如今齐国有方圆千里的疆土,一百二十座城池,宫中的妃子、近臣没有谁不偏爱您的,朝中的大臣没有谁不害怕您的,全国范围内的人没有谁不有求于您的,由此看来,大王您受到的蒙蔽(一定)很深了!"

齐威王一听,说:"善!"然后下令:"群臣、官吏和百姓能够当面指责我的过错的,受上等奖赏;书面劝谏我的,受中等奖赏;能够在公共场所批评议论我的过失,并能传到我耳朵里的,受下等奖赏。"命令刚下达,许多大臣都来进谏,宫门前庭院内人多得像集市一样;几个月以后,偶尔有人来进谏;满一年以后,即使有人想进谏,也没有什么可说的了。

《邹忌讽齐王纳谏》出自《战国策》。《战国策》这本书有不少夸张的成分,但通过这个故事,我们可以看出邹忌主持齐国改革时是如何选择突破口的。齐国当时的问题很多,邹忌首选"广开言路"这一条,通过劝谏齐威王虚心纳谏来推动相关问题的解决。从这一点上,可以看出邹忌这个改革家还是很有智慧的。

二

齐国的改革能取得很好成效,除了主持改革的邹忌外,齐威王也功不可没。齐威王虽然开始时沉湎于享乐,不理朝政,可一旦醒悟过来,那就大有春秋时期楚庄王"不鸣则已,一鸣惊人"的风范。

当时，周天子权威丧失，“诸侯莫朝”，各诸侯国都不拿人家当盘菜，也不去朝拜了。但齐威王不这样，他对周天子依然尽诸侯之礼，“齐独朝之”，结果这种放低姿态去朝拜周天子的做法反而让齐威王赢得了尊重，“天下以此益贤威王”。这是打道义牌，大国领袖一定要讲道义，不讲道义如何让人心服口服？如果只凭拳头说话，那人家即便口服心也不服呀。

齐威王在用人方面也有一套。决心励精图治之后，他分别召见了即墨和阿两个地方的行政长官谈话。即墨是今天的山东平度，阿在今天的山东阳谷东北。他对即墨大夫说：“自子之居即墨也，毁言日至”，自你到即墨上任以来，我每天都能听到别人说你的坏话。可是，我派人去即墨视察，发现你把即墨治理得挺好，“田野辟，民人给，官无留事，东方以宁”，大量的荒地开辟成了耕田，老百姓丰衣足食，官员办事兢兢业业。可是，为什么还有那么多人说你坏话呢？“子不事吾左右以求誉也”，这是因为你不巴结我身边的工作人员以求他们给你美言的缘故。于是，“封之万家”，大大地赏赐了这位“即墨大夫”。

齐威王又对阿大夫说：“自子之守阿，誉言日至”，自从你当上阿这个地方的行政长官之后，表扬你的话我每天都能听到。可是，我派人视察阿地，却发现情况很糟，“田野不辟，民贫苦”，荒地开垦得不多，老百姓生活依然很穷苦。更关键的是，“昔日赵攻鄄，子弗能救”，当年赵国进攻鄄城，你也不出兵援救。“卫取薛，子弗知”，卫国进攻薛城的时候，你干脆不知道。你工作这么失职，为什么还有那么多人替你说好话呢？“是子以币厚吾左右以求誉也”，是因为你给我身边的工作人员送了很多钱财，贿赂他们以让他们说你的好话。

“是日，烹阿大夫，及左右尝誉者皆并烹之”，结果，当天就把阿大夫和自己身边曾经接受贿赂替阿大夫说好话的人都“烹”（用开水煮）了。

即墨大夫和阿大夫是当年齐威王抓的两个典型，一个是好典型，一个是坏典型，好典型“封之万家”，重赏，坏典型“烹之”。这么一来，惩恶扬善，齐国上下震动，“人人不敢饰非，务尽其诚，齐国大治”，大家都不敢再说假话了，每个人都尽心尽力地干好自己的本职工作，齐国自然也治理好了。

齐国内政治理好之后，齐威王就“起兵西击赵、卫，败魏于浊泽而围惠王。惠王请献观以和解，赵人归我长城”。浊泽是今天的山西运城，观是今天的河南清丰。这段话记述的是，齐国强大之后，出兵复仇，在浊泽打败了魏国，还把魏惠王围困了起来，魏惠王献出观地求和才得以解围，赵国也把以前侵略齐国的长城周边的土地还给了齐国。至此，齐国成了战国时期的东方大国。

齐威王带领齐国迅速崛起的时候，原来的霸主国魏国正处于国势衰落阶段，此时魏国的当政国君是魏惠王。魏国的衰落和齐国的崛起，原因固然很多，但两国领导人的差距亦不可忽视。有一则细节很能说明这个问题。公元前355年，齐威王和魏惠王相会，魏惠王问：“齐国有宝物吗？”

齐威王回答：“没有。”

魏惠王说：“敝国虽然小，还有直径一寸、光芒能照车前车后十二辆车范围的宝珠十枚呢。你们齐国那么大，怎么能没有宝物呢？”

齐威王说：“寡人之所以为宝者与王异。”我认为的“宝”跟大王您所说的“宝”不一样。然后，齐威王列举了自己手下的几位有名的大臣，“吾臣有檀子者，使守南城，则楚人不敢为寇，泗上十二诸侯皆来朝”。我的大臣檀子，让他守齐国南边的城池，楚国人就不敢来侵略齐国，泗水周边的十二个小诸侯国都归服齐国。“吾臣有盼子者，使守高唐，则赵人不敢东渔于河。”我的大臣盼子，让他守高唐，那赵国人就不敢向东越过边境到齐国的河里来捕鱼。“吾吏有黔夫者，使守徐州，则燕人祭北门，赵人祭西门，徙而从者千余家。”齐国还有一个小官，让他守徐州（今山东滕州），燕国人和赵国人也都不敢侵略齐国。“吾有臣种首者，使备盗贼，则道不拾遗。”让这个种首负责维护社会治安，那就会出现“道不拾遗”的安定景象。齐威王说，我的这四个大臣，“将照千里，岂特十二乘哉！”他们的光芒照耀千里，哪里只是十二辆车的范围呢？

魏惠王一听，人家齐威王以人才为“宝”，而自己光知道以夜明珠为“宝”，一个尊贤，一个“好货”，境界显然不在一个档次，遂“有惭色”。

当然，齐国能打败魏国，成为战国中期的霸主，也不是靠齐威王和魏惠王比“宝”就轻易决出胜负的。两国实力的此消彼长，跟两国交手的两次大战密不可分，一场是桂陵之战，一场是马陵之战。两次大战，魏国都败于齐国，而且败得很惨。一直以来，这两次大战都被作为孙膑、庞涓斗智的经典案例来解读，这也没错。不过，从某种意义上讲，这两次大战亦可看做是齐、魏两国军事人才的较量。庞涓也是人才，可他的心胸比较狭隘，出于忌妒，就使阴招陷害老同学孙膑，挖去了他的膝盖。原本的同学就此成了仇人。后来，魏齐两国交兵，两位成为仇人的同学在战场上兵戎相见，孙膑计高一招，两次指挥齐军打败了魏军，尤其是在马陵之战中，孙膑通过减灶退兵的办法迷惑庞涓，将其引至马陵道，并在那里设伏，一举击溃了魏军。庞涓本人也在走投无路之际拔剑自杀。

经桂陵、马陵两战，齐国消灭魏国精锐部队近10万，齐国一跃成为战国时期的东方强国。

三

在齐威王、邹忌君臣推行改革、富国强兵的过程中，他们在文化上所打造的稷下学宫也在思想文化史上留下了浓墨重彩的一笔。

稷下是齐国国都临淄城（今山东淄博市）一处城门的名称。“稷下学宫”就是指齐国在此处设立学宫，招揽各国学者前来讲学、争鸣。战国时期著名的“百家争鸣”学术繁荣局面，就是以稷下学宫为中心完成的。

稷下学宫的创建和繁荣，是邹忌主持齐国改革的一项文化举措。

齐国的改革是以招贤纳谏为最大特色，所以邹忌也就比其他的改革家更重视文化建设。他向齐威王建议，扩充和完善齐桓公时期设立的稷下学宫，以此为载体，招揽各国人才到齐国，他们到齐国讲学的同时，亦可成为齐国政府的智囊团，为齐国的发展建言献策。为此，邹忌为稷下学宫制定了三条原则："不任职而论国事""不治而议""无官守，无言责"。制定这三条的核心目的就是要给各国学者以充分的自由，使他们能最大限度地保持"独立之精神，自由之思想"。若没这三条原则，各国学者来到齐国非谋得一官半职不可，之后就很可能会出现"屁股决定脑袋"的情况，其思想学术的独立性也就无从谈起了。有了这三条原则，各国学者来到齐国，不用当官也可拿俸禄，不用直接替君王服务，只管讲学亦可活得很有尊严，这对当时的学者来说太有吸引力了。于是，他们纷纷来到齐国。一时之间，思想大师、文化俊杰全都云集稷下学宫，一段中国思想文化史的动人画卷就此展开。据史书记载，稷下学宫兴盛之时，云集了天下贤士多达千人，思想学派涵盖儒、道、墨、法、兵、阴阳、名家、纵横等各家，"百家争鸣"的代表人物几乎都在稷下学宫做过"稷下先生"，比如孟子、淳于髡、邹衍、田骈、慎到、申不害、接子、涓子、尹文子、田巴、鲁仲连、荀子等。

当时，齐威王及后来的齐宣王都对各国学者十分尊重，这些著名学者来到稷下学宫，不少人"受上大夫之禄"，享受丰厚的俸禄，更难得的是，他们不论思想倾向如何，都可以自由地发表自己的学术见解，自由地收徒讲学。这些学者聚集在稷下，互相交流，互相辩论，也彼此互相吸收，遂出现了"百家争鸣"的文化盛况。

稷下学宫的繁荣历经齐威王、齐宣王、齐湣王三代近百年的时间。后来，齐湣王骄盈好战，齐国几乎被燕国全部攻占，后齐虽复国，但国势从此衰落，稷下学宫也随之没落。

邹忌的思想主张并不属于特定的某一家，而是杂取各家，是个"杂家"。与吴起、商鞅等法家人物"作法自毙"相比，杂家邹忌的下场要好得多，齐威王、齐宣王两代国君均对他尊重又信任，他得以善终。更关键的是，以温和的方式推进改革，齐国的改革受到的阻力也小，并未因领导人的更迭而出现反复。可能也是因为邹忌的"杂"，他才能兼容并包，建议齐威王扩大和完善稷下学宫。与法家严刑峻法的改革风格不一样，邹忌以讽谏的办法破局，用尊贤纳谏的方式推进改革。随着改革的深入，齐国的世卿世禄制度也被改掉了，齐国也达到了富国强兵、称霸诸侯的效果。法家的改革往往通过杀人立威，变法的过程充满了血腥，而邹忌在齐国的变法就没有那么多血腥的记录，而且他还在改革的过程中打造了稷下学宫这件文化盛事，其思想上的开放包容也与法家的峻刻偏狭迥异。

多年以来，我们谈战国时期的变法，首先推崇的就是商鞅在秦国推行的疾风骤雨、血腥残酷的改革，这里面有值得商榷的地方。至少，在充分地了解历史之后，我们应该知道，商鞅变法不是唯一的模式，商鞅本人也不是改革者唯一的效法对象。与商鞅变法风格迥异的，还有邹忌在齐国实行的温和的变法，而且也成功了。可见，改革也并不一定都要疾风骤雨、血腥残酷、你死我活，改革也可以春风化雨，也可以四两拨千斤，也可以有话好好说。

如果历史的丰富多样能启迪今人，让今人的思路不再那么狭隘、逼仄，那么历史有了功德，今人也有了智慧。

减灶退敌：孙膑的复仇之战

孙膑像　杨树 绘

网上曾流传一个段子：黄埔军校一半同学打另一半同学，中国政法一半同学抓另一半同学，复旦一半同学收购兼并另一半同学，财大一半同学审计另一半同学，师大一半同学在辅导另一半同学的小孩。这个段子极尽调侃之能事，但也道出了本来温情脉脉的同学关系在转型社会中被严重扭曲的事实。不过，“同学打同学”这类的事可不是今天才有的，而是“古已有之”，而最类似与黄埔军校里同学关系的，则是孙膑和庞涓两人。

孙膑是军事家孙武之后，曾与庞涓一起师从鬼谷子，学习兵法。孙膑学习成绩优异，庞涓自感不如。不过，就混社会而言，学霸未必就比普通学生出头早。在战国时期也是如此。庞涓先于孙膑找到了一份好工作——他得到了魏惠王的赏识，做了魏国的将军。虽然跻身于权贵之列，但庞涓仍然忌妒孙膑，并设计谋害自己的老同学。他先派使者召孙膑到魏国（孙膑本是齐国人），等孙膑到了魏国，他就利用自己的职权制造冤案，将孙膑逮捕下狱，并“以法刑断其两足而黥之”，挖取了孙膑的膝盖骨，还在孙膑的脸上刺字。“断其两足”在古代叫作“膑”，孙膑之名由此而来。

后来，齐国使者到魏国来，孙膑暗中求见齐使。见面交谈之后，齐使认定孙膑是个人才，就秘密地载孙膑回齐国，将其推荐给了齐国大将田忌。是金子总会发光的，孙膑先是得到了田忌的信赖，然后又得到了齐威王的重用。

公元前354年，魏国任庞涓为大将，带兵包围了赵国的国都邯郸。赵国向齐国求救。齐威王命田忌做主帅，孙膑做军师，率军救赵。田忌原本打算率军直奔邯郸，但孙膑提出了不同的计划：带兵进攻魏国的都城大梁，围攻赵国邯郸的魏军一定会回来解大梁之围，如此一来，赵国邯郸之围自然解除。田忌依计而行，一切如孙膑所料。这就是有名的“围魏救赵”之计。孙庞第一次斗兵法，孙膑同学胜出。

十三年后，魏、赵两国联合攻打韩，韩向齐求救。齐国再次命田忌带兵进攻魏国的都城大梁。魏国大将庞涓听到消息，“去韩而归”，由进攻韩国改为与齐军作战。

当时，魏国的军队很强悍，“魏武卒”训练有素，作战勇猛，名闻诸侯。相比之下，齐国军队则有“怯战”之名。鉴于这种情况，孙膑就对田忌说：“彼三晋之兵，素悍勇而轻齐，齐号为怯，善战者因其势而利导之。”意思是，我们要化不利为有利，充分利用魏军轻视齐军的特点来指挥此次战役。然后，孙膑给田忌献计，让齐军进入魏国境内后先设十万个灶，过一天设五万个灶，再过一天设三万个灶。以给庞涓造成齐军出现了大量逃兵的假象。结果，庞涓再次中计，他见到齐军所留的灶迹，非常高兴，说：“我本来就知道齐军怯战，进入魏国境内三天，士兵已经逃跑了一大半。”于是他丢下步兵，只率少数精锐骑兵，以比正常行军快一倍的速度追赶齐军。

庞涓的所作所为早在孙膑的算度之内。孙膑计算庞涓军队的行军速度，料定某天晚上会到达马陵。马陵道狭窄，旁边是高山，是设伏兵的好地方。孙膑便在此设伏，让士兵刮去一棵大树的皮，在上面写下“庞涓死于此树之下”几个大字。然后“令齐军善射者万弩，夹道而伏”，告诉他们等到晚上看见有人点火看大树上的字就向其射箭。

庞涓果然在夜晚达到了马陵，见大树被刮白，果然举火读字，结果，“读其书未毕，齐军万弩俱发，魏军大乱相失”。至此，庞涓“自知智穷兵败，乃自刭”。马陵道之战，孙膑不仅报了庞涓当年陷害的自己的仇，而且大败魏军。齐军乘胜进攻，把魏国的太子申都给俘虏了。孙膑由此“名显天下”，他所采用的“围魏救赵”“减灶退敌”等兵法也就此流传于世。

吴起的职场三级跳

吴起像　杨树 绘

跳槽在现代职场中已是司空见惯之事，不过，跳槽有学问，有人越跳越好，有人越跳越糟。在战国时代，不少士人算是跳槽高手——他们的每一次跳槽都能让自己拥有更大的舞台，使自己的人生跃上一个大台阶。今天要说的吴起就是这样的一个人。

吴起的第一次跳槽是从卫国跳槽到鲁国。吴起本来是卫国人，“家累千金”，是个富家子弟，若不是特别想建功立业的话，他完全有条件在卫国做个舒舒服服的“啃老族”。可是，吴起不甘心只做个普通的“富二代”，总想打入官场，实现自己的人生抱负。官场从来就不是那么容易进的，战国时期没有考公务员一说，平民子弟进入官场只能靠位高权重的高官推荐，结果吴起把家产都花光了仍没有“运作”成此事。

想当官没当上，家财还都耗光了，结果“乡党笑之”。吴起求官不成，本来就很郁闷，结果乡党还嘲笑他，他非常气愤，就“杀其谤己者三十余人，而东出卫郭门”，杀了三十多个嘲笑自己的人，然后愤然离开卫国，像鲁迅先生少年时一样“走异路，逃异地，去寻找别样的人们”。临走之前，他与母亲诀别，“啮臂而盟”，咬着自己的胳膊发誓："我吴起如果做不了卿相，就绝不再回卫国。"然后就逃到了鲁国。

在鲁国，吴起拜曾子为师，学习儒家经典。吴起的母亲病逝，他没有回家奔丧，曾子认为吴起不孝，就和他断绝了师生关系。吴起于是弃儒学兵，侍奉于鲁国季孙氏门下。

公元前412年，齐宣公发兵攻打鲁国的莒县（今山东省日照市莒县）。战争一起，鲁国的军事人才捉襟见肘，鲁穆公就想任用吴起为将，可是吴起的妻子是齐国人，鲁穆公对他有所怀疑。这个时候，吴起为了“上位”不择手段的特点就淋漓尽致地表现了出来。为消除鲁穆公对自己的怀疑，吴起居然杀掉自己的妻子，以示与齐国决裂之心。这段故事叫吴起“杀妻求将”。为了自己向上爬，连老婆都能杀掉，可见吴起是一个多么冷酷的人。

杀妻之后，鲁穆公果然任命吴起为将。当上将军后，吴起的军事才华得到了施展，他率军大败齐军。可是，打了胜仗的吴起非但没得到赏赐和升迁，反而招致了非议。有人在鲁穆公面前说："吴起是个残忍冷酷的家伙，他早年杀死乡人，又因为不孝被曾子逐出师门，您对他有所怀疑他就杀死自己的妻子。这样残忍的人不可重用。况且鲁国是个小国，一旦有了战胜国的名声，就会招致其他国家的攻击。鲁国和卫国是兄弟国家，您重用吴起，就等于得罪了卫国（估计吴起因杀人而成为了卫国的通缉犯）。"鲁穆公于是就免去了吴起的官职。此时，吴起的主公季孙氏也因慢待宾客而被杀。吴起一看形势不妙，就赶紧再次跳槽，离开鲁国跑到了魏国。

吴起第一次跳槽，从卫国到鲁国，可能是因为卫国离着鲁国近，想就近择业。但他第二次跳槽，从鲁国跑到魏国，则是冲着魏文侯去的，“闻魏文侯贤，欲事之”。当时，魏文侯正处在招兵买马、甩开膀子干事创业的阶段。此时，吴起已经在鲁国初步展示了自己的军事才能。对于是否重用吴起，魏文侯征求李悝的意见：“吴起为人如何？”李悝说：“吴起是个有缺点的人，他贪慕功名而且好色，但是，若论用兵打仗，恐怕连当年的司马穰苴都比不上他。”司马穰苴是齐景公时期的军事天才，魏文侯一听说吴起是这么难得的人才，就任他为将军。至此，吴起的第二次跳槽顺利达成，在魏国这个更大的平台上，吴起的军事生涯进入了快车道。

吴起担任将领期间，跟最下等的士兵穿一样的衣服，吃一样的伙食，睡觉不铺垫褥，行军不乘车骑马，他亲自背负捆扎好的军粮袋和士兵一起行军。这样与士兵同甘共苦的将军，放在任何时代都难得。有个士兵生了恶性毒疮，吴起替他吸吮脓液。这个士兵的母亲听说后放声大哭。有人说：“你儿子是个无名小卒，将军亲自替他吸吮脓液，你怎么还哭呢？”那位母亲说：“当年吴将军就曾替我丈夫吸吮毒疮，后来他在战场上勇往直前，战死疆场。如今吴将军又替我儿子吸吮毒疮，我不知道他日后会死在什么地方，因此我才哭啊。”

有人或许会说了，不是说吴起为人冷酷无情吗？为什么他还对士兵这么好呢？其实，吴起的冷酷无情与他为士兵吸脓并不矛盾。吴起是一个非常有职业精神的人。当将领需要爱护士兵，吴起就不惜为士兵吸脓血；为了当将军，需要把自己的老婆杀掉，吴起就会把自己的老婆杀掉。前者看起来温情脉脉，后者看起来冷酷无情，可在吴起这里则有一以贯之的逻辑。马克思讲“人的异化”，吴起就是一个被功名“异化”了的人，他太渴望功名和富贵了，为了建功立业，一切手段都可使用；为了建功立业，一切道德底线都可突破。这一点，跟很多中国人为了赚钱不择手段的思路是一模一样的。

当然，吴起的军事才能那绝对是顶呱呱的。公元前409年，吴起率领魏军攻克秦国河西地区（今山西、陕西两省间黄河南段以西地区）的临晋、元里，并在那里筑城，建立了据点。次年，吴起再次率军攻打秦国，一直打到郑县，攻克洛阴、合阳。魏国攻占了原属秦国的河西地区后，在那里设立了西河郡。吴起因战功赫赫，担任了西河郡守。

除了善于指挥作战外，吴起还有一套非常先进的军事思想，写下了《吴子兵法》一书，这是一部与《孙子兵法》齐名的著作。在书中，吴起提出“兵贵在精而不在多”的治军理念，首创选拔士兵的办法，并依照这个方法训练出了历史上有名的“魏武卒”。“魏武卒”的兵员都是精挑细选的，必须符合以下条件者才可入选：能身着全副甲胄，执十二石重的强弩，背负五十枝箭矢，荷戈带剑，携三日口粮，还能在半日内跑完百里。有这样良好的体能，再经过吴起的严格训练，才能成为“魏武卒”。当然，成为“魏武卒”也确实是“一个当兵，全家光荣”。当时魏国的政策规定，一人成为“魏武卒”，即可免除其全家的徭役和田宅租税，而且在战斗中立功后，“魏武卒”还可得到快速提升。吴起训练的“魏武卒”不仅是魏国的精锐之师，而且也是当时诸侯国中战斗力最强的军队。尤其是到魏武侯时期，吴起带着他训练的这支精兵，南征北战，所向披靡。最牛的一次，吴起指挥五万“魏武卒”就打败了五十万的秦军，真可谓是“以一当十”。有人统计过，吴起率“魏武卒”与各诸侯国军队大战七十六次，大胜六十四次，其余打成平局，从无败绩。从这组数据我们就可遥想出“魏武卒”当年勇猛的身影和强悍的战斗力。应该说，跳槽到魏文侯手下，是吴起人生中走的最正确的一步棋，他的军事成就也在魏国这一站达到了顶点。

魏文侯去世后，吴起继续效力于他的儿子魏武侯。魏武侯曾与吴起一起乘船顺西河而下，船到中流，魏武侯说：“美哉乎山河之固，此为魏国之宝啊！”

吴起劝谏说：“国家的真正宝贝是君主的德行，而不是险要的地形。从前三苗氏左边有洞庭湖，右边有鄱阳湖，但不讲求德义，大禹把它消灭了。夏桀所处的地方，左边有黄河和济水，右边有泰华山，伊阙

(又名龙门山)在南,羊肠(太行上的通道)在北,施政不讲仁爱,商汤将他流放了。殷纣王的国家东面有孟门山,西面有太行山,常山在北面,黄河在南面,地势也无比险要,但施政不讲仁道,周武王把他杀了。由此看来,治理国家在于君主的德行,而不在于地形的险要。如果君主不讲德行,就是一条船中的人也会成为敌国的人。"

魏武侯闻言道:"您说得真好呀。"

此时,吴起担任西河郡守,威望很高,大有到朝中担任国相的势头。可是,最后魏武侯还是选择田文做了国相。此事让吴起感到很不爽,他对田文说:"您能跟我比一比功劳吗?"

田文说:"可以。"

吴起说:"统领三军,使士卒乐于为国牺牲,敌国不敢进攻我们,您跟我比如何?"

田文说:"我不如你。"

吴起说:"管理各级官员,亲附人民,使财力充裕,您跟我比如何?"

田文说:"我不如你。"

吴起说:"镇守西河地区,使秦军不敢向东扩张,韩国和赵国都遵从我们,你跟我比如何?"

田文说:"我不如你。"

吴起说:"这三个方面您都不如我,可您的职位却比我高,这是什么道理?"

田文说:"国君年少,全国人都满怀忧虑,大臣彼此不相和睦,百姓还不能相互信任,在这个时候,是由你来任国相合适呢?还是由我来任相合适呢?"

吴起沉默了良久,然后说:"国相确实应该由您来担任。"

田文说:"这就是我的职位在你之上的原因。"

此时,吴起才知道自己确实不如田文。

吴起与田文争相,最后虽然输了,但他心服口服。如果说此次国相之争还能证明吴起、田文各有所长的话,那么后来公叔与吴起的国相之争就充分地展示了官场上的厚黑与凶险。

田文死后，公叔担任魏国国相，公叔当国相，凭借的不是才能，而是裙带关系，他的妻子是魏国的公主。自己才华不够，公叔就对有才华的吴起心生忌惮，怕吴起抢走自己的位子。有个仆人跟公叔支招，说：“吴起很容易除掉。”

公叔说：“怎么除掉？”

仆人说：“吴起为人追求公正，重视声誉，你可以先向国君说：‘吴起是个贤明的人，我们魏国属于侯一级的小国，又和强秦接壤，据我看，恐怕吴起不想长期留在魏国。’国君必然要问：‘那怎么办呢？’您就乘机说：‘君侯可以把一位公主许配给吴起，他如果愿意留在魏国就会欣然接受，如果不愿意留在魏国就必然推辞，以此就可以探测他的想法了。’然后您再亲自把吴起邀到府上，使公主故意发怒而轻慢您。吴起看见公主那样轻贱你，他想到自己也可能会被轻贱，就会辞而不受。”

公叔依计行事。

吴起压根就没想到这是别人在给自己“设套”，果然中计，他辞谢了魏武侯将公主许配自己的美意。魏武侯也由此对吴起失去了信任。

大老板不信任自己了，吴起不得不再次跳槽，离开魏国到了楚国。

这个时候，吴起早已名闻诸侯，不愁没人任用自己了。所以他此次跳槽顺利完成，且又上了一个台阶——楚悼王知道吴起有才华，任命他为楚国的国相，并授权他主持变法。

吴起在楚国主持的变法主要集中在政治领域，重点是废除世卿世禄制，削弱贵族的特权。吴起建议楚悼王“使封君之子孙三世而收其爵禄”，既贵族传到第三代就将其官位和俸禄全部收回。对与国君亲近的贵族都敢下狠手，对疏远的贵族就更不在话下了，吴起不但废除了疏远贵族的特权，而且还“令贵人往实广虚之地”，即发配这些被废弃的贵族去开发边疆。对于旧贵族来说，废弃了他们的特权就已经很要命了，再把他们发配到偏远地区去开垦荒地，自食其力，这确实太狠了。所以，吴起在楚国变法之后，楚国贵族“皆身苦之”，作为特权阶层的楚国贵族叫苦连天。他们对吴起当然也是心怀怨恨，必欲除之而后快。

吴起变法的另一个重点是整顿吏治，裁撤冗员。《韩非子》记载，吴起在楚国“绝灭百吏之禄秩，损不急之枝官，以奉选练之士”，意思是吴起通过裁撤冗员，把节省下来的钱财用于供养有才能的士人和军官。

战国时期的变法，从最初李悝在魏国的变法到后来商鞅在秦国的变法，其主要的基调都是废除世卿世禄制度，用意就是打击既得利益集团，激活社会活力。在战国时期，各国的贵族是既得利益集团，他们的官位、俸禄、封地都是世袭的，不用奋斗就可以吃香的喝辣的，属于典型的“食利阶层”。贵族的人数越多，消耗国家的财力也就越多。不削弱贵族的特权，就没法富国强兵。因此，废除世卿世禄是战国时期各国变法的一致举措。可是，变法有温和与激进之分，李悝在魏国的变法就相对温和，变法措施实施的时间也长，变法最后成功了，吴起在楚国的变法就异常激进，相应的，吴起变法所招致的反弹也极其剧烈。

应该说，吴起的变法也收到了一定的成效，变法之后，楚国在南面平定了百越，在北面兼并了陈国和蔡国，并遏止了韩、赵、魏的扩张，甚至向西还夺取了秦国的一些土地。但是，楚国的贵族对吴起积怨太深，彼此达到了水火不相容的程度。有楚悼王撑腰，楚国贵族还拿吴起没什么办法，可是，公元前381年，楚悼王去世了。

吴起的靠山没了，楚国贵族对吴起的积怨一下子就爆发了出来，他们发动叛乱，攻杀吴起。吴起逃到楚悼王的尸体旁，伏在尸体上躲避射杀，结果这些贵族依然不管，乱箭齐发，吴起被射死，楚悼王的尸体也中箭不少。吴起死后，吴起在楚国推行的变法措施也随之夭折。

用职场的眼光看，吴起的人生可谓轰轰烈烈。他的职场三级跳，一次跃上一个台阶，在卫国还是受人嘲笑的对象，到了鲁国就当上了将军；在鲁国受猜忌，跳槽到魏国就受重用，军事才华也得到淋漓尽致的发挥;在魏国争国相不成,跳槽到楚国就将国相揽入怀中,三级跳之后,吴起也坐上了位极人臣的高位,还主持了一场著名的变法。从历史功业看,吴起这个人是一个难得的综合型人才,他学过儒家,学兵家,也学法家,武能带兵打仗,文能治理国家,他能练兵,能著书,还能主持变法,堪称全才。可惜的是,这么才华横溢的一个人,结局却异常悲惨。还有,后代史家对吴起的评价也不太高,这也难怪,他的“杀人止谤”“杀妻求将”等做法都严重挑战了中国人的伦理底线,充分暴露了他性格冷酷、不近人情的弱点。

我读历史,也为吴起感到惋惜,他把自己的人生搞得太逼仄了。他才华横溢,可惜他的人生着力点全放在了如何猎取功名之上。为了功名,他不择手段。这一点,他自己就先亏欠了自己——人生本来无限开阔,哪能只是求功名、谋富贵那点儿事? 一个才气纵横的人,却非要绷得紧紧的,一心奔着俗世所谓的成功而去,这岂不是有点犯傻? 职场的升迁不能替代人生的从容,俗世的功名与成功亦不代表生命本身的丰盈与圆满。这道理吴起没想清楚,当然,今天的很多人仍然没想清楚——这一点,看看他们像吴起一样火急火燎地奔向功名的人生姿态就可知道。

吴起的才华和功业留在了史书上,可吴起的人格弱点和人生悲剧仍在现实中上演。

“胡服骑射”这场改革

一

战国时期的赵国地处今天陕西、山西、河南、山东之间，西面是秦国和韩国，西北有林胡、楼烦等少数民族部落，北面是中山国，东北与燕国、东胡相接，东南与齐国、魏国为邻，可以说是一个“四战之国”，地理位置很差。到赵武灵王之时，赵国饱受邻国侵略之苦。赵武灵王元年（公元前325年），齐国攻打赵国，占领了平邑（今河南南乐），俘虏了赵将韩举；赵武灵王九年（公元前317年），赵、魏、韩三国联合攻秦，结果赵国反被秦国“斩首八万”，惨败而归，第二年，秦国报复赵国，攻取了赵国的中都、西阳（今山西中西部地区）；赵武灵王十三年（公元前313年），秦国再次攻赵，俘虏了赵将赵庄，攻取了蔺邑（今山西柳林县孟门镇）。在受齐、秦等强国侵略的同时，就连国土被赵国包围的中山国都趁火打劫，多次侵扰赵地。

“知耻近乎勇”，面对被列强瓜分的危局，赵武灵王锐意改革，毅然决然地启动了“胡服骑射”的改革。站在今天的视角看，赵武灵王此举也大有“师夷长技以制夷”的味道。为什么这么说呢？大家都知道，历史上所谓的“华夷之辨”也好，“胡汉互化”也罢，本质上都是农耕文明与游牧文明之间相互交流的产物。战争、和亲、商贸等均属于文明交流的不同形式，其结果都是相互学习，取长补短。

就服装而论，传统的华夏服装宽袍大袖，雍容庄严，穿这种服装，出席重大典礼仪式非常适合，但骑马打仗就很不适用。北方的游牧民族，人家一开始过的就是游牧生活，所以其服装短衣长裤，便于骑马射箭。赵国在北方与林胡、楼烦、东胡等游牧民族频繁交战。通过实战检验发现，在战争状态中，“胡服”确实有“华服”无法比拟的优越性。

与胡服相关的还有“骑射”，赵武灵王敏锐地感觉到了骑兵在战争中的巨大威力，它的快速移动能力和人马配合形成的整体杀伤力都远在步兵和战车之上。步兵不用说了，就是与春秋时期盛极一时的战车相比，骑兵也有着显而易见的优点。战车的冲击力和战斗力虽然不低于骑兵，但它必须在平原作战时才能发挥出最大的威力，到了山地或丘陵地带，威力就大打折扣。再者，战车在速度上根本无法与骑兵相比。骑着马的夷狄与驾着战车的中原人作战，战败了，掉转马头就逃跑，战车根本追不上；可是，若驾着战车的中原人战败，你能逃得掉吗？所以，在灵活机动的骑兵面前，中原各诸侯国曾经普遍使用的战车就显得特别笨重。赵武灵王前瞻性地把握住了未来军事发展的新趋势，他在服饰改革的同时，舍弃战车这种笨重的作战方式，大力启用机动灵活的骑兵。

读史书的人都知道，春秋时期几次大的战役，比如晋楚之间的城濮之战、晋齐之间的鞍之战等，使用的都是战车，那时衡量一个国家军事的强弱，就看其战车的数量。可是，到了战国时期，在一些重大战役中，我们极少能看到战车的身影。就战争史而言，用骑兵代替战车是一次重大的革命。在中国，赵武灵王就是完成这种变革的人。因此，历史学家翦伯赞在《登大青山访赵长城遗址》一诗中盛赞道：“骑射胡服捍北疆，英雄不愧武灵王。”

二

后人看前人容易苛刻与轻佻，古人再牛的改革在今人看来似乎也不过尔尔，原因就是后人在时间上尽占优势——他不一定要站在巨人的肩膀上，只要站在时间的肩膀上就能看到古人看不到的风光。可是，今人也知道，任何改革都会遇到巨大的阻力。赵武灵王“胡服骑射”的改革也不例外，改革的过程同样充满艰辛。

“胡服骑射”的改革过程大致是这样的：赵武灵王十九年（公元前307年）正月，赵武灵王召集大臣讨论天下大事，会议开了五天。会后，赵武灵王带领军队进攻中山国，随后到达中山国南部边防城市房子（今河北高邑县西南），然后又到达了赵国的边境代地（今河北蔚县），“北至无穷（位于今河北张北县），西至河，登黄华之上”（“黄华”估计是今天山西西北部黄河岸边的一座小山，具体位置已不可考）。史书的这段记载很简略，我们可将其解读如下：赵武灵王先是召开了五天的动员会议，决定带领大家详细考察赵国的整个北部边防。会后，赵武灵王亲自带队，沿着赵国的北部边境考察了一遭，中间可能还试探性地进攻过中山等游牧民族的边防城市，目的不是为了攻城略地，而是为了获取鲜活的调查样本。从后来的情况看，赵武灵王的此次“北巡”，除了自己调研外，更像是为了统一思想，以减少日后改革所遇到的阻力。

“北巡”归来，赵武灵王就召见大臣楼缓，谈自己“胡服骑射”的改革构想，他说：“先王趁世事变化，做了这里的主人，依靠漳水、滏水的天险，修筑长城，攻取蔺、郭狼，在荏打败了林胡，但功业还没完成（**我先王因世之变，以长南藩之地，属阻漳、滏之险，立长城，又取蔺、郭狼，败林人于荏，而功未遂**）。”这段是回顾赵国的历史，意思是自己要继往开来，继承先人的遗志，带领赵国完成强国大业。

接着，赵武灵王又说：“可是现在呢，中山在我国中间，北有燕，东有东胡，西有林胡、楼烦和秦、韩的边境。如果没有强大的兵力救援，就要亡国了，怎么办？要有高于世俗的功名，一定会受到普通人习俗的拖累。我想要让全国军民都胡服，以便于作战（今中山在我腹心，北有燕，东有胡，西有林胡、楼烦、秦、韩之边，而无强兵之救，是亡社稷，奈何？夫有高世之名，必有遗俗之累，吾欲胡服）。"

楼缓一听，马上表态："善。"楼缓是战国时期有名的策士，自己的想法得到了楼缓的认可，赵武灵王心里有了底气，遂在朝堂之上公开阐述了自己"胡服骑射"的主张，可是没料到，"群臣皆不欲"，大家都不同意赵武灵王的改革构想。

改革受阻，赵武灵王很苦闷。

苦闷之际，赵武灵王与重臣肥义有一次重要的谈话。赵武灵王说："要想建立高出世人的功业，就一定会受到一般习俗的拖累，一个人有了超越众人的高明想法，就一定会遭到狂傲之人的抱怨。现在，我想采用胡服骑射的办法来提高赵国的整体国力，可是世人都反对我，我该怎么办？（夫有高世之功者，负遗俗之累；有独智之虑者，任骜民之怨。今吾将胡服骑射以教百姓，而世必议寡人，奈何？）"

肥义是个明白人，他对赵武灵王说："我听说，认准的事情就不要怀疑，行动要坚决，而不可犹豫。大王您既然已经受到习俗的拖累了，那您就不要再害怕别人的议论了。德行极高的人肯定不合俗人的口味，建立极大功业的人也不会跟众人的想法一致。过去，舜到有苗，有苗人爱跳舞，舜也跟着翩翩起舞。大禹到了裸国，那里的人都裸体，大禹也脱光了衣服。大舜和大禹这么做，不是为了自己舒服，而是为了追求更高的道德，获取最广泛的文化认同。愚蠢的人等别人把事情都干成功了，他们还没看明白。可是有智慧的人在事物还未成型之际就已经预见到了。大王您不必怀疑自己胡服骑射的改革构想（臣闻疑事无功，疑行无名。王既定负遗俗之虑，殆无顾天下之议矣。夫论至德者不和于俗，成大功者不谋于众。昔者舜舞有苗，禹袒裸国，非以养欲而乐志也，务以论德而约功也。愚者暗成事，智者睹未形，则王何疑焉）。"

有了肥义的认可与支持，赵武灵王的心结才真正打开，他说："我不怀疑胡服骑射的功效，我只是怕天下人嘲笑我。狂夫认为的快乐，在智者看来是悲哀之事；愚者所乐于去做的事，在贤者看来是需要警惕和省察的。只要世人能按照我的方法去做，胡服骑射就一定会收到不可思议的功效。即便全天下的人都嘲笑我，我也一定要建立强大的军队，把中山国的土地并入赵国（吾不疑胡服也，吾恐天下笑我也。狂夫之乐，智者哀焉；愚者所笑，贤者察焉。世有顺我者，胡服之功未可知也。虽驱世以笑我，胡地中山吾必有之）。"

至此，赵武灵王推行"胡服骑射"的决心已不可动摇。

出台一项重大改革举措，除了要考验决策者的智商外，更大的还是考验决策者的心理承受能力。任何改革都会面临阻力，决策者本人首先要有冲破阻力的信心和勇气，先迈过自己心灵的那道坎儿，然后才能启动改革。若决策者缺乏足够的政治勇气，他完全可以遇到雷区绕着走，不启动让自己有压力有争议的改革方案。从这一点上讲，赵武灵王的政治勇气是非常值得敬佩的。他虽然也"恐天下笑我"，怕担骂名，但为了赵国的强盛，他置此不顾，坚决启动了胡服骑射的改革方案。

三

决策改革考验信心与勇气，推行改革则要讲究策略与耐心。怎么推行才能最大限度地减少改革阻力？赵武灵王想让自己德高望重的叔叔公子成带头，"干部带了头，群众有奔头"，皇帝的叔叔都穿胡服了，别的大臣就会跟着学，大臣都穿胡服了，老百姓也会跟着学。说穿胡服是一项重大的政治任务，不管愿意不愿意都得穿，那效果肯定不会好；若你营造了一种氛围，让人感到穿胡服是一种时尚，有身份的人都在穿，你不穿就掉价，那大家就都去追这种时尚去了。赵武灵王在战国时期就明白这个道理，所以就派使者动员自己的叔叔公子成穿胡服。

可是，公子成反对胡服骑射，不愿意配合，他说："大王舍弃华夏服装，要穿胡人的服装，这是改变古代圣贤的教诲，会让国家走上邪路，同时也是违背人心和主流价值观的（今王舍此而袭远方之服，变古之教，易古之道，逆人之心，而悖学者，离中国，故臣愿王图之）。”表达完自己的反对意见后，公子成干脆称病不朝了。

考验耐心和口才的时刻到了。赵武灵王亲自前往公子成家去做思想政治工作，他对叔叔说：“衣服是用来为人服务的。礼仪，是用来便于行事的。剪发文身，衣襟偏向左侧，是越人的风俗。涂黑牙齿，在额头上涂抹颜色，不戴帽子，针线粗拙，这是吴国的风俗。虽然礼仪衣服不一样，但都是为了生活和工作的便利。乡情不一样，风俗就变了。事情不一样，礼仪就变了。所以服饰的事情不是圣贤可以统一的。以前中山国依靠齐国的强大兵力，围攻鄗（今河北省柏乡县以北），鄗几乎失守。先王以之为耻，这个怨仇还没报。上党（今山西省东南部）附近的地形险恶，没有大量行动快速的骑兵，是没有办法防守的。穿上胡服，可提高士兵的战斗力，我们就可以报中山侵略我国的仇恨。如果叔父只泥拘于世俗的礼仪及服装规范，违背祖先赵简子与赵襄子开疆辟土的宏愿，忘却鄗城被围的耻辱，我真的很失望（夫服者，所以便用也；礼者，所以便事也。圣人观乡而顺宜，因事而制礼，所以利其民而厚其国也。夫剪发文身，错臂左衽，瓯越之民也。黑齿雕题，却冠秫绌，大吴之国也。故礼服莫同，其便一也。乡异而用变，事异而礼易。是以圣人果可以利其国，不一其用；果可以便其事，不同其礼。……先时中山负齐之强兵，侵暴吾地，系累吾民，引水围鄗，微社稷之神灵，则鄗几于不守也。先王丑之，而怨未能报也。今骑射之备，近可以便上党之形，而远可以报中山之怨。而叔顺中国之俗以逆简、襄之意，恶变服之名以忘鄗事之丑，非寡人之所望也）。”

听了赵武灵王一番慷慨陈词之后，公子成被说服了。他第二天就穿上赵武灵王赐给的胡服上朝了。赵武灵王也在同一天发布了胡服骑射的改革命令。改革命令发出之后，大臣们还是反对，赵武灵王再次发表演说，说服了反对派，“遂胡服，招骑射”。

可以说，赵武灵王的胡服骑射是一种典型的顶层设计的改革。改革既然是自上而下发动的，那么让上层人物带头支持改革也就成了天经地义之事。改革的阻力，不仅来自既得利益集团，有时还来自人们的习惯性心理。比如大家都穿惯了华夏服装，你现在突然让穿胡服，大家首先心理上就感觉不舒服。谁先穿胡服谁就可能被视为离经叛道，会被嘲笑。人们的这种心理压力其实也是改革所需要支付的一种成本。改革的成果要全民分享，改革的成本当然也要全民共担。可是，在实际操作中，改革既然为顶层设计，顶层就应该首先承担这种成本。赵武灵王的“胡服骑射”能最终成功，与他坚决让顶层承担改革成本关系极大。作为改革发动者，他就最先经历了心理煎熬，冒着“被天下笑”的巨大风险来启动此事。改革启动之后，他又坚持让叔父带头穿胡服。这两点都是顶层人物承担改革风险、支付成本的绝好示范。如果不这样做，顶层人物拒绝承担改革成本，改革成本都让底层人民负担，顶层只负责享受改革成果，那么，这样的改革就会演变成一场权贵阶层的分赃，其结果不但改革的速度会大受影响，而且还可能让改革胎死腹中。

胡服骑射的改革绝不仅仅是让赵国人改穿胡人衣服那么简单，而是包含着一系列的强军措施。具体说来有如下几项：其一，放弃宽袍大袖的华服，改穿胡服。变履为靴，以便于骑马，将原来用铜做的重甲改为用皮革做的轻甲，以减轻重量，便于在战场上快速驰骋。其二，招骑射，以优厚的待遇招募会骑马射箭的人充当骑兵。其三，收编胡兵，将赵地的胡人编入骑兵队伍，发挥他们善骑善射的特长，带队伍，提升赵国骑兵的战斗力。其四，建立骑兵训练基地，购买胡马。生长在北方内蒙古草原一带的马匹善于奔跑，耐力好，比中原地区的马匹更适合做战马。其五，给骑兵配备更适合马上作战的长矛和剑矛，更新武器装备。从这些内容我们就可以看出，赵武灵王的胡服骑射实质上是一场全面的军事革命，从服装到武器，从铠甲到战马，从士兵到战法，围绕战争的各个环节都进行了一次全新的升级。

一年之后,改革就见成效了。赵武灵王二十年(公元前306年),赵国进攻中山国,一直打到宁葭(今河北省石家庄市西北)。赵国的另一路军队向西进攻林胡,一直打到榆中(今内蒙古伊金霍洛旗一带),迫使林胡王"献马求和"。一年之后(公元前305年),赵国再次进攻中山,一路攻城略地,收获颇丰,原属于赵国的鄗地被夺回。两年后,赵国再次进攻中山,中山国只好献四城求和。到赵武灵王二十六年(公元前300年),赵国继续进攻中山,连续进攻五年后,终于将中山国全部吞并,赵武灵王解除了心腹之患,赵国的土地连成了一片。

在进攻中山的同时,赵国向北、向西不断扩张领土,将包括今天山西北部、内蒙古中部的大片土地都收入囊中。国土面积的扩大,除了增加人口和耕地外,对赵国来说还有一个特别的意义,那就是得到了宝贵的战马产地。有了内蒙古草原地区这个优秀的战马产地,赵国骑兵的战马供给就不缺乏了,骑兵的训练水平也水涨船高,步步攀升。胡服骑射的改革至此步入了良性循环:改革增强了赵国的军事实力,原来受侵略的赵国现在可以开疆辟土了,疆域的扩大使赵国有了更优越的战马产地,大量战马的出产进一步增强了赵国的军事实力。

赵武灵王推行的改革之所以这么快就见成效,与他坚定的信心和坚决的执行力是分不开的。改革之艰难,不仅要求总体设计要高瞻远瞩,而且更要求在实施中有坚定的信心和坚决的执行力。有了改革的信心,走得才不犹犹豫豫;有了坚决的执行力,改革措施才不会在实际操作中走样变形。中国历史上有不少改革,最初的设计本来也不错,可在操作的过程中没有得到坚决执行而导致失败。比如,清末新政就是这样。慈禧太后等人在1901年发动改革的初衷也是为了富国强兵,其动机不可谓不好;采用的改革方案几乎就是前两年康有为、梁启超等人设计的维新路径,这个方案的核心是实现君主立宪,在当时也算是顺应时代和人心的。可是,在实际操作的过程中,由于清朝权贵阶层一再拖延"预备立宪"的期限,致使人们的"立宪"期盼一次次落空。尤其是在1911年5月,载沣等人搞出了一个"皇族内阁",内阁成员总共13人，其中满族大臣8人，蒙族大臣1人，汉族大臣仅4人。9名满蒙大臣中，皇族成员就有7人。这个“皇族内阁”完全违背了立宪精神，充分暴露了清朝权贵愚弄民众、不愿意放权的本质。这就是在执行改革的过程中犯下了愚蠢的错误。“皇族内阁”一出，原来主张立宪的人士大为失望。当时的人们普遍认为，此事说明清朝权贵仍将国家视为一家一姓之私产，他们不仅不信任汉人，甚至也不信任无血缘关系的满人，而只信任那一小撮皇亲国戚，他们是打着“立宪”之名行专制之实。“皇族内阁”也让革命派有了更充分的革命理由，清朝权贵根本不会真心改革，他们想的还是要压迫人民。人民要想不受压迫，只有奋起革命。结果，“皇族内阁”出炉仅半年，“辛亥革命”就爆发了。大清帝国迅速瓦解，实行了十年的清末新政也随之半途而废了。

与清末新政相比，赵武灵王的胡服骑射在执行过程中完全按照“设计图纸”来，不走样，不变形，没偷工减料，也没掺假兑水。改革的执行力强，改革的效果就明显，所以一年就见效，几年之间就成果显著，七八年之后，赵国就一跃从弱国变成了强国。

需要说明的是，赵武灵王的胡服骑射，不仅惠及赵武灵王一朝，而且还泽被赵国后世。到战国末期，在秦军一枝独秀之际，唯一能与秦军对抗的就是赵军。公元前270年，秦军进攻中原，围困了赵国的军事重镇阏与(今山西省和顺县)，赵国的大将赵奢带兵救援，在阏与之战中靠骑兵冲锋战术“大破秦军”，“解阏与之围而归”。赵军骑兵强大的战斗力，当然与赵武灵王推行的胡服骑射改革密不可分。即便是秦国第一流的战将王翦带兵攻赵国，赵国派名将李牧、司马尚带兵对抗，王翦及他的虎狼之师亦拿赵军没办法。不得已，秦国还得使用反间计，贿赂赵国宠臣郭开，让他诬陷李牧、司马尚谋反。待赵国换将，解除李牧、司马尚两人的指挥权，换成赵葱和颜聚之后，王翦才“急击赵，大破杀赵葱，掳赵王迁及其将颜聚，遂灭赵”。可见，赵国的军队直到亡国之前都一直保持着极强的战斗力，若不是赵悼襄王听信谗言，冤杀李牧，“自毁长城”，赵国是不会这么快就被秦国吞并的。

赵武灵王为什么被饿死?

赵武灵王是战国时期有名的君主,他在赵国发起的胡服骑射,是一场有名的改革。胡服骑射之后,赵国实力大增。可以说,战国时期赵国由弱变强的关键性人物就是赵武灵王。可是,这位带领赵国走向强盛的国君最后却被活活饿死了。这一切,是怎么发生的?赵武灵王的结局为什么会如此悲惨?

赵武灵王像　杨树 绘

事情还得从赵武灵王二十七年(公元前299年)说起。这一年“五月戊申”这天,赵武灵王“大朝东宫”,将国君之位传给了太子赵何,是为赵惠文王,而赵武灵王则自号“主父”(就是一国之主的父亲之意)。赵武灵王主动传位的想法是，让儿子治理国家，自己带领一些人到边境考察考察。

让位之初，一切还都在“主父”的设想之内。深受器重的大臣肥义当上了相国，辅佐赵惠文王治国。“主父”自己则带着一干人“西北略胡地”，为了探听敌国虚实，“主父”诈称自己是赵国的使者，到秦国去观察地形地貌及秦昭王的为人。秦昭王不知道他是赵武灵王，可见面谈话之后，“已而怪其状甚伟，非人臣之度”，怎么想都觉得这个使者不一般，气场太强大，不像做臣子的。于是，秦昭王就派人去追，结果“主父已脱关矣”，已经通过边防站，过函谷关回到了赵国境内。秦昭王再详细询问一番，才发现此人正是“主父”。赵国一国之君的父亲，竟然诈称使者到秦国来探听虚实，“秦人大惊”。

赵惠文王第二年(公元前298年)，主父又视察了赵国在北方新开辟的疆土，到达了今天山西西北部及内蒙古东胜一带。又过一年，赵国彻底灭掉了中山国，主父大赏群臣，封长子赵章为代安阳君，还让田不礼辅佐赵章。赵章曾经是太子，后来，赵武灵王“得吴娃，爱之”，并与其生子赵何。因宠爱吴娃，赵武灵王就废掉了太子赵章，改立赵何为太子。王位本来该是自己的，生生被弟弟夺取，赵章“心不服其弟所立”，对弟弟赵何意见极大，心怀怨恨。

赵武灵王当初是因宠爱吴娃而改立赵何为太子的，后来吴娃年老色衰，失宠了，赵武灵王又觉得对不住赵章。赵惠文王四年(公元前296年)，主父观察赵惠文王上朝，从旁查看群臣对新君的态度，发现长子赵章在朝堂之上“北面为臣，诎于其弟”，心中更加升起了怜爱之心，甚至想“分赵而王章于代”，把赵国一分为二，让赵章做代地的国君。可是，这种想法显然不现实，动议之后也只好搁置。

主父犹犹豫豫之间，两个儿子之间的矛盾就越发公开、激烈了。大臣李兑曾跟肥义说“公子章强壮而志骄，党众而欲大”，又说“田不礼忍杀而骄”，这两个人凑在一块，一定会密谋发动叛乱。李兑还数次面见赵武灵王的叔叔公子成，让他防备长子章和田不礼发动政变。

事情果然被李兑不幸言中。赵惠文王五年(公元前295年)，赵武灵王、赵惠文王与长子赵章一同到位于沙丘(今河北涿鹿县东南)的行宫游玩,他们在此地各有一处行宫。赵章和田不礼谎借主父之命召赵惠文王,企图杀死弟弟后自己取而代之。赵惠文王方面早有防备,赵章杀弟夺权的计划没有成功。赵惠文王令公子成和李兑带兵前来平叛。长子章发动政变失败后,赶紧跑到老爸主父的行宫去躲避。主父爱子心切,居然接纳了。兄弟两个此时已反目成仇,变成了你死我活的决战态势,主父接纳长子章,等于是在关键时刻站错了队。

为了追杀长子章,公子成和李兑带兵围困了主父的行宫,杀死了长子章。李兑说:“以章故围主父,即解兵,吾属夷矣”,因为追杀赵章的缘故,我们围困了主父的行宫,这是对主父的极大冒犯,如果我们现在就退兵,以后我们这些人都会被灭族。为了避免日后被追究,两人就继续带兵围困主父的行宫,并且命令行宫中的人全部离开,不离开就灭族。行宫中的人都逃跑了,只剩一个主父在里面。主父“欲出不得”,饿得在行宫里到处掏麻雀充饥。三个月之后,麻雀也没有了,主父活活被饿死在了沙丘行宫。

赵武灵王的悲剧结局很令人感慨,一个能驾驭胡服骑射这场重大改革的国君,最后竟因摆不平两个儿子之间的王位之争而被活活饿死!其实,能治理得好国家却管不住自己家人的国君在历史上并不少见。唐高祖李渊是唐朝的开国之君,他能创建一个大唐王朝,可照样摆不平几个儿子之间的明争暗斗,最后还是发生了兄弟相残的玄武门之变。康熙皇帝也是如此,他治国六十余年,文治武功都有一套。但在晚年,几个儿子为争夺接班人之位斗得昏天黑地,康熙自己也被搞得一筹莫展,身心俱疲。何以会出现这种情况呢?问题很简单,治国要讲原则,讲策略,遇到大是大非的问题时要理性判断,不可感情用事。可是,人是感情动物,一些英明的君主在治国时可以避免感情用事,但在面对自己的至亲之人时却做不到这一点。赵武灵王在发动胡服骑射之前,虽也有过犹豫,但他一旦想清楚了,就会毅然决然地选择启动改革,而不是犹犹豫豫,徘徊不前。可是,在处理感情问题时,赵武灵王却接连犯了两次错误。第一次是废太子赵章，这次废赵章属于“废长立幼”，本不符合礼法，他是因为过不了女人关（宠爱吴娃）而立赵何为太子。第二次，就是两个儿子为王位发生矛盾时，他又不能果决地站在赵惠文王一边，原因是他过不了父子感情这一关。换言之，为赵国的国家稳定计，主父应该坚定地支持赵惠文王，可作为一个父亲，他又放不下对长子赵章的怜爱之情。前国家领导人和父亲这两种角色之间存在着尖锐冲突。可惜，关键时刻，父亲的舐犊之情竟然战胜了治国理性，悲剧就此产生。一句话，感情用事真是害死人，尤其是在不该动感情的节骨眼上动情，更是要命。

若再往深层追问，可说专制制度本身就有很不人性的一面。国君不但只局限于一家一姓，而且还只有一位。权力高度集中，势必让人为争夺权力而不择手段，发展到极端，就势必酿出父子反目、兄弟成仇的悲剧。赵武灵王不是这一制度的最早牺牲品，亦是不这一制度的最后殉葬者。在他之后，类似的悲剧依然不断上演。

商鞅变法动了谁的奶酪?

商鞅像　杨树 绘

吴起死后二十五年,商鞅在秦国发动了变法。

"长江后浪推前浪,前浪死在沙滩上",就战国时期的各国变法而言,我们似可这样说,尽管前浪死在了沙滩上,但后浪仍然要把变法推向高潮。李悝是前浪,吴起就是后浪;等吴起成了前浪,商鞅就是后浪。吴起的变法比李悝激烈,商鞅的变法则比吴起还激烈。

激烈的变法动了很多人的奶酪,商鞅的变法更是如此。两千多年来,人们对商鞅变法的争论一直没有停止过。那么,我们不妨看看商鞅变法动了哪些人的奶酪?为何变法的巨大成就和变法者本人的悲剧结局形成如此鲜明的对照？商鞅的人格缺欠对今人又到底有何等的警示？

商鞅的三套预案

商鞅原本是卫国人（亦称卫鞅），后被封于商地，因此称为商鞅。史书记载，商鞅“少好刑名之学”，年轻时就喜欢法家循名责实的一套主张，后来到了魏国，在魏国国相公叔痤的手下做“中庶子”，帮助公叔痤打理琐事，如果说公叔痤是个大明星的话，那么此时身为中庶子的商鞅就是明星的经纪人。公叔痤知道商鞅有才能，想把他推荐给魏惠王，还没来得及推荐的时候就病倒了。

魏惠王来探望病重的公叔痤，问：“如果您一旦离开这个世界，不能辅佐我了，那么我该找谁呢？”意思是，您推荐一下继任者吧。

公叔痤就推荐了商鞅，说：“痤之中庶子卫鞅，年虽少，有奇才，愿王举国而听之。”我的手下卫鞅才华横溢，希望大王您让他担任国相，治理国家。

结果，魏惠王默然，他根本就没拿商鞅当盘菜。

公叔痤知道魏惠王不会用商鞅，就又说：“您如果不用商鞅，一定要杀掉他，不要让他投奔别国。”

魏惠王“许诺而去”，口头上答应了，然后离开。

公叔痤又回头跟商鞅说：“今天大王问，在我死之后谁可以当国相，我推荐了你。可我看大王的脸色，他不会用你。我做事的原则是先帮助国君，后帮助臣子，所以就跟大王建议，如果他不能用你，就应该杀掉你。大王应允了。请你要赶快离开，否则可能会被捉拿，杀掉。”

商鞅回答：“大王既然不能听您的话任用我为国相，那他又怎么能听从您的建议就杀了我呢？”所以，“卒不去”，并没有立刻离开魏国。

果然，魏惠王离开公叔痤的家就对左右的人说：“公叔痤病得太重了，都说胡话了，他竟然建议我任用卫鞅为国相，这不是开玩笑吗？”

魏惠王没有重用商鞅,可秦孝公此时正在广揽人才。商鞅遂离开魏国到了秦国。

在秦国,商鞅通过贿赂秦孝公的宠臣景监得以见到了秦孝公。第一次见面,商鞅用"帝道"游说秦孝公,所谓"帝道"就是三皇五帝时期的治国之道,三皇五帝都是圣贤,可是秦孝公听着很没劲,直打瞌睡。过后还指责景监,说你怎么给我推荐一个胡说八道的人呢?这样的人怎么能用?商鞅得知后说,我用帝道游说大王,可他的心思不在这上面呀。过了五天,商鞅再次会见秦孝公,这次他给秦襄公说"王道",王道是指夏禹、商汤、周文王等人治国的成功之道,虽比不上三皇五帝,但全都讲仁义。这次秦孝公没有打瞌睡,但依然不能接受商鞅的治国主张。此次见面之后,秦孝公继续指责景监,景监也指责商鞅。商鞅说:"我用王道来游说大王,而他不接受,请您再想法让我见一次大王。"结果,第三次见面,商鞅就用霸道之术游说秦孝公,"霸道"是春秋时期诸侯争霸时使用的治国之道。结果,这次秦孝公听得非常有感觉,"不自知膝之前于席也",听得太入神,不知不觉间膝盖就向商鞅的跟前靠(当时的人是跪坐着的)。结果,这次谈话极其成功,之后,两人又"语数日不厌",又连着谈了好几天。秦孝公觉得商鞅是一流的人才,遂委以变法大计。

为取得秦孝公的信任,商鞅预备了"帝道""王道""霸道"三套方案,从这里可以看出商鞅做事的心计,他是个很好的推销大师,为了能把自己推销出去,他一招不行再换一招。可从另一个角度看,我们亦可看出,商鞅本人并不是一个求道者,他的推销术与孔子、孟子的推销术截然不同。孔子、孟子周游列国,目的是劝说诸侯国国君行仁政,他们不管面对什么样的国君,所讲的都是一以贯之的"仁道""仁政"。只要国君不肯用仁政理念治国,孔子、孟子必定要离开这个国家,另寻下家。哪怕最后自己的思想主张推销不出去,那也绝不降格以求,更不会改变主张以换取个人的飞黄腾达。这是一种"颠沛必于是,造次必于是"的求道态度。孟子曾经说过:"大匠不为拙工而改废绳墨,羿不为拙射而变其彀率。君子引而不发,跃如也。中道而立,能者从之。"意思是,高明的木匠不会为迁就笨拙的工人就废弃绳墨,神射手后羿也不会为照顾笨拙的射手而改变拉弓的正确标准。做君子就像教人射箭,做出拉弓的正确姿势,目的就是要别人效仿。君子一定要走在正道之上,有能力的人自然会跟着去学。

但是商鞅不这样。他见秦孝公,使用的完全是推销员的思维,即我这里有"帝道""王道""霸道"三套方案供您选择,您选哪个都可以。甚或说,您选哪套方案都不重要,最重要的是选用我。所以,商鞅游说秦孝公,推销的不是儒家所倡导的"帝道""王道",甚至也不是法家的"霸道"主张,而是他自己——只要他自己能借着秦国这个平台"借壳上市",那在他看来也就成功了。后人认为商鞅是法家人物,这是从他后来的变法措施上得出的结论,若当初秦孝公选中的是"帝道"或"王道",那么,我觉得商鞅的人生轨迹可能会是另一番样子。

对于秦孝公选择的"霸道"方案,商鞅自己也知道这是一种"退而求其次"的选择。他对景监说:"吾说君以帝王之道比三代,而君曰:'久远,吾不能待。且贤君者,各及其身显名天下,安能邑邑待数十年以成帝王乎?'故吾以强国之术说君,而君大说之耳。然亦难以比德于殷周矣。"意思说,我以帝道、王道劝说国君,想让秦国达到夏、商、周三代时的盛世,可国君说,这见效太慢了,我不能等。而且,贤君要自己在世的时候就天下扬名,怎么能郁闷地等待几十年才让后人继承成果,成为好君王呢?所以,我就以霸道的强国之术劝说国君,国君对此非常高兴。但是,这套治国方案终究比不了实行德政的效果好,也不能使秦国达到殷周时期的盛世。

历史的关键时刻,其实是有多样选择的。战国时期是一个乱世,乱世之中,儒、道、墨、法、纵横等各派思想家都提出了救世主张。可是,由于各诸侯国君普遍的功利心态和急躁情绪,他们纷纷选择了法家和纵横家。这并不意味着别的思想主张不好,而只能说明那时当政者的短视。在一个浮躁的时代,最吃香的东西往往不是最好的,而是最功利、最短视的。秦孝公对商鞅三套变法方案的选择就能充分说明这一点。

两次变法

商鞅启动变法时的秦国，一穷二白，落后得像一张白纸。

秦国地处关西，与中原国家往来较少，经济文化都很落后，在战国初年一直发展缓慢，不要说开疆辟土了，就连自己的大片河西之地都被魏国侵略了过去。在社会改革方面，鲁国早在公元前594年就实行了“初税亩”（此举标志着从奴隶制经济形态向封建制经济形态转变），可是秦国到了公元前408年才由秦简公推行此项改革，比鲁国晚了近二百年。战国初期，魏国、楚国、韩国等都纷纷变法，但秦国的政治依然由享受世卿世禄的旧贵族把持，迟迟不能启动改革举措。国家整体落后，各方面都被人瞧不起，中原各国的人甚至一度视秦国人为“蛮夷”。

直到秦孝公当上了国君。

公元前361年，秦孝公即位，他痛感于“诸侯卑秦，丑莫大焉”，决定招揽人才，启动改革，以恢复春秋时期秦穆公曾经开创的霸业。他下求贤令：“宾客群臣有能出奇计强秦者，吾且尊官，与之分地。”商鞅就是冲着这个求贤令开出的诱人条件才前往秦国“应聘”的。商鞅变法最后也确实使秦国一跃成为各诸侯中实力最强的国家。

那么，商鞅变法到底包含哪些内容呢？

商鞅的第一次变法共有四项内容：其一，编制户籍，实行什伍连坐法。商鞅将秦国百姓五家编为一伍，十家为一什，使之互相监督、告发。这项措施是为了严密控制百姓，加强国家的管控能力。国家的管控能力增强了，征兵、征税、征徭役才高效。为达到目的，商鞅用严酷的刑罚来为自己的变法“保驾护航”，规定“不告奸者腰斩，告奸者与斩敌首同赏，匿奸者与降敌同罚”。用这么严酷的手段鼓励百姓互相告发，可以最大限度地提高国家的集权能力，形成“全国一盘棋”“全民拧成一股绳”的强劲发展态势。

其二，奖励耕织，抑制商业，鼓励家庭小型化。商鞅变法鼓励秦国百姓努力耕种，生产粮食和布帛多的农户，可以免除其徭役。经商之人及懒惰致贫者，国家就连其妻子儿女都罚没为官奴。同时还规定，一个家庭有两个成年男子的，必须分别立户，否则就“倍其赋”，增加一倍的赋税。“重农”是因为农民对土地依赖性强，不能随便迁徙，他们的财产国家很容易抽税。还有，秦国荒地多，鼓励百姓垦荒种地，发展农业生产，粮食生产增多后，国家就有能力组建强大的军队；“抑商”是因为商人四处游走，居无定所，国家监管起来不方便，且商人在战时对国家的忠诚度也远远低于农民。力促家庭小型化，可使每个人对家族的依赖度降低，转而投靠国家。

其三，奖励军功，禁止私斗。如果说前两条的主旨是“富国”的话，这一条的用意便是“强兵”。秦国人不是“蛮夷”嘛，不是勇于争斗嘛，好，请你们去为国家争斗，不要互相之间掐了。商鞅规定“有军功者，各以率受上爵；为私斗者，各以轻重被刑大小”。这里的“率”就是指所立军功的大小标准，立了军功的人，就按军功大小赏赐爵位；你要私斗，就按照你犯法的轻重程度惩罚你。一正一反，差别太大，一比较，秦国人当然愿意把劲儿往战场上使了。当时，秦国的爵位分为二十级，斩获敌人一颗首级，可获赐爵一级，获赏田一顷，宅地九亩，还可获得一个没有爵位的农民（称为“庶子”）为其服役。“重赏之下，必有勇夫”，军功的赏赐如此丰厚，秦国士兵的战斗积极性大大地调动了起来，后来秦国的军队被称为“虎狼之师”，这与秦国的军功换爵位的制度是大有关系的。

其四，废除宗室贵族的世卿世禄制。这是打击旧贵族的特权，商鞅规定“宗室非有军功，不得为属籍”，哪怕你是皇室成员，如果没有军功，就把你从皇室成员的名单上删除。被宗室除名之后，原来享有的田宅、臣妾、车马等待遇自然也就没有了。想靠着自己高贵的身份就可不立军功，那就把你的贵族身份都剥夺。任何社会都提倡“不吃老本立新功”,可商鞅的做法是“不让吃老本,逼着你立新功”。旧贵族享受很多特权,现在突然说必须立军功,没军功连贵族身份都保不住。这么一来,可想而知对贵族阶层的冲击多么大。秦国旧贵族之所以恨商鞅恨得牙根痒,主要原因就是商鞅变法极大地打击了他们的特权,动了他们的奶酪。

任何改革,只要动了既得利益集团的奶酪,他们必然群起反对、阻挠。商鞅变法自然也不例外。旧贵族抬出太子来给商鞅出难题,让太子犯法,看你商鞅怎么办? 商鞅非常狠,太子也不姑息,不能对太子施刑,我就拿太子的两个老师问罪,“刑其傅公子虔,黥其师公孙贾”,割掉了公子虔的鼻子,在公孙贾的脸上刺了字。对太子的老师都这么狠,可见商鞅是多么的天不怕地不怕。甚至,他还故意杀人立威,在渭水河畔,商鞅主持行刑,一次就杀掉了七百多人,渭河的水面都被鲜血染红了。这七百多人,真正破坏新法的只是少数,大部分都是被“连坐法”抓来的罪犯亲属。用这么严酷的手段推行新法,“秦人皆趋令”——反对新法就掉脑袋,大家当然得服从了。

由于动用一切手段来为变法开路,商鞅变法的成效也迅速就显现出来了。“行之十年,秦民大悦,道不拾遗,山无盗贼,家给自足,民勇于公战,怯于私斗,乡邑大治。”专制体制能集中力量办大事的特点在此得到了充分验证,举国动员,“全民一盘棋”,效率确实高。事实上,在商鞅变法实行三年后,秦国就开始了对魏国的复仇之战。以前秦魏之间的战争,战况是“一边倒”——秦军根本不是魏军的对手。商鞅变法之后,秦军的战斗力迅速提升,秦军连续在河西地区向魏军发动攻击,多次击败魏军。最后,秦国不但收复了原来被魏国侵占过去的河西之地,而且商鞅还亲自带兵围攻了魏国的都城安邑(今山西省夏县),逼得魏惠王不得不迁都大梁(今河南开封)。到了这个时候,魏惠王才知道商鞅的厉害,后悔当初不听公叔痤的话。此时的商鞅,已经升为秦国的“大良造”(相当于其他诸侯国的国相),手握重权。攻下安邑之后,秦孝公封给商鞅“於、商十五邑,号为商君”,此时的商鞅春风得意，堪称“一人之下，万人之上”。

公元前350年，已经富强起来的秦国决定把都城从栎阳（今天陕西富平县）迁到咸阳。借迁都之机，商鞅又进行了第二次变法。这次变法的主要内容有五个方面。

其一，“废井田，开阡陌”，允许土地自由买卖。这一条彻底切断了旧贵族的经济命脉，井田废了，奴隶主的旧庄园就不能维持了；土地可以自由买卖了，勤劳的自耕农就可以把破产贵族的土地买到自己名下，有了翻身当地主的机会。世袭的贵族身份终于敌不过土地自由买卖的金钱关系。“从身份到契约”，英国法学家梅因所概括的社会发展规律在秦国初见端倪。

其二，普遍推行郡县制，“集小都、乡、邑聚为县”，把各种小城市、小乡镇、小村落合并成县。秦国共设41个县，县的长官是县令，由中央政府直接任免，这样就把地方的控制权牢牢地抓在国君的手里。原来一些地方是旧贵族的势力范围，现在通过推行郡县制，旧贵族逐渐被排除在国家的行政体系之外了。

其三，推行统一的国家授田制和赋税制度。原来秦国各地的田亩标准不统一，赋税标准也不统一，各地贵族“各弹各的调儿”，商鞅要建立的是中央集权的强势政府，哪能让地方各行其是？于是，田亩全收归国有，然后再按商鞅制定的新标准，国家给每个农夫“授田”一百亩，赋税也根据土地的贫瘠情况制定统一征收，农夫为国家交纳的赋税也非常“均平”。这项措施一箭三雕：增加了农民实际拥有耕地的数量，确保了税赋的公平公正，还增加了国家的赋税收入。

其四，统一度量衡。这是为了确保国家有统一的税收标准，也使商业税的征收制度化、合理化。

其五，极大压缩百姓的个人空间，实行“愚民”统治。商鞅变法明令“燔诗书而明法令，塞私门之请，禁游宦之民”，就是说你没事读书诵诗也不行，朋友之间频繁交往也不行，做个背包客，游览一下祖国的名山大川、顺便结识一下各地的同道人，更是不行。为啥？在商鞅看来，饱读诗书就会变聪明，聪明了就会善于思考，一思考就觉得国家的一些做法乃至法律并不完善，于是就可能对国家政策心怀不满。这显然不利于国家的控制，所以，就把诗书都给烧了，老百姓要学习就学我商鞅制定的法律和政策法规吧。把法规政策都烂熟于胸并且照着做了，就是秦国的模范百姓。老百姓还发展什么私人友谊呀，你们之间交情深厚了，还怎么互相监督、告发呀？你们不相互监督、告发，国家管控百姓的效力岂不大打折扣？“游宦”当然更不行了，到处旅游，走动，你们老百姓倒是很爽，可国家一旦征税、征兵什么的到哪找你们去？所以对不起，你们就都老实在家待着吧。不打仗的时候就努力种地，打仗的时候就上战场立军功。甚至，商鞅还禁止成年父子“同室”，成年父子还同处一个屋檐下，不分家另过，慢慢就会形成家族，家族一大，国家管控起来也有难度。再者，父子住在一个屋檐下，也不利于彼此监督、告发。

可以说，商鞅第二次变法是对第一次变法的进一步深化。经过商鞅的两次变法，秦国的社会结构和国家实力都发生了翻天覆地的变化。原本一盘散沙的秦国现在被整合为一个巨大的机器——战争机器。国君对官员和百姓的控制力空前加强，大家都成了国家机器上的一个部件。秦国百姓的自由和个人空间被大大压缩了，他们不敢乱说乱动，只干两件事最保险：种田和参军打仗。这就是商鞅想要的结果。商鞅变法的目的就是要集中全国的力量干这两件事，因为这两件事最有利于秦国达到富国强兵的目的。甚至还可以说，秦国百姓努力种田也是为了将来打仗，打大仗。国家的战略储备粮多，赢得战争的几率就大；国家能最低成本最快速地将百姓转化为战士，其战时动员能力就比别人强大；国家对军功的奖励大，战士的作战积极性和战斗力也就提高得快。可以说，商鞅变法将上述因素全都发挥到了那个时代的极致。所以，商鞅变法之后，秦国迅速强大起来，一跃成为战国七雄中最强盛的国家。后来，商鞅本人虽然被车裂，但他所推行的变法措施并没有被废止，此后的秦国依然沿着商鞅变法的路线向前发展。后来，秦国一家独大，并最终统一了六国，这都与商鞅变法密不可分。后人都说秦始皇统一六国，实际上，秦始皇的军功章里绝对该有商鞅的一份功劳，虽然两人相隔百余年。

赵良的预言

商鞅虽然让秦国强大了起来，可他个人的结局却很悲惨。

公元前 338 年，秦孝公去世，秦惠王继位。这个秦惠王就是当年与商鞅结下梁子的太子驷，当年，商鞅用酷刑惩罚太子的两个老师公子虔和公孙贾，这等于当众羞辱了太子。现在，太子当上国君了，商鞅的好日子也就到头了。

公子虔的门徒告发商鞅谋反，秦惠王遂下令逮捕商鞅。商鞅逃亡至边关，欲住旅店，旅店主人不知他是商鞅，但见他未带凭证，就对他说："商君之法，舍人而无验者坐之。"意思是，商鞅同志制定的法律有规定，如果我敢留宿不带政府部门所开介绍信的客人，我就要被连坐治罪。你没带政府部门开的住宿介绍信，我不能让你住宿。此时，商鞅喟然叹曰："嗟乎，为法之弊一至此哉！"自己制定的严酷法令最终害了自己，这就是典型的作法自毙。

秦国待不下去，商鞅想逃到魏国去。可是，魏国因他曾用欺诈手段生擒过公子卬而拒绝他入境。原来，商鞅带兵攻打魏国时，公子卬曾带兵与商鞅对阵。两人此前是熟人，商鞅遂约公子卬见面叙旧，公子卬赴约。商鞅埋伏武士活捉了公子卬。商鞅这事干得不地道，得罪了魏国。现在，他只能自食其恶果了。魏国不但不接纳他，还不让他逃往他国，而是把他"内秦"，等于把他引渡回秦国了。商鞅被迫回秦国，潜回自己的封邑商地，发兵叛乱。你一叛乱，正好证实了"谋反"的谣言。秦惠王派兵攻打商鞅，商鞅兵败被杀，"秦惠王车裂商君以徇"，同时诛灭了商鞅全族。

至此，战国时期最有名的变法者身首异处。留给后人的是长久的喟叹和深深的思考。

让秦国强大起来的第一功臣，其结局为什么竟这么悲惨？商鞅本人及其变法的功过是非，又到底该如何评说？

实际上，商鞅的悲剧绝不是偶然的。就在商鞅志得意满、权焰熏天之际，就有人看出了商鞅的危机。这个人就是商鞅的朋友赵良。

变法之后，秦国实力大增、开疆辟图，商鞅本人的权势也随之达到了巅峰。他得意扬扬，对赵良说："秦国本来都被视为'蛮夷'，是绝对的落后国家，我一番励精图治的改革之后，面貌焕然一新，'大筑冀阙，营如鲁卫'，修建的宫殿就像鲁卫这些中原国家建得一样华丽漂亮。'子观我治秦也，孰与五羖大夫贤？'你看我治理秦国的成就，与五羖大夫百里奚比，谁更厉害？""五羖大夫"百里奚是春秋时期辅佐秦穆公成就霸业的贤相（因他是秦穆公用五张羊皮换来的，所以称为"五羖大夫"），商鞅拿自己与秦国历史上最有名的贤相比，其志得意满之情溢于言表。

没想到，赵良当面给他泼了一瓢冷水。

赵良说，人家百里奚是楚国一个普通百姓，听说秦穆公是贤君想拜见，但连来秦国的路费都没有，靠着给人打零工赚钱才来到秦国，到了秦国还靠给别人养牛为生。秦穆公知道他有贤德之后才提拔他，让他辅佐治国。他治理秦国七八年，秦国就强大了，"施德诸侯而八戎来服"。更关键的是，人家百里奚相秦，"劳不坐乘，暑不张盖，行于国中，不从车乘，不操干戈，功名藏于府库，德行施于后世"，生活极其简朴，道德水平也极高。百里奚去世的时候，"秦国男女流涕"，大家都异常悲痛，"童子不歌谣"，就连小孩子都不唱歌了，"舂者不相杵"，舂米的人也停下工作，因为舂米的声音与悲伤的气氛不吻合。人家百里奚的德行达到这样的高度。

可是您呢？您是靠贿赂、巴结宠臣景监才得以亲近秦孝公的，这不是成名的正道；您治理国家对百姓并不关心，光顾着修建豪华的宫殿城阙，这不能算是真正的政绩；您利用严刑酷法来排斥异己，割掉太子老师公子虔的鼻子，以此来压制不同的声音，这不是执法，而是"积怨畜祸”;道德对百姓的感化比官府的命令更能深入人心,百民效仿长官的清廉正直比遵循官员的三令五申更为有效,可是您却排斥道德,靠权力强制推行政令,这不是教化百姓的正确方法;您还炫耀权势,天天把秦国的贵公子投入监狱,无礼地欺凌他们。您的这些做法都不太得体,不是让自己能获得平安长寿的做法。

还有,公子虔被割掉鼻子已经闭门不出八年了,你不但不知收敛,反而变本加厉,杀掉祝欢,还在公孙贾脸上刺字。《诗经》说:“得人者兴,失人者崩。”这几桩事,您做得都不得人心;您出行的时候,后面随从着几十辆车子,车子上是全副武装的士兵,车子旁边还有手持矛戟的卫士。这几样安保措施,只要少了一项,您都不出门。《尚书》上说:“恃德者昌,恃力者亡”,您现在的危险处境就像早上被太阳照晒的露珠一样,您还想着延年益寿吗?

如果您肯听我的话,那您就赶快放弃权力,归还您的十五座封邑,归隐乡间去浇灌菜园,这样或许可以使您稍微安全一点。如果您还贪图富贵,不肯放弃权位,那么,一旦秦孝公去世,新的国君难道不逮捕您吗?您灭亡的日子“可翘足而待”,很快就来了。

应该说,赵良对商鞅的这番话句句说到了要害上,可惜的是,“商君弗从”,商鞅没听进去——权焰熏天之际,人们爱听的都是拍马屁的话,这样的逆耳忠言又有几人能听得进去呢?何况,让一心追求富贵功名的商鞅放弃国相的高位,这不等于用刀子割他的肉吗?他怎么会舍得呢?

商鞅不听没关系,历史证明赵良的话是对的。赵良这番话说完五个月之后,“秦孝公卒,太子立”,靠山秦孝公死后,商鞅随之就被清算了。

“商鞅型人格”与商鞅变法再审视

商鞅被车裂,固然是因为他的变法动了秦国旧贵族的奶酪,尤其是得罪了太子驷(就是后来的秦惠王)。可实际上,商鞅推行变法的手段过于严酷，堪称“暴政”，他得罪的人实在太多了，想要杀掉商鞅的，又岂止是秦惠王一人？

关于商鞅变法的成败得失，西汉刘向在《新序》一书中有比较公允的评价，他充分肯定了商鞅对于秦国有富国强兵之功，同时也指出了商鞅败亡的原因：“对外无诚信，对内无恩信。”“对外无诚信”的典型事例就是他诈盟背信生擒魏公子卬一事，“对内无恩信”则指他在推行新法的过程中全凭酷烈手段杀人立威，还把整个秦国社会搞得人情浇薄、人心大坏。因此，商鞅最后被车裂，用“作法自毙”来形容一点也不过分。

商鞅实行变法，除了打击秦国旧贵族外，对道德文化乃至朴素的家庭亲情也是一次绝大的破坏。他动的可不只是旧贵族的奶酪，还把普通百姓的个人空间和道德情感都给大大地挤压、破坏了。汉代的贾谊曾在《新书·时变篇》中这样阐述商鞅变法对秦人风俗的影响：

> 商君违礼义，弃伦理，并心于进取，行之二岁，秦俗日败。秦人有子，家富子壮则出分，家贫子壮则出赘。假父耰锄杖彗，耳虑立德色矣；母取瓢碗箕帚，虑立讯语。抱哺其子，与公并踞；妇姑不悦，则反唇而睨。其慈子嗜利而轻简父母也，虑非有伦理也，亦不同禽兽仅焉耳。

父子亲情、家庭温暖都被商鞅变法给破坏了，儿子长大了一定要分家，这也就罢了，老爸、老妈到儿子家借个锄头、扫帚之类的都不愿意借，婆媳之间，一言不合，立马反目成仇。人情冷漠到这地步，怎么可以？

商鞅变法摧毁大家族，让成年父子必须分家，还鼓励百姓之间互相监督、告发，这些做法不是教人释放善意、彼此信任、守望相助，而让人互相提防、互相算计、互相告发！这种“发动群众斗群众”的变法，摧毁了人间温情，使人心大坏，“人与人之间完全变成了赤裸裸的金钱关系”。说到底，商鞅变法的本质性错误就在于他把人只当做秦国“富国强兵”的工具，而根本没考虑人所必须拥有的基本权利，比如父子亲情、迁徙自由、个人尊严等。

司马迁说：“商君，其天资刻薄人也。”商鞅确实是一个刻薄寡恩之人，这在他变法和执法过程中都有体现。商鞅变法从一开始就将老百姓完全排除在外了，他对秦孝公说：“民不可与虑始而可与乐成。论至德者不和于俗，成大功者不谋于众。”意思是，不可与老百姓一块谋划变法，只要让他们享受变法的成果就可以了。要达到最高的道德，不必迁就百姓的风俗，要完成大功业的人也不要与众人一块谋划。这话说得很明白，商鞅变法，玩的就是彻彻底底的“顶层设计”，一点不让老百姓参与，不要你们出谋划策，当然更不要你们说东道西，你们要做的，就是老老实实地“听话”——听话就够了。这不就是典型的愚民统治吗？

一场变法也好，一项改革也罢，如果只是从政府和领导者的本位出发，而不是从国民的本位出发，只是把国民当作一种实现目标的手段，那么，绝大多数老百姓就无法从这样的变法或改革得到真正的幸福。即便这样的变法或改革成功了，多数国民被动的、配角的身份仍然不会改变，他们的命运也依然要让少数人来掌控。

商鞅变法从一开始就取消了民众的参与权，这已然犯下了严重的“初始错误”。更可怕的是，在变法实施的过程中，商鞅还一再强化他的“刻薄”和严酷。变法之初，百姓不信任商鞅，他就立木赏金。立一根长木在都城南门，说谁能把这根木头给搬到北门，就给“十金”，钱这么好赚，老百姓都不相信。于是他层层加码。当酬劳增加到“五十金”的时候，有一个人半信半疑地将这个木头从南门扛到了北门，这个人立马得“五十金”。从此，秦国人开始相信商鞅了，说他“不欺”。很多史书都将此视为美谈，说商鞅善于“取信于民”，实际上，商鞅所要立的根本就不是“信”，而是“威”。他要借助高高的悬赏树立自己的权威，即不管看起来多么不靠谱的事，我都能说到做到，你们不要怀疑我，更不能对我的变法说三道四。

那有人就问了:批评变法不行,表扬变法总行吧?说商鞅坏不行,说商鞅好总没错吧——哪个领导不喜欢拍马屁呀!

告诉你:也不行。变法实施几年之后,秦国有些百姓的想法转变了,他们当初感觉变法不好,现在又认为变法不错。他们说出了自己的感受,为商鞅变法点赞。可结果呢?商鞅曰:“此皆乱化之民也”,这帮家伙都是不好教化、扰乱正常秩序的刁民,然后“尽迁之于边城”,把这伙真诚地拍马屁的人都给强制迁徙到了边远地区!你看,商鞅的做事风格多么“刻薄少恩”,他之所以这么不按常理出牌,目的其实跟他立木赏金是一样的,都是要“立威”!你们老百姓有什么资格议论我的变法,你们对我言听计从就行了。我说好就好,我说歹就歹,你们不配质疑,谁敢议论是非长短我就灭了谁。果然,此事之后,“民莫敢议令”,没人敢说变法的好与坏了。坏不能说,好也不能说,能做的就是服从,服从,再服从。服从是秦国百姓的第一天职,秦国也因此成了一个超大的军营。

剥夺众人参政、议政的权利,大家就听我一个人的,凡是我说的,理解的要执行,不理解的也要执行,反正我就是权威,是真理之化身……这不就是典型的专制主义吗?没错,秦国乃至后来秦朝的专制独裁传统正是商鞅奠定的,秦始皇的专制独裁、赵高的指鹿为马,在某种程度上继承的也都是商鞅的衣钵。

甚至到了今天,很多手握大权的人物也自觉不自觉地有一股“商鞅范儿”,或者说“商鞅型人格”。他们大权在握之际就喜欢说一不二、言出法随,不喜欢听不同的意见;他们喜欢独断专行甚于喜欢听政于民,他们喜欢立威甚于喜欢立德、立信,他们为人刻薄寡恩而非厚德载物……商鞅虽然已被车裂,但“商鞅型人格”依然存活在世间,阴魂不散。

最可怕的是,由于只看到了商鞅变法所取得的巨大成就,很多人对“商鞅型人格”的致命弱点视而不见,对商鞅变法在根本思路上的错误、错位也缺乏深刻的审视和思考。在改革成为当今主流话语的今天，有人甚至视商鞅为改革家的典范，为商鞅招魂。这样的历史解读，不仅是对历史的误读，而且还可能误导现实。

商鞅变法确实是战国时期最著名的变法，它所取得的成就最大，影响也最深远，但是，这绝不意味着商鞅本人及其变法就是今人可以效法的榜样。相反，我倒觉得“商鞅型人格”的致命弱点及商鞅变法的本质缺憾更值得今人警惕。历史人物的成功不可复制，可历史人物的错误与失败却可能会一再重演。

第二辑：

思想者

墨子其人与墨家命运

战争是战国时期最显著的特征，尤其是对当时的各国统治者而言，发动战争和应对战争已然是他们面对的头等大事。更关键的是，战国时期的战争性质也发生了变化。在春秋时期，战争的主要目的是为了争夺霸主国地位，是谓“争霸战争”；可到了战国时期，战争的主要目的是为了夺取土地乃至吞并对方，是谓“兼并战争”。春秋时期，战争一般在一天之内就能结束，规模还比较小，伤亡自然也相对较小；可到了战国时期，战争的规模空前扩大，战况空前惨烈，一些大的战役，一打几个月，有的甚至两三年，如秦赵之间的长平之战就打了三年多。孟子形容战国时期的战争是“争地以战，杀人盈野；争城以战，杀人盈城”，这是对当时战争的经典表述。

战乱年代，民命如蝼蚁，人民成了战争最直接的受害者。有鉴于此，战国时期的很多思想家都纷纷起来呼吁和平，反对战争。“诸子百家”中，儒家、道家、墨家三家均为坚定的反战派。反战派中，又以墨子和墨家门徒的态度最为决绝，他们不但在思想上反战，而且还组织了“民间维和部队”，帮助受攻击的一方进行防御作战。

彻底反战，成为墨子本人和墨家门徒受人尊重的一个重要原因。

如果战国时期有诺贝尔和平奖的话，那么，墨子一定会成为诺贝尔和平奖获得者。若评委会也受强权国家（比如秦国）的左右，不把此奖授予墨子，那我穿越时空也要举手反对。

在战国时期的“百家争鸣”中，儒、墨、道、法是影响最大的四家，堪称战国时代的思想“显学”。墨子一方面是墨家思想的创始人，另一方面还是民间“维和部队”的精神领袖，其人其学均有很多可圈可点之处。

一

墨子像　杨树 绘

墨子是战国时期大名鼎鼎的思想家，可关于他的生卒年，却无法精确认定，史学界对此有种种争论。胡适先生在《中国哲学史大纲》中考证，“墨子大概生在周敬王二十年与三十年之间”（即公元前 500 年至公元前 490 年），“死在周威烈王元年与十年之间”（即公元前 425 年至公元前 416 年）。关于墨子本人及其思想学术脉络，《淮南子·要略》中说：“墨子学儒者之业，受孔子之术，以为其礼烦扰而不悦，厚葬靡财而贫民，久服伤生而害事，故背周道而用夏政。”这段话的意思是，墨子本来是受孔子影响，学习儒家思想的，学儒之后他感觉儒家提倡的“礼”太繁琐了，儒家的厚葬做法也太浪费钱财，儒家在服装、饮食等生活方面比较讲究，这些都会对普通民众的生活造成伤害。因此，墨子就抛弃了儒家推崇的周代文化，转而倡导比周朝更早的夏朝文化，“背周道而用夏政”。钱穆先生称：“墨家之学，盖本孔子批评贵族阶级之精神，而为更进一步之主张耳。……其思想激进，于先秦诸子中可称左派，而儒家一脉则右派也。”

墨子的思想之所以比儒家更激进，我想可能与墨子的底层出身有关。墨子出身社会底层，是“役夫”，有的说他还受过黥刑，脸上被刺了字，所以才称为“墨子”。墨子面色黧黑，穿粗糙的衣服，吃简陋的饭菜，“以自苦为极”，常年为道义奔走，日夜不休，“摩顶放踵”，搞得自己年纪轻轻就秃了头顶，就连腿上的汗毛都被磨掉了。墨子的这种做派，堪称战国时代的“苦行僧”。

那么，墨子为什么要这么拼命呢？答案很简单，源于他对底层民众无私的爱。这话一点都不是唱高调，墨子确实是一个心怀苍生、热心救世的人，他有感于民众在战乱之中过着朝不保夕的生活，于心不忍，所以极力倡导“非攻”，“非攻”就是彻底反战。反战不是新思潮，春秋时期，宋国的向戌也搞过弭兵会盟，力促晋、楚两个超级大国签署了和平协议，不再搞争霸战争。可在墨子看来，“弭兵”会盟不是解决战争的根本之计，根本的和平要从人们的思想上解决问题，要让人人“视人之国，若视其国；视人之家，若视其家；视人之身，若视其身”，大家都学会“待人如己”，都肯换位思考，战争才能彻底避免。这就是墨子的又一思想主张——“兼爱”。

“兼爱”受儒家“己所不欲，勿施于人”的“恕道”影响，又将其继续扩大，化有差别的爱为无差别的爱。“兼爱”的道德境界极高，很有佛家“无缘大慈，同体大悲”的味道，即不带有任何附加条件地爱一切人，对一切人的苦难都能感同身受并给予救助。

二

“大爱无疆”的调门唱得再高，若没有行动上的真正配合，那也如同水中月镜中花一样缥缈。墨子之令人敬佩，就是在于他是一个言行一致的人，他主张“兼爱”“非攻”，他在行动上就不打折扣地予以贯彻。相对于不少思想家只善于“头脑风暴”和“书斋革命”而言，墨子和墨家门徒的践行力绝对是中国历史上第一流的。

不妨讲一段故事来说明这一点。楚国要攻打宋国,战前请公输班建造了一种攻城用的云梯。墨子听说此事后,赶紧从鲁国出发,前去阻止楚国发动战争。墨子昼夜兼程,走了十天十夜才到达了楚国的都城,见到了公输班。

公输班问:“先生您大老远地从鲁国来到楚国,对鄙人有何指教?”

墨子回答:“北方有侮臣者,愿借子杀之。”意思是,北方有一个欺侮我的人,我希望借助您的力量去杀了他。

公输班“不说”,很不高兴。道理很简单,我干吗无缘无故地替你杀人呀?

墨子说:“请献十金。”我可以付给你十金的巨额报酬。

公输班说:“吾义固不杀人。”意思是,我坚守道义,从不杀人。你给钱我也不干,先生您找错人了。公输班想借此将墨子打发走。

可是,墨子起身拜了两拜,并没有要走的意思,而是接着说:“那请听我说一说吧。我在北方听说你在制造云梯,将要用它来攻打宋国。宋国有什么罪呢?”意思是,您说不杀人,干吗还帮助楚国攻打无罪的宋国?

墨子接着说:“荆国有余于地,而不足于民,杀所不足而争所有余,不可谓智。宋无罪而攻之,不可谓仁。知而不争,不可谓忠。争而不得,不可谓强。义不杀少而杀众,不可谓知类。”这段话的意思是,楚国土地富余而人口稀少,它若发动战争,那等于是牺牲了本来就少的人口去争夺本来就富余的土地,这不能算是聪明。宋国没有罪却攻打它,这不能算是仁义。知道这道理而不对楚王谏诤,不能算做是对君王的忠诚。诤谏却没有成功,这不能称作尽心。你知道信守道义不杀少数人,却要发动战争,不能说是明白事理。

结果,“公输班服”,墨子说服了公输班。

墨子乘胜追击,说:“然胡不已乎?”既然您认为自己的做法不对,那为何不让楚国停止发动战争?

公输班说:“不可,吾既已言之王矣。”这事哪是我想停止就能停止得了的呢? 我此前已经向楚王说了发动战争这件事,现在再去劝阻,大王若怪罪下来,可不是闹着玩的。

墨子说:“胡不见我于王?”你自己说服不了楚王,为什么不把我引见给楚王呢? 给阿基米德一个支点,他能撬起一个地球;您给我一个机会,看我如何阻止一场战争。OK?

公输班说:“诺。”好吧,我负责把您引见给楚王,剩下的就看您自己的了。

墨子如愿见到了楚王。他对楚王说:“今有人于此,舍其文轩,邻有敝舆而欲窃之;舍其锦绣,邻有短褐而欲窃之;舍其粱肉,邻有糠糟而欲窃之。此为何若人?”这段话的大意是,现在有这样一个人,他舍弃自己装饰华美的车,却想去偷邻居家的破车;他舍弃自己华美的衣服,却想去偷邻居的粗布衣服;他舍弃自己的好饭好菜,却去偷吃邻居的粗劣饭食。您说,这是一个怎样的人呢?

楚王回答说:“必为有窃疾矣。”这个人一定是患上了偷盗上瘾的毛病。

墨子说:“荆之地方五千里,宋之地方五百里,此犹文轩之与敝舆也。荆有云梦,犀兕麋鹿满之,江汉之鱼鳖鼋鼍为天下富,宋所为无雉兔狐狸(鲋鱼)者也,此犹粱肉之与糠糟也。荆有长松、文梓、楩、楠、豫章,宋无长木,此犹锦绣之与短褐也。臣以三事之攻宋也,为与此同类。”意思是,楚国的土地足有方圆五千里之大,宋国的土地,方圆不过五百里。两者相比,就像装饰华美的车子与破车;楚国有云梦泽,里面有成群的犀牛麋鹿,长江、汉水里的鱼、鳖、鼋、鳄鱼多得数不胜数,宋国却像人们所说的一样,是一个连野鸡、兔子、小鱼都没有的地方,两者之间就像美食佳肴与糠糟一样差距巨大;楚国有巨松、梓树、黄楩木、楠、樟等名贵木材,宋国却连一根多余的木材都没有,两者相比,这就像一个是华丽的衣服,一个是粗布短衣。所以,我认为大王派官吏进攻宋国,就和这个患上偷盗上瘾症的人是一样的。

楚王说:“善哉!虽然,公输班为我为云梯,必取宋。”您说得真是太好了!可是即便如此,公输班已经给我建造了攻城用的云梯,我还是要攻取宋国。

既然楚国执意要进攻,那就在沙盘上进行一下军事推演吧。

于是,楚王让公输班扮演进攻方,墨子扮演守城方。墨子以衣带当城墙,以木片当守城器械。沙盘推演的结果是,公输班用了很多种方法进攻,都被墨子成功打败。公输班的攻城器械用尽了,墨子的抵御器械还有许多。

沙盘推演失败,公输班认输,但是说:“吾知所以距子矣,吾不言。”我知道用怎样的方法来抵御你,可是我不说。

墨子也说:“吾知子之所以距我,吾不言。”我也知道你要用来抵御我的方法,可是我也不说。

两人做出一副心照不宣的样子,搞得楚王很好奇。楚王说:“快告诉我,你们两个这是打得什么哑谜?”

墨子揭开了谜底:“公输子之意,不过欲杀臣。杀臣,宋莫能守,乃可攻也。然臣之弟子禽滑厘等三百人,已持臣守圉之器,在宋城上而待楚寇矣。虽杀臣,不能绝也。”意思是,公输班先生的想法,不过是要杀掉我。杀了我,宋国没有人能守城,就可以攻取了。可是我的学生禽滑厘等三百多人,已经拿着我的守城器械,在宋国城上等待楚国入侵了。即使杀了我,也不能杀尽宋国的抵御者啊。

楚王一听彻底服了,说:“善哉!吾请无攻宋矣。”好了,我不攻打宋国了。

这就是历史上有名的“输攻墨守”的故事。

墨子身体力行地呼吁“兼爱”“非攻”,不仅成功阻止了一场楚国对宋国的战争,而且还感化了曾经的对手公输班。公输班对墨子说:“吾未得见之时,我欲得宋。自我得见之后,予我宋而不义,我不为。”意思是,没见到您之前,我非常想得到宋国。自从我见到您之后,就是有人把宋国送给我,只要这其中有一丝一毫的不义,我都不会要了。

墨子说:“翟之未得见之时也,子欲得宋。自翟得见子之后,予子宋而不义,子弗为,是我予子宋也。子务为义,翟又将予子天下。”墨翟我没见到您的时候,您想得到宋国。自从墨翟我见到您之后,以不合道义的方式把整个宋国送给您,您都不要,这样说来,就仿佛我已经把整个宋国都送给了您。如果您再努力践行道义,我还要把整个天下都送给您呢。

墨子的这番话充分展示了他以天下为己任的“救世”情怀。作为儒家的“亚圣”,孟子对墨家思想是持批判态度的,可即便如此,孟子也说:“墨子摩顶放踵利天下,为之。”意思是,只要对天下人民有利,即便自己从头到脚都受了伤,墨子也一定会去干这件事。由此可见墨子的救世热情。

还有一次,墨子从鲁国到齐国,顺路拜访老朋友。这个老朋友对墨子说:“今天下莫为义,子独自苦而为义,子不若已。”意思是,现在的社会很浮躁,全天下也没几个人肯做道义之事,您却一个人独自为践行道义受苦,我劝您还是别这么干了。

墨子说:“今有人于此,有子十人,一人耕而九人处,则耕者不可以不益急矣。何故? 则食者众而耕者寡也。今天下莫为义,则子如劝我者也,何故止我?”意思是,譬如一个人有十个儿子,九个儿子都好吃懒做,只有一个儿子尽力耕田。吃饭的人那么多,耕田的人那么少,那一个耕田的儿子更该努力耕田才是呀。如今天下的人都不肯行道义,那您正该劝我多行道义才对呀,为什么还反过来劝我停止行道义呢?

墨子本人向故人表白心迹也好,孟子的评判也罢,都能说明一点:墨子绝对是一个一心救世、言行一致的人,他确实用自己的实际行动诠释了“苦了我一个,幸福全天下”的无私奉献精神。仅凭这一点,墨子就绝对值得尊重,尤其是身处在战国那样的乱世。

除了成功阻止楚国攻打宋国外,墨子另一个成功的“维和行动”是劝阻鲁阳文君攻打郑国。鲁阳文君要攻打郑国,墨子听说之后就赶过去劝阻。

鲁阳文君说，先生您为什么阻止我进攻郑国呢？我进攻郑国是顺应了上天意志的。郑国人有三代残杀他们的君主，上天降给他们惩罚，使他们三年没有好收成。我正是要帮助上天，才去讨伐郑国的。

墨子说："郑人三世杀其父，而天加诛焉，使三年不全，天诛足矣。今又举兵，将以攻郑，曰吾攻郑也，顺于天之志。譬有人于此，其子强梁不材，故其父笞之，其邻家之父，举木而击之，曰吾击之也，顺于其父之志。则岂不悖哉？"意思是，郑国人三代残杀他们的君主，上天已经给他们惩罚了，让他们三年没有好收成，上天的诛伐已经够了！现在您又举兵将要攻打郑国，说：我进攻郑国，是顺应上天的意志。这好比有一个人，他的儿子凶暴、强横，不成器，所以他父亲鞭打他。邻居家的父亲，也举起木棒击打他，说：我打他，是顺应了他父亲的意志。这难道不是很荒谬吗？

鲁阳文君说，您说得很对，可是，"以子之言观之，则天下之所谓可者，未必然也。"潜台词就是：现在大家不都以大欺小、以强凌弱吗？不接受潜规则，当官得不到提拔，演戏当不上主角，经商也发不了大财。世道就这样，我也不想学坏，还不是被逼无奈？您说到底该怎么办？

墨子说："世俗之君子，皆知小物，而不知大物。今有人于此，窃一犬一彘，则谓之不仁，窃一国一都，则以为义。譬犹小视白谓之白，大视白则谓之黑。是故世俗之君子，知小物而不知大物者，此若言之谓也。"墨子的回答很简单，身处乱世，大多数人都目光短浅，光知道争夺小利益，不知道放远目光，干正事，行大义。比如，有一个人偷了人家的一只狗一头猪，就被称作不仁；可若他窃取了一个国家一个都城，就会被称作义。这就如同看一小点白说是白，看一大片白则说是黑一样荒谬。真正的君子一定要明辨是非，不受流行的错误思潮裹胁，要坚持真理和正义，而不可随波逐流、同流合污。

经墨子一番劝阻，鲁阳文君取消了伐郑之举。

三

为了使维和行动更有成效，墨子还组织门徒，成立了民间维和部队，专门帮助受侵略国守城。墨子组建的这支民间维和部队叫巨子集团。这个集团的最高领袖叫“巨子”，巨子既是精神导师，又是这支维和部队的总司令，对手下的弟子有生杀予夺之权。“巨子”的学生叫“墨者”，都忠心耿耿，训练有素，尤其善于防御作战。有了这样一支维和部队，哪里发动了战争，“巨子”一声令下，大家就奔赴前线去帮助受进攻国守城。墨子能成功地劝阻楚国攻宋，凭的也不完全是“摆事实，讲道理”的嘴上功夫。当公输班暗示可将墨子杀死时，墨子也立马亮出了自己的撒手锏，那就是他背后的“巨子集团”——弟子禽滑厘等三百多人早已做好了应对楚国攻宋的准备。有民间“维和部队”做坚强后盾，墨子的和平呼吁才更显得有分量、有底气。这也是墨家在战国时期一度成为“显学”的一个重要原因。

在战国时代，维和任务异常繁重。当此之时，墨子的维和部队必须有钢铁战士，否则不能完成艰巨的维和使命。正因如此，墨子和他的弟子全都要经受“魔鬼训练”，不怕苦，不怕累，为了践行自己认定的道义，可以上刀山下火海。有时，仅仅是为了完成一个承诺，就可以集体自杀；为了完成巨子的命令，更可以“死不旋踵”。

举个例子就很能说明这一点。公元前381年，楚国贵族趁楚悼王病逝之际发动政变，攻杀吴起。吴起逃到楚悼王的灵堂之上，伏在楚悼王的尸体上躲避攻杀。可是，楚国贵族依然用箭射杀了吴起，楚悼王的尸体上也中了箭。往死去的国君尸体上射箭，显然是大逆不道。事后，楚肃王追查、清算了一些作乱的贵族。其中有一个贵族叫阳城君。他听到了楚肃王要抓捕他的消息，赶紧逃跑。楚肃王没抓到阳城君本人，便将他的封邑收归国有。就在这时，墨家的巨子集团登场了。

原来，参与攻杀吴起的阳城君与墨家巨子孟胜有交情，曾委托孟胜及弟子代其守卫封邑。孟胜答应了阳城君，两人将一片玉剖为两半，每人各执一半，再见时将两半玉符合二为一才算完成了盟约。那好，现在阳城君逃跑了，楚肃王派人来将他的封邑收归国有，孟胜该怎么办？

楚肃王派来的人手中显然没有那一半玉符。如果痛痛快快地将封邑交出,那孟胜觉得不算完成了盟约,甚至有辜负了阳城君嘱托之嫌。可是,不交出封邑吧?仅凭自己的巨子集团显然对抗不了楚肃王的政府军。于是,孟胜就选择了以死明志。孟胜本人和他手下的183名墨家子弟一起引颈自杀。

自杀之前,孟胜和弟子徐弱有一段对话。弟子徐弱劝老师孟胜不要自杀,他说,如果说我们死了对阳城君有利,那我们的死还有价值,可现在我们这样死去于事无补,等于白死。我看还是不自杀为好。可孟胜不同意,他说,我和阳城君的关系,既不是师生关系,也不是朋友关系。不是朋友关系他还把事情托付给我们,那么我们就是他的家臣。作为他的家臣,我们今天若不死,那自今以后,“求严师必不于墨者矣,求贤友必不于墨者矣,求良臣必不于墨者矣”。意思很明确,如果我们不为阳城君殉难,那么墨者的整体声誉就会大受影响,所以,我们必须死。“死之,所以行墨者之义,而继其业者也。”我们死了,是在践行墨者的道义,会使墨家的事业发扬光大。

这个孟胜是墨子亲自教出来的学生。墨子本人是第一代巨子,孟胜是第二代巨子。孟胜自杀之前,让两个弟子带着自己的口信到宋国,将墨家巨子的职位传给了在宋国的田襄子。更不可思议的是,这两个弟子传完口信之后,又自动回到楚国,追随师父自杀身亡。

墨家弟子将道义践行到如此地步,既让人感动,亦让人害怕。试想一下,在今天拥有这样毅然赴死精神的人,除了军人,大概就是恐怖分子了。在战国时代,墨子组建了这样一支纪律严明、战斗力极强的维和部队,对维和当然非常有利。可是,对各诸侯国来说,有这么一支不受官府控制且视死如归的作战队伍,终究不是什么可喜可贺之事吧。尤其是到秦始皇统一六国之后,统一的中央政府显然不允许墨家巨子集团的存在。即便是到了汉朝,中央政府对由墨家演化而来的游侠也是极力打击。

在战国时代,墨子创建的巨子集团是受人尊重的维和部队,可演变到后世，墨者慢慢地演变成了游侠，巨子集团演化成了黑社会团伙。墨子的道德水平极高，心地无比善良，即便手里有一支战斗力极强的队伍，也只用来维护和平，绝不滥杀无辜。可是，墨子之后呢？能像墨子这样心底无私、兼爱天下的人能有几个？巨子的位置一旦落到道德水准不过关的人那里，墨家在践行道义时出现重大偏差也就不可避免了。

四

巨子组织之外，墨家最后走向没落，也跟墨子的思想主张密不可分。

孔子在春秋末期一心想复兴周朝的礼乐文化，孔子的人生榜样是周公姬旦，可墨子呢，他一心想再恢复夏朝的治理模式，他学习先贤的榜样是治理水灾时“三过家门而不入”的大禹。由此，墨家奠定了以“夏政”来批评儒家“周道”的理论底色。孔子在政治上劝统治者行“仁政”，要轻徭薄赋，不过度压迫人民。在文化上则倡导礼乐文化，让统治者和普通百姓一块学习做君子，一块享受先进文化的熏陶。两者合起来看，我们就会发现，孔子和他所创建的儒家思想，其实是在尽力弥合上下层之间的巨大落差，是在做缓和阶级矛盾、维护社会稳定的工作。可以说，孔子的“救世”立场是温和的，既照顾到了底层民众的利益，也考虑到了统治阶级的心理承受能力和利益底线。易中天先生将孔子的这一特点概括为“作为民间思想家为统治阶级独立地思考问题”，我觉得这种说法很贴切。可是，墨子不一样。墨子本人是底层出身，他的立场是底层的，思想主张也完全是“急底层之所急，想底层之所想”，用现在的话说就是完全替“草根”阶层说话，堪称战国时代第一“草根”阶层代言人。

那么，墨子都为“草根”阶层代言了什么呢？内容还真不少，有著名的十大主张，即兼爱、非攻、尚贤、尚同、尊天、事鬼、非乐、非命、节用、节葬。在墨子看来，当时的社会“强执弱，众劫寡，富侮贫，贵傲贱，诈欺愚”，完全就是不公不义。有些人毫无贡献，却生活得花天酒地，而绝大多数人辛辛苦苦、劳碌一生，还仍然缺衣少食。之所以出现这种情况，墨子认为是由于人们思想上的“自私自利”造成的。为了对治人们的自私自利，墨子提出“兼爱”——大家都“爱人如己”，都爱别人的老爸像爱自己的老爸一样，那自然就不会“强执弱，众劫寡”了。人人都“兼爱”，国家之间当然也不会再发生战争了。

人们的“三观”之外，墨子觉得当时的社会管理模式和分配机制也大有问题。什么问题呢？就是严重的不公平，人分三六九等。同样是人，却硬生生地分为贵族、平民、奴隶三个等级。贵族之中，又分为天子、诸侯、大夫、士四种，诸侯之中又分公、侯、伯、子、男五等。出生的等级不同，享受的待遇就有天壤之别，这显然不符合“兼爱”的原则——凭啥有人含着金钥匙出生，注定享受荣华富贵，而更多的人却生来就是吃苦受穷的命？墨子认为，人与人天生应该平等也必须平等。现在的社会不平等，与儒家所倡导的社会治理结构有关，包括君尊臣卑、父尊子卑、男尊女卑这一套，这都属于公然维护“富侮贫，贵傲贱”的不公平制度的理论，所以，必须予以彻底推翻。

怎么推翻呢？“尚贤”，让谁当天子、让谁当官，不能看出身，要看是否有真才实学。要选出贤者当领导，建立“能者上，庸者下”的选人用人机制。

选出贤者能者之后呢？那就得“尚同”了。所谓“尚同”就是大家都得统一思想，坚定不移地跟着各级领导走（按墨子的构想，各级领导都是贤人）。如果说墨子的“尚贤”非常具有进步意义的话，那么演化到“尚同”的阶段，就已经潜藏着不少专制的基因了。墨子说：“上之所是，必亦是之；上之所非，必亦非之。”上级说对，下级也必须跟着说对；上级说错，下级也必须跟着说错，每一级都必须跟自己的上级保持高度一致。如果有人与上级的想法不一致，并提出不同意见呢？墨子给出的办法就是“上得则诛罚之”，上级就可以动用权力惩罚乃至杀掉下级。这太可怕了。墨子的思想以陈义极高的“兼爱”立论，可他的“顶层设计”推演到“尚同”的阶段，就已变成了赤裸裸的专制独裁了。下级敢对上级“说不”，上级就可对下级“诛罚”，这到底算是“兼爱”呢？还是算做“恐怖”？

墨子本人可能也觉得用“尚同”之说有漏洞。下级始终与上级保持高度一致，那到了最后，大家都“尚同乎天子”，都跟天子保持高度一致了，一旦天子的脑袋想错了，岂不大家都跟着一块倒霉？天子犯浑的事，墨子之前的历史上就发生过，夏桀、商纣王、周幽王这些人就是现成的例子。墨子对此当然是知道的。

墨子很清楚，把判断是非对错的标准交给天子是绝对不靠谱的。所以，必须在世俗的最高权力之上再设置绝对的正义，以此来限制天子为所欲为。为此，墨子又提出了“敬天”“事鬼”两条主张。这等于告诉天子，你也要“敬天”，也要“事鬼”。而且，天子必须“敬天”“事鬼”，才能成为贤者，才有资格做天子。因天有意志，天子要和天的意志保持一致才可。

在春秋战国时期，中国文化转型的一大核心命题就是“和天人”，即从夏商周三代的强调祭祀阶段逐渐过渡到重视人事的阶段。孔子最有代表性，他对鬼神问题的看法是“敬鬼神而远之”，对“鬼神”之有无，采取搁置不议的态度。弟子问及鬼神之事，孔子就说：“不知生，焉知死？”“未能事人，焉能事鬼？”其用意显然是将思想重心拉到“人事”上，正所谓“尽人事，听天命”是也。应该说，孔子的思路代表了当时先进文化的发展方向。可惜，曾经学习过儒家思想的墨子没能体悟到孔子的良苦用心，亦未能感知到转型时代“天人转化”的整体趋势，却在战国初期再倡“敬天”“事鬼”，这显然是违反文化发展大势的，是一种“反向运动”。

为了让天子成为天下最贤明的人，墨子又不得不启用情报系统和特务统治。为什么呢？“尚贤”和“尚同”均要求天子必须是全天下最贤明的人，即他的道德水准最高，智力水平也最高。天子必须神通广大，明察秋毫。没这样的本事就没资格做天子，可这样的本事来自何处呢？凭什么你能明察秋毫、洞悉一切？墨子倒还实在，他知道光靠鬼神是不够的，还必须“使人之耳目助己视听”，即天子要构建自己的耳目系统，也就是后世的情报部门和特务系统。这些天子的“耳目”帮助天子监视百姓，并负责把相关资讯告知天子。如此一来，号称兼爱天下、贤明无比的天子，反倒要靠密布天下的特务来监视百姓，这样的统治岂不荒诞？易中天先生在《我山之石》一书中评价墨子，说：“墨子的理想过于美好。过于美好，就难以实现。难以实现，又要实现，就只能硬来。要硬来，就得集权。这就走向了集权统治。为了保证集权，就必须装神弄鬼，也必须安排耳目，这就又整出了神权统治和特务统治。”这个批评很到位。

此外，墨子的“非乐”“节用”“节丧”等主张，本意是抨击统治阶层的奢侈腐化，意在提倡一种清廉俭朴的生活。这是有进步意义的，甚至暗合当今的节约、环保理念。可是，社会总是向前发展的，物质和精神财富是不断增加的。在这种大趋势之下，墨子却想限制甚至取缔人们的物质享受和精神享受，仅让人们维持最基本的生存需求，这显然是违反历史潮流的。

其实，在战国时期，亦有人看出了墨子思想主张的致命弊端。庄子就说：“（墨子）其生也勤，其死也薄，其道大觳，使人忧，使人悲，其行也难为也。恐其不可以为圣人之道，反天下之心，天下不堪。墨子虽能独任，奈天下何！”意思是说，墨子虽然自己一生辛辛苦苦，做了很多常人做不到的事，但他的思想主张违反基本人性，广大人民群众根本不会接受。荀子也批评墨子“弊于用而不知文”，即墨子只知道让人们都维持最低限度的活命标准，而不知道人在活命之外还要追求更丰富的物质享受和精神生活。

墨子的“兼爱”主张陈义极高，按说，人人都如此“博爱”，都“爱人如己”，那是可以建成天堂的。可是，墨子推演到最后，其许诺的美好世界却变成了一个人人都必须是苦行僧的“穷人公社”。这样的“穷人公社”，不但统治者不肯接受，就是一般平民也不愿意入伙。墨子非常看重人与人之间的平等，不能实现高水平的平等，他就让人们实现低水平的平等，即大家都只能维持最基本的生存。基本生存之外的事，音乐、美食、艺术之类，一律禁止。这就太霸道了。你墨子自己愿意受苦，甘心情愿做苦行僧，我们佩服你，可你非得让大家都跟你一样，也必须做苦行僧，那怎么行得通呢？历史学家钱穆先生说："彼墨徒，本天志，倡兼爱，废礼乐，节丧葬，凡所谓贵族阶级之生活，将尽情破弃，而使人类一律以'刑徒役夫'为例，是非人情也。"墨子思想的种种悖论，几乎完全符合英国思想家奥克肖特的名言："实现正义的热情，会使我们忘记慈悲为怀；对公正的热望，使许多人变成了铁石心肠。"

在极其特殊的战国时代，墨子的主张受到了草根阶层的拥护，社会上的不少下层平民也加入到了墨家的巨子组织之中，过着"量腹而食"的清贫生活。他们团结互助，为和平奋斗，很有号召力，所以一度能在历史舞台上"闪亮登场"。可是，墨子的思想主张中有诸多致命缺欠，这决定了墨家的"巨子组织"不可能长久地存在下去。尤其是在秦汉之后，国家实现了大一统，社会进入了和平发展的轨道。正常状态下的社会，普通的士人和平民不可能选择去做苦行僧，朝廷也不会给民间武装力量以生存空间。至此，墨家走向没落也就成了一种历史必然。

庄子：且隐且逍遥

先秦诸子确实为中华文化作出了巨大的贡献，思想学术之外，他们的风神气度也各具魅力。后人爱用儒家、道家、墨家、法家等观念特征来称呼他们，可在我看来，这些标签用来描述其思想倾向或许可以，若用以理解每个人的“精、气、神”，则未免显得空疏，难以再现他们的人格魅力。

为什么这么说呢？原因很简单，即便是同一思想学派的人，每个人也有非常鲜明的独特个性，并不完全活得都像“带头大哥”一样。比如，同属于道家的老子与庄子，两人的个性就不一样，老子的著作深不可测，开篇就说“道可道，非常道”。出语高深而严肃，深沉之中暗含冷峻，若用流行词形容，那叫一个“高冷”；庄子则不然，开篇是《逍遥游》，且他说的逍遥还不是普通人理解的“不加班，看个片”，或“逛淘宝，败败家”的那种逍遥，而是鱼化鲲鹏的逍遥，是横空出世、响绝天外的逍遥。我的感觉，老子的心中有着深藏不露的“冷”——是智者的冷静、冷峻，同时也有冷寂、冷酷；庄子不然，他虽然对现实也非常失望，但仍活得逍遥快乐，他的内心非常温暖，甚至可以说有点像蒸笼，热气腾腾的，掀开盖就禁不住冒出许多奇思妙想、锦绣文章。就我个人而言，我特别喜欢庄子这样的思想家，“有品，有才，有趣”。更关键的是，庄子不唯用著作，更是用自己的人生实践将中国的隐逸文化推到了一个远遁高蹈而又诗意盎然的境地。

一

庄子像　杨树 绘

庄子是宋国“蒙人”，蒙地在今天河南商丘附近，生卒年大约为公元前 369 年至公元前 286 年，与魏惠王、齐宣王同时，与孟子略处于同一时代。孟子是儒家人物，总想着劝说君王实行“仁政”，庄子不同，他是道家人物，在乱世中选择了做隐士。

司马迁记载，庄子早年“尝为蒙漆园吏”，即在当地做过“漆园吏”这样的小官，但他酷爱自由，根本不愿意混官场，尤其是在一个乱世之中。当时诸侯混战，争霸天下，庄子不愿与统治者同流合污，遂辞官隐居，潜心著书。

其实，只要庄子愿意，他是可以过上富贵生活的。当时，正是齐国稷下学宫鼎盛之时，齐宣王四处延揽人才，凭庄子的才华和学识，他完全可以到齐国做“稷下先生”。但庄子决计要做隐士，他知道这个乱糟糟的世道救也救不了，与其搅和进污浊的泥潭，还不如自己过着逍遥的隐士生活。

庄子之选择归隐，那是非常决绝的，普通人所倾心追慕的荣华富贵，在庄子看来简直不值得一提。现在国内各种财富排行榜，谁钱多谁就榜上有名。如果战国时期有人搞高洁之士排行榜，谁最能视富贵如浮云、视金钱如粪土，谁就能上榜，那庄子一定榜上有名。不信，请看下面这则小故事。

楚威王听说庄子是个人才，就派两名官员前来请庄子。当时，庄子正在濮水钓鱼。楚王的两个使者见到庄子后说明了来意："愿以境内累先生。"话还说得很客气，我们楚王希望把楚国的政事委托给您，请您受点累，就接受这份工作吧。听听这口气，楚威王简直是要请庄子做楚相的节奏。这在绝大多数人看来可是求之不得的好事呀。但庄子"持竿不顾"，继续拿着钓竿钓鱼，头都不回一下，极其淡定。他跟楚王的两个使者说，我听说楚国有只神龟，死了已经三千多年了。楚王用布把它包好，放在竹箱子里，珍藏在庙堂之上。"此龟者，宁其死为留骨而贵乎，宁其生而曳尾于涂中乎？"意思是，对这只神龟来说，它是宁愿死后留下骨壳以显示尊贵呢，还是宁愿活着而拖着尾巴在烂泥里爬行呢？

楚王的两位使者说："宁生而曳尾于涂中。"好死不如赖活着，它当然是愿意活着而且还在烂泥里拖着尾巴了。

庄子等的就是这句话，他说："往矣！吾将曳尾于涂中。"那你们还是赶快回去吧，我跟那个神龟一样，我也愿意拖着尾巴在烂泥中爬行。

庄子所说"曳尾于涂中"的神龟，象征着一种超越富贵与贫贱的本真状态。在庄子看来，做楚相虽可享受荣华富贵，但会使自己失去本真的状态，失去宝贵的自由。为了呵护生命中最难得的本真与自由，庄子宁愿舍弃高贵的楚相之位。

楚威王之外，魏惠王也曾想请庄子出山辅佐自己，同样遭到了庄子的拒绝。庄子这种视富贵如浮云的气度，极其"任性"，由不得后人不佩服。

二

庄子是很有批判精神的，他对战国时期"兵戈不休，诈伪并起"的社会现实非常失望。战争给人民的生活带来了无尽的苦难，国君、权臣及纵横家们玩弄权术，尔虞我诈。此等风气形成之后，世道人心一天比一天险恶。在庄子看来，不但那些热衷于攻城略地的国君不靠谱，就是儒家念念不忘的“仁义”，亦不过是统治者用以窃国的工具。庄子说：“彼窃钩者诛，窃国者为诸侯，诸侯之门而仁义存焉。”这话可以说是对那个时代最严厉的控诉。

那么，生逢乱世，我们又该以什么来对抗残酷的现实并进而保全自己呢？庄子为我们构建了一套完整的超然物外的人生观。与其他先秦诸子多着眼于现实社会不同，庄子试图为人类寻找一种可以摆脱现实困境、超越有限人生的“逍遥”之路。这条道路一方面要求鄙弃红尘中的荣华富贵、功名利禄，另一方面则要求齐同生死，不悦生亦不恶死。前者可概括为“放下”，即你只要彻底放下对财富、功名等种种诱惑的贪恋，那就可以远离灾祸；后者可概括为“解脱”，你不贪财好色了，自然就不怕被“双规”了；你不认为获得富贵是可喜可贺之事，相应的，也就不认为过艰苦朴素的日子是多么不堪；你不认为活着有多美多妙，那你也就不用再惧怕死亡。

庄子认为，人和自然界的其他事物一样，都有一个从生到死的过程，既然这个过程不可更改，那对待生死的最好态度就是“安之若命”，顺应生命，享受生命。庄子说：“大块载我以形，劳我以生，佚我以老，息我以死。”意思是，大自然以一副沉重的肉身承载我，我活着就要辛勤劳作，老了就要安享晚年，死的时候就当休息了。按照庄子这种达观的人生态度，既然“生不足喜，死不足忧”，生死齐同，那还有什么人世的烦恼是放不下的呢？古人讲“死生事大，其余皆可商量”。庄子眼中，死生既已齐同，红尘之中的荣华富贵又算得了什么呢？哪里值得牺牲生命中最宝贵的自由去换取呢？怎么能为了满足贪婪的欲望就违背自己的真实初心呢？

应该说，庄子的归隐并不是消极的，而是积极的——归隐不是他被逼无奈之下的权宜之计，而是他认真思考之后的主动选择。从表面上看，庄子好像是一个厌世主义者，可透过他对现实世界毫无保留的批判，我们分明能看到庄子所神往的那个诗意的精神世界——那里充满着自由和诗意,是一场生机盎然的“逍遥游”。换言之,庄子以一种诗意的审美的眼光审视身处的那个无比混乱的时代,他批判现实的目的是为了超越现实,构建自己的“逍遥”世界。庄子的这种人生态度在今天亦有借鉴意义。现实的社会越混乱不堪,我们越需要在心中构建一方“精神净土”,唯其如此才能不枉此生,不负初心。

在庄子那里,归隐是一种疏离,是一种抗议,是一种坚守,同时也是一种独有的生活情趣,是一种诗意的精神享受,是一种智者的生活姿态。正因如此,庄子的人生极大地开阔了中国的隐逸文化,此后的历代隐逸之士,在精神上无不受庄子的影响。

正因归隐是一种主动的选择,所以庄子才无比珍视他于乱世中“来之不易”的隐士生活,为了享受自己的“逍遥游”,庄子可就业而不就业,能做官而不做官,可得富贵而不要富贵,屡受诸侯聘请,却又屡次拒绝。此等境界,能懂的人当然没几个。在不懂的人看来,庄子的做法实在可笑之极,太“二”了。

同乡中就有人讥笑庄子。庄子有个老乡叫曹商,原本只是一名小吏,宋王派其出使秦国,行前给了他几辆马车。到秦国之后,他讨得了秦王的欢心,又得到了百辆马车的赏赐。这个人突然发迹,成了“暴发户”,就变得嚣张了。他到处夸耀自己多牛多牛,同时还对穷同乡投以鄙夷的眼神。他对庄子说:“像你这样长久地守在穷闾陋巷里,过着吃了上顿没下顿的穷困生活,弄得面黄肌瘦的,我是非常看不起的。你看我曹商,跟秦王见了一次面,让他感到很高兴,我就立刻得到百辆马车的报酬,这才叫真本事!”

庄子说:“我听说秦王有病召请医生,立下了悬赏:挤出他身上脓疮的,赏赐一辆车子;舔治他身上痔疮的,赏赐五辆车子;所治疗身体部位越低下,所获得的赏赐也就越多。你是不是为秦王舔了痔疮?不然怎么会得到这么多的车子呢?”

曹商的嚣张气焰立马被灭了。

曹商放在今天,大约会成为“郭美美”,能在网上红一阵。可惜他生错了时代，又遇错了人。跟庄子“炫富”，明显是看走了眼，选错了人。

三

“人生得一知己足矣”，庄子的智商和境界已经到那儿了，够格做他朋友的人肯定不会多。这一点，庄子也很明白。

但是，庄子还是有一个好朋友的，他叫惠子。

庄子经常跟惠子一块游玩，聊天，辩论，斗嘴。

有一次，两个人又到河边去游玩，“游于濠梁之上”。庄子看到白条鱼在水中游，就说：“鲦鱼出游从容，是鱼乐也。”意思是，你看那白条鱼在水里游得多么悠闲自得，这是鱼的快乐。

惠子问：“子非鱼，安知鱼之乐？”你不是鱼，你怎么能知道鱼的快乐？庄子脑筋急转弯玩得特快，立马反问：“子非我，安知我不知鱼之乐？”你不是我，你怎么能知道我不知道鱼的快乐呢？

惠子说：“我非子，固不知子矣，子固非鱼也，子不知鱼之乐，全矣。”我不是你，当然不知道你的快乐，你也不是鱼，所以你也不知道鱼的快乐，这是可以肯定的呀。

庄子说：“请循其本。子曰汝安知鱼乐云者，既已知吾知之而问我，我知之濠上也。”请你回到你问话的本意。你说“你怎么能知道鱼的快乐”的时候，你其实已经明白我知道鱼的快乐了，你再问我的不过是我从哪儿知道的罢了。那我告诉你，我是从濠水上知道的。

“我见青山多妩媚，料青山见我应如是。”庄子在濠水上赞叹“鱼游之乐”，其实恰说明他自己也过得无拘无束，从容逍遥。若他也像现在很多人一样过得“压力山大”，估计也就没这个段子了。另外，庄子和惠子的这场斗嘴游戏亦可见战国时期思想家相互辩论、问难风气之一斑。这场辩论把日常的观鱼休闲活动一下子提升到了“形而上”的逻辑学和哲学层面，很有超越感。

《庄子》一书中，多处记录庄子和惠子的辩论，好像每次都是庄子得胜，似乎惠子是个配角。可实际上，惠子是庄子最好的朋友，两人经常就哲学问题进行辩论。惠子去世之后，庄子送葬，经过惠子的坟墓，就对跟随的人讲了“运斤成风”的故事来表达自己失去惠子之后的伤心。他说有一个楚国郢都的人鼻尖上沾了一点白土渣，像苍蝇翅膀那么薄而小。结果，他让一名技艺高超的石匠将其砍掉。这名石匠也不客气，“运斤成风，听而斫之”，把斧头抡得呼呼响，照着郢人的鼻子就是一斧头。结果，“尽垩而鼻不伤，郢人立不失容”。鼻尖上的白土渣给砍掉了，鼻子却一点都没伤着，而这个郢人也面不改色，依然淡定地站着。宋元君听说了这件事，就把这名石匠找来，说：“请尝试为寡人为之。”意思是，请你也试着把我鼻尖上的白土渣砍掉。石匠说：“臣则尝能斫之。虽然，臣之质死久矣。”意思是，我的技艺还跟以前一样，还能砍掉别人鼻尖上的土渣。尽管我的手艺仍在，可是，那个能让我施展技艺的对象已经死了太久了，我的技艺无处施展了。庄子跟随从的人说，自从惠子去世之后，“吾无以为质矣”，我就没了施展技艺的对象了，也就没有人可以辩论了。

“运斤成风”这个典故，表扬的是两个人，不唯石匠要有高超的手艺，那个肯给石匠当模特的郢人亦非常了不起——他是顶尖高手的知音，对朋友高度信任。若说庄子是一名“运斤成风”的绝世高人，那么惠子就是绝世“好模特”。

好朋友之间也有小误会。惠子并不是隐士，他在魏惠王时期做了魏相。

当上魏相之后，惠子就不能老是跟庄子在一起了。时间长了，庄子就有点想念好朋友，他就去魏国的都城大梁去找惠子。

“屁股决定脑袋”，人一当上官，心态就容易改变，若此时再有小人挑唆，支臭招，做错事就不可避免。惠子也是如此。听说庄子要来，就有人跟惠子说：“庄子来，欲代子相。”意思是，庄子这次来大梁，是想取代你的相位。

惠子很害怕，就下令在国都中搜查庄子，可搜了三日三夜也没搜着。

等惠子不搜了，“庄子往见之”，庄子主动去见他，见面后就跟好朋友讲了鹓雏的故事。庄子说，南方有一种鸟叫鹓雏，它“发于南海而飞于北海”，这种鸟品行高洁，途经之处，“非梧桐不止，非练食不食，非醴泉不饮”，不是梧桐树不在上面栖息，不是竹子的果实不吃，不是甘美的泉水不喝。猫头鹰不了解鹓雏，它捡到一只腐烂了的老鼠，正看到鹓雏在天空飞过，就仰起头，对着天空中的鹓雏发出了怒斥声——“吓！”讲完这个故事后，庄子问惠子：“今子欲以子之梁国吓我邪?”现在你也想用你的梁国（即魏国）来“吓”我吗？意思是，在我庄子看来，你那个魏国国相的职位不过像一只腐烂的老鼠，你还当宝贝呢，给我都不要。

可见，惠子在辩论上够格做庄子的对手，但在人生境界上就又与庄子不“匹配”了。

“高处不胜寒”，自己的水平和境界太高，别人都跟不上，那就只好“自娱自乐”了。对普通人而言，“自娱自乐”是孤独的代名词，但在庄子那里，孤独也变成了诗意。这个诗意被后人称为“庄周梦蝶”。庄子做梦，梦见自己变成了一个蝴蝶，飞得轻松快乐，快乐得他完全忘了自己是庄周。突然之间，他醒了。梦醒之后才想起自己原来是庄周。然而他就感慨：“不知周之梦为蝴蝶与？蝴蝶之梦为庄周与?”到底是庄周做梦化成了蝴蝶呢？还是蝴蝶做梦化成了庄周呢？庄周和蝴蝶，在世俗人眼里肯定是有分别的，可是真的需要分别吗？

四

庄子主张“齐物”，认为天人之间、物我之间、生死之间，存在着无条件的“齐”，这个“齐”指的是万事万物都是大道的部分体现，都要遵循“大道”。既然如此，那就要“齐物我”“齐是非”“齐生死”“齐贵贱”，通过在精神层面上消除俗世生活的种种差别，达到“天地与我并生，万物与我为一”的“无待”境界。基于这样的宇宙观和价值观，庄子的人生状态也显得异常达观。妻子去世了，别人都去吊丧，想着向庄子嘱托几句“节哀顺变”之类的话，可是，庄子根本不需要，他正在“鼓盆而歌”。惠子不理解，说：“你与妻子共同生活，她为你生儿育女，与你相伴到老。现在她去世了，你不哭也就罢了，怎么还能敲着瓦盆唱歌呢？这也太过分了。”

庄子说：“不是这样的。她刚死的时候，我怎么能不悲伤呢？”可是，“察其始而本无生，非徒无生也而本无形，非徒无形也而本无气。”推究起来，她未生之前本来是没有生命的，不但没有生命，而且还没有形体，不但没有形体，而且连构成生命的元气都没有。后来呢，恍恍惚惚之中，有了元气，“气变而有形，形变而有生，今又变而之死”，这种变化就像春夏秋冬的季节变化一样正常。“人且偃然寝于巨室，而我噭噭然随而哭之，自以为不通乎命”，现在她死了，相当于安然地仰卧于天地之间了，而我却还在呜呜地痛哭，这实在是不通达生命变化的做法。这么一想，我就停止痛哭了。

妻子死的时候，庄子“鼓盆而歌”，自己要死的时候也同样达观。庄子要死的时候，弟子们要厚葬他。他坚决反对，说：“吾以天地为棺椁，以日月为连璧，星辰为珠玑，万物为赍送。吾葬具岂不备邪？何以加此！”意思是，我把天地当做棺材，把日月当做双璧，把星辰当做珍珠，把万物当做随葬品。我的随葬品难道还不齐备吗？还有什么比这些更好的呢！

弟子们说：“吾恐乌鸢之食夫子也。”我们害怕乌鸦和老鹰会吃掉先生的遗体。

庄子说：“在上为乌鸢食，在下为蝼蚁食，夺彼与此，何其偏也！”把遗体放在地面之上要被乌鸦和老鹰吃，把遗体深埋地下要被蝼蚁吃掉，夺乌鸦、老鹰的食物给蝼蚁吃，你们为什么这么偏心呢！

庄子的文章想象奇诡，汪洋恣肆，诗意盎然，这是他诗意的精神世界之折射。不唯文章如此，他的人生也极富诗意，即便是面对妻子去世和自己将死这两件“丧事”时，他也用无比达观的态度、别具一格的方法，处理得极富诗意。能在一个残酷的乱世活得如此本真，如此自由，又如此诗意，且至死不变，庄子，伟哉！伟哉，庄子！

孟子：大丈夫就是这么任性

孟子像　杨树 绘

带着小学二年级的儿子背完了整部《孟子》的那个周末，恰好我的这本书也写到了孟子这个人。

冥冥之中，我深感必须写好这篇文章，否则，对不起孟夫子的在天之灵，亦对不住我对他老人家的敬重之心。

孟子是“亚圣”，是仅次于孔子的儒家宗师。圣贤的境界，已非我辈望其项背的，就是他的人格个性，又岂是凡夫俗子所能准确把握的？

踌躇再三，我没有下笔，感到怎么写都有可能陷入盲人摸象的尴尬境地。我固然可以参考介绍孟子生平及思想体系的诸多著述，但那毕竟是“外家功夫”，不是“自家心法”。

讲述古人的相关故事和让古人在自己心中真正地鲜活起来，这中间的距离有时不止十万八千里。

孟子说:“我善养吾浩然之气。”那我也先养养气再说?

“养气”期间的一个晚上,我跟妻子谈及春秋战国时期的几位思想家,谈到孟子的几个人生片段之后,妻子感慨:“人家这才是真正的任性!圣贤就是这么任性!”

这句话显然是从网络流行语“有钱就是这么任性”演化而来的,可我听后感觉眼前一亮,遂动笔写这篇关于孟夫子的文章。

一

有钱才任性,不算真厉害。没钱还能任性,这才是真本事。孟子显然属于后者。任性本是贬义词,但在当下的语境中,它的内涵和外延都发生了变化。说一个人任性,有时其实是说他能听从内心召唤、活出了本真、不屈服于流俗的裹胁。因此,能活得任性有时真不是一件坏事,尤其是他任性的资本不是有钱、有权,而是靠内心生发出的某种精神力量时,那这种任性就愈发值得我们敬仰与效法。

有几个人生小片段可以让人们直观地感受孟子的任性。孟子曾在齐国做卿,期间,滕文公去世了。孟子奉命去滕国去吊丧,齐王同时还派“盖大夫王驩为辅行”,即给孟子搭配了一个副手,此人是盖邑(今山东沂水县西南)的县长,名字叫王驩。孟子看不上这个人,于是就不跟这个人说话。整个外交活动期间,乃至在往返于齐滕两国的旅途中,“未尝与之言行事也”,一句话也不跟他说,压根就不跟他谈论公事。看看吧,遇到自己看不上的人,话都不跟他说,就这么任性!

学生公孙丑都有点看不过去了,就问老师:“齐卿之位,不为小矣;齐滕之路,不为近矣,反之而未尝与言事,何也?”意思是,在齐国做到卿这样的官位,地位已经很高了;齐国和滕国之间的路程也不算近了,您从齐国到滕国往返一趟,却没跟王驩谈过一次公事,这是为什么呢?

孟子回答:“夫既或治之,予何言哉?”意思是,王驩这个人什么事也不跟我商量,都按照他自己的想法办了,我还干吗非跟他说话?

王驩到底是怎样一个人，历史上没有详细记载，从孟子的这段话中我们似可感觉他有点独断专行，目无领导。出使滕国，孟子是正使，王驩是副使，可具体的事情好像都是王驩干的，孟子感觉不爽，就断然行使了沉默权。正副手的关系搞得这么僵，多不利于安定团结呀，但是，孟子不管这些，心中不爽绝不委屈自己，得罪你一个盖邑的县长又能怎么着？

孟子敢于得罪一个县长也确实没什么，因为孟子当时的官位比这个人还高。敢给下级使脸色不算什么真本事，现在的很多领导也爱对下级呼来喝去，“待下属如仆人”。那我告诉你，孟子对当时的很多权贵都不买账，其“任性”之举在今天看来简直有点不可思议。滕国国君的弟弟滕更求学于孟子，对孟子非常有礼貌，一点也没失礼。可是，孟子就是不理人家，“不答”。孟子的学生公都子就不理解了，问：老师您这是为什么呢？

孟子答：“挟贵而问，挟贤而问，挟长而问，挟有勋劳而问，挟故而问，皆所不答也。”意思是，请教问题有五种情况我从来不回答，仗着有权势向我提问，仗着自己有贤德向我提问，仗着自己年纪大向我提问，仗着自己有功勋向我提问，仗着自己和我有老交情向我提问，我都不会回答他。滕更在这五条中占了两条，即他仗着自己的贵与贤。

看看，孟子“任性”得连国君的弟弟来求学都不接受。仅此一点，就比现在的许多名牌大学厉害。现在的某些大学常以学生做了高官或有高官肯来这里混个硕士或博士文凭为荣耀，因此对权贵总是青眼有加、热烈欢迎，哪里还敢不搭理人家？一对比，好多事的优劣得失就一目了然了。拿孟子的“任性”与今天某些高校的“市侩”相比，我们立马就能明白，孟子的“任性”多么高贵，多么可爱。就凭这一点，孟子如果玩微信，那我一定真心诚意地给他点三十二个赞。

还有一次，齐宣王派人转告孟子，说他很想来拜见孟子，可是自己感冒发烧，不能亲自来拜见了，希望孟子能前去朝见。孟子本来已经打算朝见齐宣王了，但看出齐宣王有意给自己摆架子，立马回话说自己“不幸而有疾”,“不能造朝”,意即我也生病了,也不能去见大王了。连国君的召见都拒绝,任性吧?

二

更任性的是,即便跟国君谈话,孟子也毫不留情面,有时简直就是当头棒喝。比如,《孟子》开篇就讲,孟子去见梁惠王,梁惠王上来就问:“叟,不远千里而来,亦将有以利吾国乎?”意思是,老头儿,你不远千里地来到这里,将会给我们国家带来什么利益呀?

设想一下,如果你去会见一个国家领导人,想让人家接受你的“仁政”理念,那你该怎么回答这个问题?

且看孟子的表现。孟子当头棒喝:“大王何必曰利,亦有仁义而已矣。”意思是,作为国王,怎么能上来就谈利益呢? 利益之外不是还有仁义吗? 你就不能谈谈仁义?

孟子生活的那个时代,佛教还没传到中国来。所以,可以肯定地说,孟子没读过佛经,更没有读过后来的禅宗公案。但是,我们不得不承认,孟子早已经深谙禅宗的“当头棒喝”之法。你问的问题不靠谱,我上来就先棒喝你一下,先让你清醒清醒,端正一下态度。等你心态平和了,我再与你从容论道。孟子跟梁惠王的这段谈话就大有禅宗的味道。梁惠王心浮气躁、急功近利,恨不得孟子马上就给他一片大大的疆土,或者至少也要签订一笔大大的贸易订单。

面对这么一个心术不正、言语轻慢的家伙,若不先打击一下他的嚣张气焰,谈话几乎就没法纳入到正常的轨道上来。于是,孟子果断出招:“大王何必曰利,亦有仁义而已矣。”这话等于警告梁惠王:你上来就想捞好处,这心态正确吗?

梁惠王被“棒喝”住了。

接下来,孟子才告诉告梁惠王,“王曰‘何以利吾国?’大夫曰‘何以利吾家?’士庶人曰‘何以利吾身?’上下交征利而国危矣。”意思是,国王带头讲利害,下面的官员和百姓也会跟着学,大家做事都只讲利害，不讲仁义道德。如此一来，上上下下都追逐利益，那国家就危险了。

一个国家和地区要想长治久安，不仅仅要依赖于经济富庶、军事强大，还要搞好文化教育事业，要使大多数的民众有最基本的精神共识和道德底线。若国民无共同的价值认同，绝大多数的人都是纯粹的经济动物，只知道赚钱，只想着争夺利益，大家都变得“无节操，无底线”，那么，人与人之间的关系就成了赤裸裸的利害关系，这样的国家非常危险。所以，仁义道德看似很虚，实则不可或缺，虽说不必“天天讲，月月讲，年年讲”，但也不能完全不讲。

后来，司马迁读到孟子与梁惠王的这段谈话，他也非常感慨，说：“利，诚乱之始也！”争夺利益，确实是各种动乱的起源。接着又说：“夫子罕言利，常防其原也。”孔子当年很少谈利，就是要时时警惕“好利之弊”。司马迁还说：“自天子至于庶人，好利之弊何以异哉！”从天子到普通百姓，他们“好利”的毛病都差不多，因“好利”而导致身败名裂的教训也是一样的呀。

《孟子》中的梁惠王就是史书上的魏惠王，因为他把魏国的首都迁到了大梁，所以也被称为梁惠王。孟子游说魏惠王之时，魏国已经开始走下坡路了。魏国与齐国交战，在马陵之战中大败，主将庞涓战败自杀，太子申也被齐国俘虏，“东败于齐”。在西面，又屡次被强大起来的秦国打败，被迫将河西之地割让给了秦国，“西丧地于秦七百里”。南面还受到楚国的进攻，八个城邑被楚国占了去，“南辱于楚”。在国土安全都没有保障的情况下，魏惠王也希望听听孟子的建议，到底该如何治理国家？魏国怎么才能实现复兴？

孟子给出的建议是：“‘仁者无敌’，王请勿疑。”即大王您要坚定不移地实行仁政，一点也不要怀疑。具体怎么做呢？孟子说：“省刑罚，薄税敛，深耕易耨；壮者以暇日修其孝悌忠信，入则事其父兄，出以事其长上，可使制梃以挞秦楚之坚甲利兵矣。”意思是，您要减少刑罚，减轻赋税，先让老百姓能够精耕细作，过上衣食无忧的好日子。然后，要大力发展教育文化事业，让年轻人在闲暇时间知道孝养父母、敬爱兄长。国民有了为人忠心、诚实守信的美好品德之后，他们在家里是孝子，很好地侍奉父母，在朝廷上就可尽忠，做优秀的公务员。你的政权得到了优秀民众的支持，然后就可以抵御秦、楚等大国的侵略。您不要光看秦、楚两国的武器装备先进，民心才是决定胜负的关键。您若是真能按我说的去做，就一定能赢得民众对您的衷心拥护。有了民众的拥护，您的士兵就是拿木头棒子当兵器也能抵御得住秦、楚两国的军队。

先秦诸子中，孟子是“民本”思想最强烈的一个人。在那个变革剧烈、战乱频仍的年代，国君们关注的是如何开疆辟土，如何不被别国吞并，纵横家和法家想的是如何将自己推销出去，以便“借壳上市”，建功立业，享受荣华富贵。孟子的关注点与这些人都不同，他最关心的是老百姓的生活——让老百姓有基本的生活保障和基本的道德底线，才是一个国家的头等大事。统治者如果完全不顾及老百姓的感受，对底层民众压榨太甚，那么一个政权就会失去民心，就会垮掉。应该说，孟子考虑问题的眼光还是非常深远的。

他劝说魏惠王要实行“王道”，怎么实行“王道”呢？孟子说：“养生丧死无憾，王道之始也。”让老百姓对生、养、老、死之类与自己切身利益相关的公共事务没有不满情绪，这是一个政权实行王道的开端。这话概括得非常好。当然，最能体现孟子“民本”思想的话就是：“民为贵，社稷次之，君为轻。”这话铿锵有力，掷地有声，我们读起来感觉很痛快。可是，在那个“争地以战，杀人盈野，争城以战，杀人盈城”的战国时代，残酷的现实真的是“民命贱如草”。如此背景之下，您不觉得孟子说这种话也非常任性吗？

理想很丰满，现实很骨感。仁政很美好，现实很残酷。魏惠王没有采纳孟子的仁政建议，魏国继续衰落。

待魏襄王当政之时，孟子又来到魏国，游说魏襄王，希望他能实行仁政。可是，一见之下孟子愈发失望。孟子评价魏襄王：“望之不似人君，就之而不见所畏焉。”意思是，远远地看上去就不像个国君的样子，走到近前，更觉得他没有国君应有的气度和威严。

魏国的两代国君都让孟子感到失望，他遂离开了魏国——你魏国不用我的仁政药方，那我就另寻下家。你不用我的仁政理念治国，那是你们魏国的损失。我心中有浩然正气，手里握有治理国家的“仁政”专利技术，我干吗非得在魏国这一棵树上吊死？

三

孟子一直以孔子为榜样，他不仅在思想文化上与孔子一脉相承，就是在推行仁政理念的方式上也很相似。孔子在春秋末期周游列国，试图劝说各国诸侯实行仁政，孟子则在战国中期周游列国，也通过游说国君的方式来推销仁政。孔子游说诸侯的行动失败了，孟子游说诸侯的行动最后也失败了。在孟子游说各国国君的过程中，最接近成功的要算他游说齐宣王了。

齐宣王是战国时期非常有文化情怀的一位君王，他统治期间，大力优待文化人，吸引各国最优秀的文化学者来齐国临淄的稷下学宫讲学，稷下学宫由此成了战国时期“百家争鸣”最重要的学术交流基地，堪称战国时期的思想孵化器。对此，司马迁在《史记》中记载：“宣王喜文学游说之士，自如邹衍、淳于髡、田骈、接予、慎到、环渊之徒七十六人皆赐列第，为上大夫，不治而议论，是以齐稷下学士复盛，且数百千人。”孟子就是在齐国稷下学宫十分红火的时候来到齐国的。

孟子对齐宣王的第一印象也非常好，第一次谈话他就发现齐宣王有向善之心。

孟子向齐宣王提及王道，齐宣王感兴趣，问：“德何如则可以王矣？”意思是，要具备怎样的德行才可以行王道呢？

孟子说：“保民而王，莫之能御也。”通过让老百姓过上安定美好的生活去实行王道，便没有人能够阻挡。

齐宣王接着问：“若寡人者，可以保民乎？”像我这样的人，也能够到达您所说的保民的标准吗？

孟子立马回答:"可。"

齐宣王受到鼓励,继续追问:"何由知吾可也?"您怎么知道我可以呢?

孟子告诉齐宣王,我听您的侍臣胡龁说过,说大王您有一天坐在堂上,有人牵着牛从堂下经过,大王您看见了,问:"牵着牛去干什么?"牵牛人:"将要把牛杀掉,用牛血衅鼓(把血涂在鼓上以祭祀神灵)。"大王您说:"把牛放了吧。我实在不忍心看着它哆哆嗦嗦的恐惧样子,没有一点罪过却要被送到屠宰场杀掉。"牵牛的人又问:"放了牛,那祭祀怎么办? 不祭祀了吗?"大王您又回答:"怎么可以不祭祀呢? 用一只羊来代替吧。"

孟子讲完这个小故事之后问:"这件事情有没有?"

齐宣王说:"有。"

孟子就等着这个回答,接下来就开始发挥了。他说:"是心足以王矣。百姓皆以王爱也,臣固知王之不忍也。"您凭这样善良的心就可以实行王道。普通百姓都以为大王是舍不得那头牛,但我知道大王您是不忍心。

这话算是说到了齐宣王的心坎上,齐宣王说,您说得太对了。"齐国虽褊小,吾何爱一牛? 即不忍其觳觫若无罪而就死地,故以羊易之也。"齐国虽然国土面积不大(这是故意谦虚),但我也不至于舍不得一头牛。我只是不忍心看着它哆哆嗦嗦的恐惧样子,没有一点罪过就被杀掉,所以才用羊来替换它。

孟子就抓住齐宣王有不忍之心这一点,极力鼓励齐宣王实行仁政。他说:"君子之于禽兽也,见其生不忍见其死,闻其声不忍食其肉。"您现在见到一头牛将要被杀死时哆哆嗦嗦的恐惧样子就能生起不忍之心,如果把这种不忍之心推广开来,就一定能实行仁政。您既然对一头牛有不忍之心,就可以对老百姓也有不忍之心;既然可以对都城的百姓有不忍之心,那就应该对全国的百姓也有不忍之心,不断地扩充这种不忍之心,最后的结果就是"老吾老,以及人之老 幼吾幼,以及人之幼”。不忍之心扩充到这种程度,“天下可运乎掌”。

第一次谈话是在愉快的氛围中结束的。孟子和齐宣王两人甚至都有点惺惺相惜的味道。齐宣王让孟子做稷下先生,享受着上卿的丰厚待遇。孟子对齐宣王也充满了期待,在齐国住了下来,以寻找更多的机会劝说齐宣王实行仁政。

一次,齐宣王向孟子请教外交问题,“交邻国有道乎?”与邻国交往有好方法吗?

孟子说:“有。惟仁者为能以大事小,是故汤事葛,文王事昆夷。惟智者为能以小事大,故太公事獯狁,勾践事吴。”即处理外交关系要本着仁爱和智慧的原则,能践行仁爱,大国也可以去服侍小国,比如商汤曾侍奉葛伯;有了智慧,小国也可服侍大国,比如周文王的祖父古公亶父就曾侍奉过獯狁,越王勾践也向吴王夫差称臣。

齐宣王很认同孟子的理念,但是说“寡人有疾,寡人好勇”。意思是,您说的原则确实是好,可是我有个缺点,好勇斗狠,不甘心侍奉邻国。

孟子说,好勇没关系,不妨碍实行仁政。周武王也好勇,但他“一怒而安天下之民”,他一发怒,就出兵讨伐了暴虐的商纣王,让天下的百姓过上了安定的生活。如果您学习周武王,“亦一怒而安天下之民,民惟恐王之不好勇也”。您也一发怒就让全天下的百姓都过上了和平安定的生活,那老百姓还害怕您不好勇呢。

齐宣王又说:“寡人有疾,寡人好货。”我还有一个毛病,我还爱财。这能行仁政吗?

孟子告诉齐宣王,周朝创业的始祖公刘就爱财,所以爱财也不妨碍实行仁政。关键是,“王如好货,与百姓同之,于王何有?”大王爱钱财,只要把钱财与老百姓一同分享,那与实行王道又有什么妨碍呢?

齐宣王又说:“寡人有疾,寡人好色。”我还有一个毛病,我贪恋女色。这样能实行仁政吗?

孟子告诉齐宣王,古公亶父就爱美女,外出视察的时候,他的妃子太姜都一直陪伴着。不过在他统治期间,“内无怨女,外无旷夫”,整个国家没有剩女,也没有光棍汉。“王如好色,与百姓同之,于王何有?”大王您好色没关系,只能想着别人,让光棍都能找到老婆,让剩女都能嫁给如意郎君,那这样对实行王道又有什么妨碍呢?

如果说孟子见魏惠王时的谈话策略是“当头棒喝”的话,那么他见齐宣王时用的谈话方法则是“循循善诱”“步步为营”。齐国在当时是著名的东方大国,综合国力强大,可与秦国匹敌,而齐宣王又有向善之心。孟子感到,若真能说服齐宣王实行仁政,那实在是“救苍生于倒悬”的大好事。他说:“夏后、殷、周之盛,地未有过千里者也,而齐有其地矣;鸡鸣狗吠相闻,而达乎四境,而齐有其民矣。地不改辟矣,民不改聚矣,行仁政而王,莫之能御也。”意思是,齐国的土地足够大,人口也足够多,就差国君行仁政了,若齐宣王施行仁政,那就没谁能阻止齐国统一天下。或许正是基于这种考虑,齐宣王虽跟孟子明说有“好勇”“好货”“好色”等毛病,但孟子依然鼓励他实行仁政。

当然,孟子也绝不是一味地迁就齐宣王,在原则问题上,孟子仍然毫不退让,十分任性。他跟齐宣王说,如果您有一个臣子,他把妻儿托付给一个朋友照顾,自己到楚国去了。等他回来的时候,却发现妻儿在挨饿受冻。您说,对这样的朋友该怎样?

齐宣王说:“弃之。”即跟他绝交。

孟子又说:“士师不能治士,则如之何?”如果国家主管司法的官员不能约束部下,那该怎么办?

齐宣王说:“已之。”撤职没商量。

这个时候,孟子“图穷匕见”,亮出了最尖锐的底牌:“四境之内不治,则如之何?”那一个国君不能把国家治理好,该怎么办呢?

孟子谈话的锋芒直指齐宣王本人了。结果,“王顾左右而言他”。齐宣王也知道孟子是在讽刺自己,不敢正面回答,就先是尴尬地东张西望,然后故意岔开了话题。

孟子给齐宣王“设套”,齐宣王也想以其人之道还治其人之身。一次,齐宣王问孟子:“汤放桀,武王伐纣,有诸?”商汤流放了夏桀,周武王讨伐了商纣王,有这回事吗?

孟子说:“于传有之。”史书上有这样的记载。

于是,齐宣王“亮剑”了:“臣弑其君,可乎?”你们儒家不是一直讲“君君臣臣父父子子”吗?你们不也一直说商汤、周武王是圣贤的君王吗?怎么他们也干这种以臣弑君、违反伦理之事?齐宣王以为,抛出此问题,孟子也一定会感到尴尬,说不定也得“顾左右而言他”。

没想到,孟子迎难而上,回答得异常精彩:“贼仁者谓之‘贼’,贼义者谓之‘残’。残贼之人谓之一夫。闻诛一夫矣,未闻弑君也。”意思是,破坏仁爱的人叫作“贼”,破坏道义的人叫作“残”,残贼俱全的人是独夫民贼。夏桀和商纣王就是这样的人,诛杀这样的人是为民除害,是清除独夫民贼,根本就不是以臣弑君。

孟子的这个阐述在那个时代是极其大胆的,甚至可说带有“革命性”。他的逻辑是:国君统治国家的合法性根本就不是血统的高贵,而是要有仁义之心,要行仁政。若国君横征暴敛,对百姓异常残暴,那他就会变成独夫民贼,到了这个地步,老百姓起来推翻他的统治,将其流放或杀死,都是正当的,根本不算以臣弑君。因为国君在实行暴政之时,其君王的“天命”就已经开始动摇。正是基于如此彻底的“民本”理念,孟子跟齐宣王说:“君之视臣如手足,则臣视君如腹心;君之视臣如犬马,则臣视君如国人;君之视臣如土芥,则臣视君如寇仇。”这段话更是石破天惊,因为他不仅将君臣之间的权利义务关系做了灵活的互动性解释,而且批判的目标完全指向了君王,而非臣民。在孟子看来,国君与臣民之间,国君显然要承担更大的责任,如果国君把臣民当做自己的手和脚看待,那臣民就会把国君看成是自己的腹腔和心脏;如果国君把臣民当做只是为自己服务的狗和马来看待,那臣民就会把国君当陌生人看待;如果国君把臣民看得如泥土和草芥一样轻贱,那么臣民就会把国君当做仇敌来对待。

这种话不但齐宣王当时听起来会异常刺耳,就是今天的很多领导干部和公司高管听着也不顺耳。我一直觉得，当今社会虽已经废除了等级，但这不意味着古代处理君臣关系的宝贵经验就完全不适用了。相反，在上司与部下之间，管理者与被管理者之间，乃至领导干部与人民群众之间，彼此的互动模式依然可借鉴孟子的这段经典论述来理解、印证。若董事长视员工如手足，则员工就视董事长为腹心，一心一意跟着这个带头大哥干；若董事长视员工为犬马，花钱招聘你们就是要让你们替我干活赚钱的，那员工也就视董事长为一般人，对这家公司也没什么深厚的感情；若董事长对待员工像泥土和草芥一样轻贱，那员工就视董事长如仇人，能逮着机会报仇就一定报仇，被逼急了就实名举报自己的顶头上司。普通公民实名举报自己的顶头上司，乃至"封疆大吏"，根本不算是以下犯上，而是正常行使监督权和检举权，是为反腐败事业作出自己的一份贡献。十八大以来，党中央加大反腐败力度，"老虎苍蝇一起打"，大大小小的贪官纷纷落马，这些人被"双规"、被审判之际，人们纷纷拍手称快，"喜大普奔"。为什么这样？就因为这些人早已成为人民的"寇仇"，他们受到严惩实为罪有应得。

孟子讲的这番道理，今人已经很容易接受了。可在孟子那个时代，这是一种"革命性"的理论，它虽然没直接鼓励民众造反，但已然为民众推翻暴君提供了足够的道义支持和理论依据。好在齐宣王还比较大度，虽然不肯接受孟子的仁政理念，但也没给孟子戴上一顶"思想反动"的帽子，将其投入"牛棚"。孟子在齐国依然是稷下先生，享受着上卿的待遇，活得生龙活虎，优哉游哉。

孟子如此任性，还真"任"出去了。这不能不说是一个历史的奇迹。这种奇迹的达成，一方面有赖于孟子大无畏的思想勇气和理论自信，另一方面亦有赖于齐宣王的"雅量"——对思想文化领域贯彻"百家争鸣"的方针，对文化人不轻易地"扣帽子，打棍子"，即便有些话听起来非常刺耳，那也不用权力和暴力让人家闭嘴。纵观历史，能有齐宣王这样"雅量"的君王并不多。一个反面的例子是，明太祖朱元璋读到《孟子》一书就非常震怒，删去了书中诸多刺耳之言，还下令将孟子的塑像从孔庙中逐出，意思是取缔孟子“亚圣”的地位。可以想见，若孟子生活在朱元璋的时代，他的日子绝不会好过，脑袋是不是能保住都是个未知数。

当然，孟子的历史地位不是朱元璋想取缔就能取缔得了的。漫长的历史最终给孟子以公正的评价，他的“民本”思想是战国时代极为宝贵的精神财富。孟子的“任性”又一次获得了成功，这种成功超越了一人的荣华富贵，而凝固成了一尊精神塑像，在历史的长廊里矗立成永恒。

四

文史学者李开周先生写过一本《君子爱财——历史名人的经济生活》，专门“审计”古代名人的收入状况，孟子自然也在他的“审计”之列。他考证的结果是，孟子在齐国做上卿时的年薪是10万钟小米，钟是容积单位，再按小米的普遍容积重量计算，10万钟小米折合现在1500万公斤。若再问：这么多小米折合多少人民币？我建议您不妨去超市看看小米的价格。当然，小米的价格也是不断变动的，我小的时候，一公斤小米也就1元左右，但现在小米的价格已经涨到每公斤14元了。但不论怎么算，孟子当时的年薪都会超过1500万元，绝对属于没商量的高薪阶层。古代鼓励人读书，说“书中自有千钟粟”，“千钟粟”都已是令人羡慕的高薪了，遑论10万钟。

算清孟子在齐国做卿时的巨额收入有什么意义呢？有意义。有一个直观的巨额年薪做对比，我们就愈发能感觉得到孟子有多么任性——他说辞职就辞职，超过千万的高额年薪说不要就不要了，齐宣王挽留都挽留不住。这气魄是不是真的有点“视金钱如粪土”的任性？

受着齐宣王的礼遇，拿着齐国这么高的年薪，一般人会怎么做？当然想舒舒服服地待在齐国，一直到终老了。很多人退休之后念念不忘的，不就是盼着退休金能再涨点吗？可是，孟子不这样。他看重的不是高额年薪，而是仁政，当他感觉到齐宣王不肯以仁政理念治国之时，他就毅然提出了辞职，时间在公元前312年。

六年前，即公元前318年，燕王哙把王位传给了相国子之，燕太子平不服气，于三年后联合将军市被发动政变，进攻子之，燕国由此发生了内乱。燕国内乱之际，齐宣王趁机派兵讨伐燕国，平定了内乱。孟子曾劝齐宣王平叛之后多听燕国人民的呼声，凡事以“燕国人民拥护不拥护、赞成不赞成、高兴不高兴、满意不满意”作为齐国处理燕国问题的出发点和归宿，而不要贸然对燕国实行军事占领。可是，齐宣王舍不得到了嘴的肥肉，占领了燕国。此事引起了其他诸侯国的反感，他们打着“救燕”的旗号联合伐齐，此时孟子再劝齐宣王，让他赶快送回燕国俘虏，归还燕国的国宝重器，与燕人商量着立燕君。可齐宣王仍不听。两年之后，燕国联合其他诸侯一块伐齐，齐军大败。经此事之后，齐宣王自称“吾甚惭于孟子”，我没听孟子的话，太后悔了。

劝齐宣王以仁政治国他不听，劝他“伐燕勿取”他仍不听，再加上齐宣王身边还有与孟子意见相左的大臣，孟子感觉到齐宣王对自己是“礼貌未衰，言弗行也”，即对孟子本人仍然很尊重，但对他说的话却不照着去做。于是，孟子就向齐宣王递交了辞职书。

接到孟子的辞职书之后，齐宣王的心里也很纠结，他对孟子本人非常尊重，虽不能按照他主张的仁政理念治国，但听任孟子辞职也觉得有点惋惜，因此他就设法挽留孟子。首先，他召见孟子，跟他说：“前日愿见而不可得，得侍同朝，甚喜；今又弃寡人而归，不识可以继此而得见乎?”这段话说得很深情，意思是，我过去一直希望见到您，可是没机会；后来您终于来到了齐国朝廷，与我一块共事，我非常高兴。可现在，您又要抛弃我回去了，不晓得我们今后还有机会相见吗?

孟子回答：“不敢请耳，固所愿也。”您说的这个，我不敢请求，本来是很希望的。暗含的意思是，如果您实行仁政，那我当然不会离开了。

齐宣王当然也知道孟子的意思，可是他仍不肯接受孟子的仁政主张。于是，他就想出了另一个挽留孟子的方案，他找到一个叫时子的大臣，对他说：“我欲中国而授孟子室，养弟子以万钟，使诸大夫国人皆有所矜式。子盍为我言之?”意思是，我想要在国都临淄给孟子一幢大房子，用万钟之粟的优厚待遇来养他的学生，以让诸位大夫和百姓都能有个学习的榜样。您何不替我去向孟子谈谈？齐宣王的这个方案是：你孟子既然不愿意做卿，那也随你。但你不要离开齐国。我在齐国都城提供房屋和土地，让你孟子办所大学，你当校长，你的弟子也能拿到丰厚的助学金。你和弟子们在齐国讲学，你们就是齐国的官员和百姓的学习榜样。一句话，齐宣王想树孟子为道德楷模。

时子托人向孟子传达了齐宣王的挽留方案。

孟子断然拒绝了，他说："如使予欲富，辞十万而受万，是为欲富乎？"假如我想发财，辞去十万钟粟的年薪而接受万钟的赠予，有这种发财法吗？潜台词很明显，我来齐国，就是为了推行仁政，不是为了发财。想用官位和金钱收买我孟轲，没门。就这样孟子离开了国都临淄，"去齐"。

应该说，孟子这次离开齐国的心情是很复杂的。等到了昼地（齐国边境的一个城邑）时，孟子在那里逗留了三天，意在等齐宣王回心转意，派人来追他回去。齐国有个叫尹士的人说："不识王之不可以汤武，则是不明也；识其不可，然且至，则是干泽也。千里而见王，不遇故去，三宿而后出昼，是何濡滞也？士则兹不悦。"意思是，如果孟子不晓得齐宣王不能够做商汤、周武王那样的圣贤君王，那孟子就是不明智；如果他明明知道齐宣王做不成圣贤君王，却还要来游说，那孟子就是贪图富贵。不远千里地跑来，又与齐王闹得不融洽离开，走到昼地还盘桓了三天，干吗这么慢腾腾的？我尹士非常不喜欢。

有人将尹士的说法转告了孟子。孟子解释说："千里而见王，是予所欲也；不遇故去，岂予所欲哉？予不得已也。予三宿而出昼，于予心犹以为速，王庶几改之！王如改诸，则必反予。夫出昼，而王不予追也，予然后浩然有归志。予虽然，岂舍王哉？王由足用为善；王如用予，则岂徒齐民安，天下之民举安。王庶几改之！予日望之！予岂若是小丈夫然哉？谏于君而不受则怒，悻悻然见于其面，去则穷日之力而后宿哉？"这是一段孟子袒露心声的话，他说，我过去不远千里来见齐王，那是为了推行仁政，是我愿意做的事；齐王不接受我的主张，我离开齐国，这岂是我所愿意看到的事？我是不得已才离开的呀。我在昼地逗留了三天才离开，在我想来还是有点太快了。我实在是希望齐王能回心转意，在齐国施行仁政。齐王如果改变了主意，一定会派人来将我追回。等我离开昼地时，齐王仍没有派人追我，我才打定主意离开齐国。即便这样，我难道抛弃齐王了吗？也没有呀。齐王如果哪天想通了，仍然可以继续施行仁政。齐王如果用我，又何止齐国的百姓能得到太平，全天下的百姓都能因此得到太平。齐王有一天或许行仁政吧？我是天天在盼望着的呀。向国王进谏，国君不接受就发怒；一旦离开就走得很急，非得走到筋疲力尽才落脚。这是小家子气的人。我孟轲难道是这种人吗？

孟子当然不是小家子气的人，他是个有浩然正气的人。可是，即便如此，他这次游说齐宣王的行动最终仍以失败告终。

五

魏国、齐国之外，孟子还游历了宋、鲁、滕、邹等小国。这些国家的国君对孟子也都很尊重，孟子依然劝说他们行仁政。其中，鲁、邹两国国君与齐宣王相似，尊重孟子，但不肯“行仁政”。宋王堰一度为孟子劝说得很动心，表示要“行仁政”，但不久又动摇了。滕文公对孟子的学说大概最认可，可惜滕国是个极小的国家，夹在大国中间，随时有被吞并的危险，再加上滕文公短命，还没等按照孟子的说法“行仁政”就死掉了。因此，孟子的“仁政”理念终其一生也没能推销出去。最后，孟子回到家乡，与弟子万章、公孙丑等讲学著书，写下了《孟子》一书。

总结自己早年游说君王的经验，孟子跟弟子们说：“说大人，则藐之，勿视其巍巍然。堂高数仞，榱题数尺，我得志，弗为也。食前方丈，侍妾数百人，我得志，弗为也。般乐饮酒，驱骋田猎，后车千乘，我得志，弗为也。在彼者，皆我所不为也；在我者，皆古之制也。吾何畏彼哉？”意思是，跟位高权重显贵的人说话，就要藐视他，不要把他高高在上的样子放在眼里。殿堂高两三丈，屋檐好几尺宽，如果我得志，不会这样干；佳肴满桌，侍奉的姬妾好几百人，如果我得志，不会这样干；饮酒作乐，驰驱打猎，随从的车辆成百上千，如果我得志，不会这样干。那些人所干的事，都是我不屑于做的；而我所干的事，都符合古代的礼乐制度。我为什么要怕他们呢？这段话说得铿锵有力，任性十足！

孟子为什么能养成浩然正气？又为什么能这么任性？与他这种无欲则刚的人生境界密不可分。孟子本人也说："养心莫善于寡欲。其为人也寡欲，虽有不存焉者，寡矣；其为人也多欲，虽有存焉者，寡矣。"意思是，养心的方法，没有比减少欲望更好的了。一个人如果欲望很少，那么内心的良知即使有迷失的部分，也是很少的；一个人如果欲望很多，那么内心的良知即使有保存的部分，那也是很少的。

孟子一生，虽然游说君王的活动均告失败，但他的任性一以贯之，至老不变。有人赞扬张仪、公孙衍等纵横家，说他们"一怒而诸侯惧，安居而天下熄"，能影响国际形势，个人也位极人臣，享受荣华富贵。孟子对此嗤之以鼻，说："居天下之广居，立天下之正位，行天下之大道。得志与民由之，不得志独行其道。富贵不能淫，贫贱不能移，威武不能屈，此之谓大丈夫。"孟子是这么说的，也是这么做的。钱穆先生在《国学概论》一书中说，在孟子那个时代，"苏、张一派（指苏秦、张仪那一派的纵横家），专骛仕进，猎禄利，其行谊最卑鄙。许行、陈仲子之徒，以苦刑不仕骄世，亦仅止于独善，未足拯斯民于水火。稷下诸先生，则逞谈辩，溺富贵，名实兼营，而实无心于世局。独孟子志切救世，又不愿屈节枉尺以求合，其志行殆庶于孔子之所谓中道。"钱穆先生的分析很到位。孟子对自己的人生期许一直很高，他立志要做孔子那样的圣人，立言行事一直以"仁义"为标准，绝不向当时混乱的现实屈服，他最后也达到了他自己所期许的人生高度，堪称"求仁得仁"。可以说，孟子是中国历史上"有理想、有节操"之士人典范，而他关于"大丈夫"的名言更是激励无数仁人志士！

讲到孟子，我们也得顺便向他的母亲（孟母）致敬。孟母为了让儿子有一个好的读书环境，竟然连续搬了三次家，其重视儿子教育的劲头一点不输于今天拼死拼活要买学区房的学生家长。今人学习孟母，我觉得主要应学习其重视孩子教育的精神，至于是否买学区房，反倒不是最核心的问题。你买了学区房，让孩子上了名校，可你自己却经常在家里酗酒、打麻将，这本身就污染了孩子的学习环境，也是非常违背孟母三迁的核心精神的。

毫无疑问，孟母对孟子的教育很用心，对儿子的未来可能也寄予厚望。孟子也确实没有辜负了老妈。他的自我期许比老妈的还要高——孟子的人生志向是要做孔子那样的圣人，他最后也真的做到了。从这个意义上，孟子的“任性”非常彻底——想成圣人真的就成了公认的“亚圣”，十分圆满。

当下的中国，“无节操，无底线”的人相当多。此等背景之下，孟子的“大丈夫”气概以及他的“任性”风范，均值得仰望，践行。学不到全部，哪怕学到一点都好。学“富贵不能淫”，那就不要奢侈腐化，比阔气讲排场，当然更不能炫富；学“贫贱不能移”，那就要宁可少挣点钱也不能在牛奶里添三聚氰胺，否则是坏了良心；学“威武不能屈”，那就要在威逼利诱面前恪守节操，不可为了攀附权贵就做精致利己主义者，亦不可为了完成工作指标就放弃道德底线，失去了初心。初心一失，当时可能会得利一时，日后却会追悔莫及。一旦触碰了“高压线”，很可能还会换来牢狱之灾。原21世纪传媒公司总裁沈颢就是如此，失去初心之后，因涉嫌新闻敲诈及受贿由当年的“新闻圣徒”变成今天的囚徒。他撰文《穿越赎罪的火海，抵达真实的初心》，文字依然优美，可问题是，初心易于失去，却难于找回，即便穿了火海，是否就一定能找回也还是个未知数。所以，我觉得最好的办法还是像孟子一样，坚持操守，不失初心。这样做最果决，也最稳妥。能不失初心，也就能养浩然正气，就是大丈夫。大丈夫无欲则刚，就可以活得“任性”！

我知道，想“任性”的人很多，只是不少人还一时做不到。不过没关系，照着孟子开出的“大丈夫”标准努力就是了。

你看，你看，苏秦的脸

屌丝逆袭

苏秦的前半生完全是一个屌丝逆袭的励志故事。

他是东周洛阳人，穷小子，早年到齐国拜鬼谷子为师，与另一个纵横家张仪是同学。苏秦学成后，外出游历多年，毫无收获，“大困而归”，结果，“兄弟嫂妹窃皆笑之”，家人都讥笑他，可谓饱受冷嘲热讽，遍尝世态炎凉。

苏秦像　杨树 绘

大受刺激之下，苏秦发愤读书，发愤到什么程度？“头悬梁锥刺股”，后人说“头悬梁锥刺股”地勤奋学习，那是夸张，苏秦不是，他玩得可是真的。他是"头悬梁锥刺股"这个典故的原创者。原创者一般都不玩假的，苏秦真的把头发吊到房梁上，读书累了想睡觉，他就用锥子刺自己的大腿，"血流至踵"。苏秦如此玩命地学习，堪称战国时期第一"学霸"。经过一年的研读，苏秦自认为掌握了纵横术的精髓，可以凭此游说当世君王。

可是，苏秦的翻身仗打得并不顺利，他先求见周显王，结果显王周围的大臣平日就了解苏秦的为人，都瞧不起他，周显王也不信任他。第一次求职失败。

苏秦西行至秦。当时秦孝公已死，秦惠王当政。苏秦劝秦惠王"称帝而治""吞并天下"。可是秦惠王认为时机不成熟，且秦惠王刚处死商鞅，讨厌说客，没采纳他的建议。苏秦的第二次求职也铩羽而归。

苏秦又到了赵国。当时赵肃侯任命弟弟赵成为国相，封为奉阳君。奉阳君同样不喜欢苏秦。苏秦的第三次求职仍然失败。

苏秦没有被接二连三的失利吓倒，他又于公元前334年来到了燕国。在燕国等了一年多才得以见到燕文侯。结果，苏秦凭着三寸不烂之舌说动了燕文侯，苏秦的合纵主张就此得以启动。

苏秦到底怎么劝说燕文侯的？详细的言辞请大家去看《史记·苏秦列传》。概括地说，苏秦先从地理位置上分析了燕国形势，然后指出燕国的战略失误：只担忧千里之外的秦国，却不担心百里之内的赵国。"夫不忧百里之患而重于千里之外，计无过于此者"，对眼前之患不担忧却担心远处的祸患，这显然不应该。可那怎么办呢？苏秦建议燕文侯与赵国结盟，进而东方六国"合纵"，"天下为一"，共同对付强秦，这样，"燕国必无患矣"。

燕文侯听了苏秦的一番高论，大有醍醐灌顶之感，遂资助苏秦车马金帛，让他前去游说赵国。

苏秦到了赵国，这时奉阳君赵成已死，没了在中间作梗的人，再加上有了燕文侯的资助，苏秦得以游说赵肃侯。他向赵肃侯详细分析了天下大势，进而说明了自己的合纵主张：韩、魏、齐、楚、燕、赵六国联合起来，共同对抗秦国。如此一来，六国一体，秦国一定不敢从函谷关出兵侵犯，赵国的霸主事业也就成功了。赵肃侯采纳了苏秦的“合纵”主张，资助他去游说各诸侯国加盟，以订立合纵盟约。

随后，苏秦一路成功游说了韩宣王、魏襄王、齐宣王、楚威王，六国“合纵”之谋就此完成，苏秦自己也顺理成章地当上了“从约长”（合纵联盟的总秘书长），并佩六国相印。至此，苏秦成功地演绎屌丝逆袭，他的人生也达到了前所未有的新高度，并对整个国际形势产生了重要影响。

苏秦的撒手锏

苏秦靠三寸不烂之舌说服六国“合纵”对付秦国，他博得的可不仅仅是个人的荣华富贵，国际形势也因他促成合纵之举而为之一变。苏秦回到赵国，赵肃侯封他为武安君，把六国缔结联盟的“从约书”投于秦国，“秦兵不敢窥函谷关十五年”。

那么，苏秦的撒手锏到底是什么呢？有人可能会说，口才好呗。口才好确实是一个重要的原因，如果没有出色的口才，根本不能说服六国国君，六国也就不可能完成“合纵”。可我觉得，除了口才之外，苏秦还有另一个更重要的撒手锏。这个撒手锏就是他对国际形势的充分了解和精准预见。在这一点上，苏秦可以说是一个极善于把握时代脉搏的人——他不仅能号准时代的脉象，而且还能开出不错的药方。

苏秦在齐国跟随鬼谷子学纵横术之时，商鞅正在秦国实行变法。商鞅变法之后，秦国强大了起来，原本七雄并立的局面几乎变成了秦国一家独大的态势。在这种情况下，国际形势的发展就剩下了两条路，或六国联合起来共同对抗秦国，或秦国一一击败各国，统一天下。前者为“合众弱以攻一强”，这“一强”就是秦国，简称“合纵”；后者为“事一强以攻众弱”，就是秦国通过拉拢一些弱国来进攻另外一些弱国，最后达到各个击破的目的，简称“连横”。苏秦开启了战国中期各诸侯国之间的“合纵”“连横”模式，此后各国之间的战与和，几乎都是围绕着这一模式展开的。

今天我们谈论战国时期的“合纵”与“连横”，可能觉得也没什么了不起。可放在苏秦那个时代，他能敏锐地判断出未来国际形势的发展趋势，这并不是一件简单的事。在春秋时期，诸侯国之间就有相互间的战争和结盟，但那个时代的战争和结盟主要是为了争夺霸主国的地位，即晋、楚、秦、齐等大国之间争的是谁当“带头大哥”，晋国兼并不了楚国，楚国也兼并不了晋国，秦、齐亦然。可是到战国时代，尤其是在商鞅变法之后，强大起来的秦国已经具备了兼并六国、一统天下的态势。这个时候，战争和结盟的性质也在悄然发生改变。秦国的胃口越来越大，它已不再满足于做霸主了，还要吞并他国，统一天下。在这种情况下，六国要想不被秦国兼并，就必须联合起来，依靠团结的力量才能谋得生存空间。后来的历史证明，苏秦的看法是非常正确的。六国最后被秦国统一，说到底还是六国不够团结，没有巩固好“合纵”联盟所致。

另外，苏秦的“合纵”倡议是一种暗合现代地缘政治的国际关系新策略。苏秦谙熟天下地理，熟知各国的国情。他的游说之所以能成功，绝不只是靠耍嘴皮子。他每到一国都先向该国国君详细分析这个国家的国情，包括山川地貌、军事、经济实力、外交难题等。在那个资讯不发达，没有报纸杂志，更没有百度百科可以查阅的情况下，苏秦能把各国的国情研究得门儿清，这绝非易事。我们甚至可以大胆推测，这也是他当年“头悬梁锥刺股”研习的一项重要成果。有此看家本领，他才能在说服各国国君的时候做到知己知彼。

详细了解各国国情，又能对未来的国际形势提出高屋建瓴的研判，这才是苏秦最重要的撒手锏。凭着自己研发的这个撒手锏，苏秦反复告诫六国的君主，他们有一个共同的危险，那就是函谷关以西的秦国。秦国享有得天独厚的地理优势和体制优势，现在已经很强大了，将来还会更强大。六国之中，没有任何一个国家具备与秦国这个

“超级大国”单独抗衡的实力。摆在六国面前的路只有一条:“六国合纵”,并力西向以抗强秦。苏秦认为,山东六国在地缘上相互关联,有着唇齿相依的利害关系,应视为一个有着共同利益的战略共同体。六国应充分认识到这一点,并结成牢不可破的战略合作同盟,相互依托,相互策应。有了这个同盟,六国才能在对秦作战中占据主动。

苏秦的“合纵”,不仅有理论,还有一整套的行动纲领和行动方案。落实在操作层面就是两点:其一,以攻为守,六国联合起来,主动进攻,使秦国不能越过函谷关;其二,六国中任何一国遭到秦国攻击时,其他五国绝不能坐视不管,必须予以救助。

我们甚至可以说,苏秦为六国策划的这个“合纵”联盟,如果彻底地得以贯彻执行,那么秦国根本不可能统一六国。在秦国刚刚完成商鞅变法之际,苏秦就看出了秦国与“山东六国”之间战略关系的关键点,并替六国设计出了应对措施。我们不能不承认,苏秦绝对是那个时代一流的国际问题专家。历史的发展也从正反两个方面证明了苏秦高超的预见性。经苏秦游说,“山东六国”在一段时间内采取了合纵战略,即便还不太巩固,彼此之间有点三心二意,但也成功地遏制了秦国向东扩张的势头,“秦兵不敢东窥函谷关十五年”。后来,六国之间因复杂的利益纠葛而彼此开战,导致“合纵”破裂。这时,秦国乘机以“连横”之策分化瓦解,随后各个击破,逐一消灭了六国。

苏秦的软肋

“成绩要说够,缺点要说透”,我们总结工作要本着这个原则,分析历史人物也要如此。说完了苏秦的撒手锏,我们还得说说他的软肋。

苏秦的软肋是什么?很简单,不符合德才兼备的要求,道德品质有致命缺欠。

苏秦推动六国“合纵”,第一个支持他的人就是燕文侯。应该说,燕文侯是苏秦生命中一个非常重要的贵人,说他对苏秦有知遇之恩一点不过分。可是,苏秦是怎么感谢自己贵人的呢?苏秦给自己的贵人戴绿帽子！他得到燕文侯重用的同时，还与燕文侯的夫人私通，“保持不正当的两性关系”。这种做法仗义吗？简直太不仗义了，可以说绝非君子所为。

苏秦最后在齐国遇刺身亡，也跟他与燕文侯夫人私通之事有关。燕文侯去世之后，燕易王继位。苏秦私通的燕文侯夫人，就是燕易王的母亲。更要命的是，燕易王还知道了苏秦与自己老妈之间的丑闻。事情发展到这一步，“苏秦恐诛”，害怕被燕易王找个理由给杀了。为了避祸，苏秦跟燕易王说，我在燕国不能提高燕国的地位，您让我到齐国去做间谍，我在齐国可以帮助燕国。

应该说，若不是与燕文侯夫人私通，苏秦本可在燕国继续享受荣华富贵。当时，苏秦一手促成的六国“合纵”同盟虽已解体，但他本人在燕国还是混得不错的。燕文侯去世之际，齐宣王乘机出兵攻燕，侵占了十座城池。燕易王继位后，曾要求苏秦替燕国收复被侵占的国土。苏秦到了齐国，拜见齐宣王，先行祝贺之礼，接着又行哀悼之礼。齐宣王不解，问原因。苏秦说：“人饿得再厉害也不会去吃有毒的乌喙，吃得越多，死得越快。燕国和秦国是联姻之国（燕易王是秦惠王的女婿），齐国占领燕国的城池等于与强秦结下了仇怨，这就如同饥饿之人去吃乌喙一样。齐国即将大难临头。”齐宣王闻言大惊，讨教解危之策。苏秦建议归还夺来的城池，这样燕王喜欢，秦王也一定高兴，就能转祸为福。齐宣王认为苏秦说得很对，便归还了侵占燕国的城池。

苏秦到齐国出使一次，就能替燕国要回十座城池。能办成这样的大事，燕易王很是倚重他，即便知道他给自己的老爸戴绿帽子还仍然重用他，“事之加厚”。可是，做贼心虚，苏秦始终害怕自己会遭到燕易王的清算，不敢继续待在燕国，只好借故跑到齐国避祸。可惜，他最后的这一招算错了。

到了齐国，苏秦被先齐宣王任用为客卿。齐宣王去世，齐湣王继位，苏秦劝说齐湣王厚葬齐宣王以表明自己孝顺，大兴土木以表明自己得志，其目的则是搞垮齐国，从而使燕国获利。齐国人本来就认为苏秦反复无常，齐国高官多有与苏秦争宠者，他们视苏秦为“眼中钉肉中刺”，于是派人刺杀了苏秦。

与燕文侯的夫人私通，这是苏秦道德上极明显的软肋，这一软肋最后也成了苏秦惨死的诱因。

苏秦的造型

苏秦的一生跌宕起伏，潦倒过，富贵过，遭受过亲人的冷嘲热讽，也享受过“佩六国相印”的风光，有过人生低谷处“头悬梁锥刺股”般超越常人的努力，也有过功成名就后的自得与嚣张——嚣张得连国君的夫人都敢偷。他的才华和他的缺点都异常明显，他的造型和定位也由此变得非常复杂。除了战国时期著名的纵横家这个标签外，我们今天似乎更应该弄清苏秦到底是怎样的一个人？在他的身上凝聚了哪些人性的优点与缺点？这些优缺点对今人又有怎样的启迪？

苏秦是怎样的一个人？苏秦是一个才华横溢的聪明人；苏秦是一个精致利己主义者；苏秦是一个干成了大事的小人。

才华横溢不用说了，没有人能随随便便成功，苏秦“头悬梁锥刺股”的故事至今还是教育青少年努力读书的著名典故。能靠三寸不烂之舌说动六国国君，没两把刷子是不可能的。他从穷困潦倒的屌丝逆袭成为六国联盟的“从约长”，亦堪称史上惊天大逆袭。除了事功，临死前的一个细节也能充分说明苏秦的聪明。苏秦遇刺后并不是当场毙命，而是先受重伤，之后才去世。刺客将苏秦刺成重伤后逃跑。为了成功抓到凶手报仇，苏秦临死前跟齐湣王说，我如果因此而死，您就用车拉着我的尸体游行示众，说苏秦在齐国为燕国做间谍，死得罪有应得。您这么一说，凶手就一定能抓获。齐湣王依计行事，杀害苏秦的凶手信以为真，以为齐湣王还会赏赐自己，遂主动出来说是自己派刺客杀害了苏秦。一起复杂的凶杀案就此轻松破案。齐湣王抓获了凶手，“因而诛之”，替苏秦报了仇。所有的这一切都说明苏秦是一个非常有才华的人。

精致利己主义者。这个也好理解，精致利己主义者心思缜密，精于算计，善于为自己辩护。苏秦就是如此。苏秦凭着舌灿莲花的本事说服齐宣王归还燕国十座城池。燕国人虽觉得这人本事挺大，但也感觉苏秦太能忽悠，有人诋毁苏秦，说他是“左右卖国反覆之臣，将作乱也”。燕易王因此对苏秦也心存提防，待苏秦回到燕国后就“不复官”，先不让他官复原职，观察观察再说。苏秦何等聪明，一看这阵势，就明白国君怀疑自己了，自己的处境很危险。于是，他就到燕易王面前为自己辩解，他说，我本是东周的一个穷小子，“无有分寸之功”，但承蒙您赏识，我在燕国当了高官。现在我替大王您搞定了齐国，要回了十座城池，您应该对我更好才对。可现在我从齐国回来后您却不让我官复原职，那一定是有人在您面前诋毁我不讲信用。可是，我跟您说，“臣之不信，王之福也”，臣子不讲信用，对国君是好事。讲忠信的臣子，都是为成就自己道德的人，为国家利益不择手段的人才是真正的进取之人。我就是进取之人。我把老母亲都抛弃在东周，大老远地来到燕国，就是要“去自为而行进取也”。现在，如果有人“孝如曾参，廉如伯夷，信如尾生”，得到三个道德水平这么高的人侍奉大王您，您满意吗？

燕易王说：足矣。

苏秦立马反驳说：“孝如曾参，义不离其亲一宿于外，王又安得使之步行千里而事弱燕之危王哉？廉如伯夷，义不为孤独君之嗣，不肯为武王臣，不受诸侯而饿死首阳山下。有廉如此，王又安能使之步行千里而进取于齐哉？信如尾生，女子期于梁下，女子不来，水至不去，抱柱而死。有信如此，王又安能使之步行千里却齐之强兵哉？”这番话的意思就是，曾参、伯夷、尾生这样讲究忠信的人，他们会听大王您的驱使吗？他们肯为燕国奔走效命吗？根本不会呀。潜台词就是：您要用愿意为燕国奔走谋利的人，还得用我苏秦。

燕易王也不傻，曾参、伯夷、尾生，这都是自古以来的道德楷模，怎么到了你苏秦嘴里就变成一无是处之人了呢？难道讲究忠信、做道德楷模还有罪不成?

燕易王的疑惑早在苏秦的预料之中。他顺势给燕易王讲了一则寓言。有一个人到远方去做官,妻子就在老家与别人私通。等到这个人要从远方回来的时候,妻子的情夫就很担忧。结果妻子说,不用担忧,我弄点毒酒,把官人毒死,咱俩还可以继续在一起。三天之后,官人果然回来。妻子就让小妾"举药酒而进之",要毒死他。可这个小妾不愿意毒死远道而归的官人,她想说酒里有毒药却害怕得罪正妻;想不说话吧,又怕把官人真的毒死。无奈之下,她就假装摔倒,把毒酒给倒掉了。结果,官人大怒,打了小妾五十大板。可实际上,小妾的这次"假摔"实在是功德无量,她倒掉了毒酒,救了官人的命,也让正妻免于犯杀夫之罪。可是,就因为"假摔",小妾还是挨了五十大板。我苏秦的所谓过错,不就跟这个小妾一样吗?

这么一辩解,燕易王立马上让苏秦官复原职,还"益厚遇之"。

精致利己主义者还有一个特点,那就是他们并没有固定的一个主义或者是信仰,他们行事的逻辑并非一以贯之,而是不断地变来变去。苏秦就是如此,他是靠促成六国"合纵"而暴得大名的,可他最初游说秦惠王时,说的可不是"合纵",而是想让秦国"吞并"六国。到秦国就支招"吞并",到六国就力促"合纵",两种看似相反的观点之所以能切换得如此顺利,端在于苏秦精致利己主义者的底色——追求自身利益最大化才是关键,至于所谈的主义或主张不过是为实现利益最大化的招牌而已。这一点,跟商鞅会见秦孝公时的情况差不多,商鞅跟秦孝公谈治国,有"帝道""王道""霸道"三套方案,秦孝公对"帝道"和"王道"不感冒,商鞅就在秦国推行"霸道"。反正不管用什么"道",能让自己上位最重要。

当世人批评苏秦,说他"反覆无常",意思是说他没有恒常的行事准则,经常是"翻手为云,覆手为雨"。其实,这正是精致利己主义者的共同特点,用在国际关系上,流行的说法是"没有永恒的朋友,也没有永恒的敌人,有的只是永恒的利益"。如果用普通老百姓的说法,这就叫“有奶便是娘”。推销“吞并”可能为自己赢得利益,那就推销“吞并”,推销“合纵”可能为自己带来好处,那就大力推销“合纵”。总之,自己必须得到荣华富贵,“头悬梁锥刺股”也要得到,“翻手为云,覆手为雨”也要得到。有人说“不自由毋宁死”,对苏秦这种人来说,那就是“不富贵毋宁死”。试想一下,若让苏秦过颜回那种安贫乐道的生活,“一箪食,一瓢饮,在陋巷”,那会怎样?苏秦不但乐不起来,而且他一定会觉得那样的日子比把“头悬梁锥刺股”更难忍受。精致利己主义者可以在他自以为是奔向成功的道路上忍受常人难以忍受的苦痛,但他们绝对不甘心过平常人的平静生活。当然,他们也不会享受到平静生活的乐趣。

因为不甘过平静、平淡、平凡的生活,精致利己主义者的身上往往就有着一股子狠劲,硬生生的无处不在的狠劲。人生潦倒之时要努力奋斗,这当然是宝贵的进取精神,可是努力到“头悬梁锥刺股”的自虐程度,这就对自己太狠了,属于“重口味”。这样的人失意时对自己下狠手,得意时就很难不志得意满、跋扈嚣张。苏秦发迹之后,以合纵联盟的总秘书长的身份从楚国北上赵国,经过老家洛阳的时候,再也不是昔日“大困而归”的光景,“诸侯各发使送之甚众,疑于王者”,各诸侯国都派使节护送苏秦,他出行的排场几乎与国君差不多。家人对他的态度也来了一个一百八十度的大转变,“妻侧目而视,侧耳而听,嫂蛇行匍伏,四拜自跪而谢”。以前潦倒的时候,大老远地从齐国回来,妻子、嫂子连饭都不给做,现在居然“蛇行匍伏”,前后的差距确实有点太大了。

苏秦遂笑谓其嫂曰:“嫂,何前倨而后卑也?”你以前对我那么傲慢,现在又对我如此谦卑,我有点不理解,麻烦嫂子告诉我好不好呀?

嫂子的回答也很直接:“以季子位尊而多金。”因为你现在地位尊贵,而且还有很多钱。

听了嫂子的回答,苏秦不禁感慨:“嗟乎!贫穷则父母不子,富贵则亲戚畏惧,人生世上,势位富厚,盖可以忽乎哉!”苏秦的慨叹可以说是对世态炎凉的极佳概括，你在贫穷之际，连亲生父母都不拿你当儿子看待；待富贵之后，连亲戚都惧怕你。苏秦还感慨，"使我有洛阳负郭田二顷，吾岂能佩六国相印乎？"如果当初在洛阳郊外有二顷薄田，那我又怎么能奋斗到今天佩六国相印的显赫位置呀？屌丝之所以要逆袭，很多情况下也被逼出来的呀。

发迹之后搞大排场，要衣锦还乡，还故意羞辱嫂子，以昔日的潦倒衬托今天的成功，所有的这一切，都表明苏秦并不是一个胸襟开阔、气度恢宏、内心柔软的人。即便在取得成功之后，他的心依然是硬的。富贵之后，他的内心并没有随着地位的提升而变得高贵而柔和，而是坚硬如昨。那股不平之气依旧在横亘在他的心中。苏秦对当年讥笑、挖苦过自己的人誓不谅解、必当众羞辱，还一定要在乡亲们面前展示自己的富贵，这哪里像是一个大气度、大格局的人所为呢？南非前总统曼德拉曾因反对种族隔离政策而入狱，在大西洋荒凉的罗本岛上被关二十七年。他是要犯，看管他的狱卒对他并不友好，有时甚至还故意折磨他。可是，等当上总统之时，曼德拉特意邀请当年看管他的三名狱卒参加就职典礼。就职典礼上，年迈的曼德拉缓缓站起，恭恭敬敬地向三名狱卒致意。曼德拉说："当我走出囚室、迈过通往自由的监狱大门时，我就已经清楚，自己若不能把悲痛与怨恨留在身后，那么我其实仍在狱中。"苏秦显然没有曼德拉的境界，他虽然富贵了，但他的心却没有随之舒展，温柔，放松，慈悲，狠劲依旧，坚硬依旧，紧张依旧，怨恨依旧。

即便是富贵之后，苏秦其实依然是一个可怜之人。他尽管干出了影响国际形势的大事，但其本质上依然是个小人，是个名利之徒。

苏秦的脸

孔子说："吾道一以贯之。"有没有一以贯之的"道"，是君子与小人的又一个重要区别。苏秦的人生没有一以贯之的"道"，他不守道，也不殉道，他的人生就是一场追逐名利的无尽奔跑，哪里有名利，他就向哪里奔跑，所以才“反覆无常”，这是典型的名利之徒的作风，也是所有小人的共同特征。

孟子和苏秦是同一个时代的人，苏秦向诸侯国国君推行“合纵”之术时，孟子也在周游列国，试图推销仁政。苏秦游说过齐宣王，孟子也游说过齐宣王。苏秦的游说成功了，而孟子则没有成功。是苏秦的口才比孟子好吗？我看不是。孟子也是善辩之人，曾在齐国的稷下学宫做过稷下先生，估计也没少做过大型的学术讲座，口才也十分了得。这一点，我们今天读《孟子》一书仍然可以感觉得到。可见问题不在口才，而在孟子一直坚守一以贯之的“道”，而苏秦没有一以贯之的“道”，也就谈不上坚守。孟子游说诸侯国国君，讲的一直都是仁义、仁政，这就是他终生奉行的一以贯之的“道”。他绝不肯改“道”，不但不改变，就连降低仁政的标准都不肯。这是一种求道、传道的姿势。齐宣王非常赏识孟子，一度想用高地位、高待遇将他留在齐国，让他做道德学问的榜样，供世人学习。至于孟子所说的仁政，齐宣王则不去施行。这事放一般人身上可能早就答应了，但孟子不干。只要这个国家的国君不肯施行仁政，那孟子就一定会离开，绝不为个人私利所羁绊。

这就是个人的境界不同了。境界不同，选择不同，结果也必然不一样。孟子不肯逢迎各国诸侯，苏秦却挖空心思、千方百计地为赢得诸侯国国君的信任而努力；孟子不肯为名利低头钻营，苏秦则处处低头钻营，为了就是捞到名利；孟子视富贵如浮云，苏秦则视富贵为命根子。这才是本质区别。在一个剧变的转型时代，历史舞台上也有“面子”与“里子”，也有“台前”与“幕后”。众声喧哗、浮躁功利的大环境下，爱面子、热衷于名利的苏秦型人物当然更容易被选出来，走到前台，站在聚光灯下。孟子这样的恪守底线、坚持原则的人，自然很容易隐到幕后，不管是主动的还是被动的。

孟子的选择，当时在苏秦看来不是也很傻很天真吗？可实际上，孟子正是靠他那种看起来很傻的选择养成了他那股扑面而来的浩然正气，而苏秦则凭着他的聪明在诸侯国国君面前翻云覆雨，靠“反覆无常”而博取了荣华富贵。苏秦玩得很刺激，也玩得很惊险。他靠三寸不烂之舌打了翻身仗，又几次化险为夷，但最后还是把自己给玩死了。他从燕国跑到齐国去做间谍，间谍本来就是一个高风险的职业。可苏秦做间谍都要做得风风光光的，还跟齐国的众多高官争宠，这不是也太过分了吗？做间谍，你得像人家《潜伏》中的余则成那样，光聪明还不够，还得低调，再低调。做间谍怎么还那么高调地与别人争宠呢？这不是找死吗？果然，苏秦遇刺身亡。不肯低调地生活，代价其实是非常巨大的，教训之惨烈绝对出于常人预料之外。苏秦聪明一世，可至死都没想清楚这个道理。不过，这也没什么奇怪的，聪明是有局限的，小人的聪明永远不会升华为智慧。小人可以利用自己的聪明争名争利，他们也可以利用自己的聪明整人、玩人，甚至他们还可以用聪明办成惊天动地的大事业，就像苏秦促成六国“合纵”一样。小人可以用聪明搞定很多很多事，但他们却不能用聪明搞定自己的内心。他们驯服不了自己的贪欲，他们总是会在金钱、美色等诱惑面前把持不住自己。他们太在意利益的好处而忽略了利益背后所隐含的风险，或者，他们虽知有风险，但总觉得靠自己的聪明可以摆平、搞定。可实际上，这像是刀口舔蜜。《佛说四十二章经》云：“财色于人，人之不舍。譬如刀刃有蜜，不足一餐之美，小儿舔之，则有割舌之患。”佛是真正的智者，知道靠聪明争利是多么可怕。

佛还说“相由心生”，即你的相貌如何跟你的内心息息相关。依照此说，我们不妨想象，苏秦这样的一个人，他该长一张怎样的脸？史书上没有关于苏秦相貌的描述，不过，我想苏秦绝对不会有一张让人看上去很舒服的脸。他的心紧张而坚硬，他脸上的皱纹便不会闪现出慈悲的光晕；他的心里有太多的算计和谋略，他的眼神便不会单纯、清澈；他太多欲多求，笑容几乎都因此变得僵硬，眼里可能也布满了血丝。他自己可以解释为昼夜操劳所致，可实际上这是贪欲之火的外在呈现。

我觉得苏秦会长着一张精于算计而又僵硬冷酷的脸。这样的脸谱在现实生活中并不少见，我相信读者不难找到具体的比对样板。不错，苏秦的脸孔，仍在；苏秦的造型和气质，仍在。尽管，现实中的这些人并没有干成苏秦一样的惊天大事，但是他们的狠劲，他们的贪欲，他们的嚣张，他们的算计以及算计得逞后的得意，都与苏秦极其相似。

和苏秦一样，他们也是可怜之人。其实，真正的牛人，根本不用对下属颐指气使，不用向外人大炫排场，不用跟别人吹嘘自己，甚至都不太在意自己的所作所为是否真的能“打下一个大大的疆土”。他们的想法简单而直接：先别说其他，咱就老老实实地做个好人。

在这样的一个时代，比权比钱比心眼都不太公平也不太靠谱，那好，咱们就比做好人。谁肯低调笃实地做个好人，附带着能让自己长一张生动、舒服的脸，我就给谁点赞。做好人不需要“头悬梁锥刺股”，也不需要那么多的算计和谋略，但也不是可以一蹴而就的事。不信？那就试试看。

张仪的舌头

一

如果战国时代有保险公司，我相信张仪一定会为他的舌头买一份高额保险。

张仪像 杨树 绘

为什么会有这种猜想？请看张仪早年的一段经历。张仪是魏国贵族的后代，曾跟苏秦做同学，一起向鬼谷子学习游说之术。学业完成以后，两人就分别去游说诸侯。张仪到了楚国。可是，他在楚国的求职经历并不顺利，不但没在那里找到想要的高官厚禄，反而遭受了奇耻大辱，挨了一顿暴打。原来，他有一次跟楚相一块饮酒。席散后,楚相发现自己身上佩戴的玉璧不见了,相府的幕客们都认为是张仪偷的。他们说:“仪贫无行,必此盗相之璧。”张仪这个人,又穷,品德又不好,一定是他偷了您的玉璧。相府幕僚们的这种推测显然属于“有罪推定”,还有“仇穷”之嫌,根本就没什么道理,可是,楚相还是听了幕僚的话,让众人捉住张仪,打了他几百竹板。

放在一般人身上,可能早就屈打成招了。可是,张仪死活不承认自己偷了玉璧。众人无奈,只好把他给放了。回到家里,老婆看着张仪被打成这样,十分难过,就说:“嘻,子毋读书游说,安得此辱乎?”意思是,你如果不去读书,不想着游说诸侯,又怎么会遭到这般侮辱呢?

张仪却对老婆说:“视吾舌尚在不?”你看看我的舌头还在吗?

张仪这么一问,他老婆禁不住笑了,心想,先生真幽默,就回答:“舌在也。”

张仪说:“足矣。”舌头是革命的本钱,有舌头在就够了。

从这个小细节就足以说明张仪对自己的舌头是多么珍视。如果活在今天,那张仪一定会花重金为自己的舌头买份保险,就像足球明星为自己的脚买保险一样。可惜,战国时代还没有保险公司,张仪对舌头的珍爱无法体现在保单之上。

张仪如此重视自己的舌头,这说明什么?说明他对自己的核心竞争力有清醒的认识。很多人在社会上混,七七八八的东西学了不少,三教九流的人也都认识一些。有了阅历和人脉之后,不少人就觉得自己也是个人物了,可是实际上,他都不知道自己的真正强项在哪里?好像什么都能懂一些,其实那是“样样通样样稀松”,是“花拳绣腿”,是“半瓶子醋”,并没有能让自己安身立命的真本事。

张仪后来能搅动战国局势,成为秦国“连横”外交的操盘手,凭的确实就是他的舌头。舌头好使,辩才无碍,这是战国时期很多士人的共同特征,纵横家更是如此——他们就是吃开口饭的,口才不好怎么混?张仪、苏秦这两个鬼谷子的学生,口才当然没得说,是战国时期一流的。即便放在今天,我觉得这两个“大忽悠”也能混得不错,比如到娱乐圈里去演小品、说个相声啥的，或者到电视台做个节目主持人。

二

张仪在楚国挨打、养伤之际，他的同学苏秦已经凭三寸不烂之舌说服了赵肃侯，赵国同意加入合纵盟约，还资助苏秦继续去说服其他国家。苏秦的“合纵”计划已然启动，他此时担心各国诸侯在秦国的进攻下会背弃盟约。为了保险起见，他精密地构思了一套计划。

苏秦先派人暗中劝说张仪：“子始与苏秦善，今秦已当路，子何不往游，以求通子之愿？”意思是，你曾经与苏秦是同学，现在苏秦在赵国掌权，你为什么不去投奔他，让他帮助你找一份好工作呀？

张仪一听，此言有理，遂到赵国来投奔苏秦。可是，苏秦对老同学张仪非常不够意思，招待张仪的饭菜很差——那样的饭菜只能给仆人和侍女吃。并且，苏秦还当众羞辱了张仪，说：“以子之才能，乃自令困辱至此。吾宁不能言而富贵子，子不足收也。”你不是很有才华吗？怎么现在穷困潦倒到这等地步？不是我苏秦不想帮助你实现富贵呀，实在是你自己不值得我收留啊！等于当头给了张仪一闷棍。

张仪满怀希望地来投奔苏秦，本以为可以凭着老同学的关照谋得高官厚禄，结果，非但没得到好处，反而受到侮辱。气愤之下，张仪的斗志也被刺激起来了，他想，当年在鬼谷子先生门下，我的学习成绩比你苏秦还好呢。你苏秦现在不就是傍上个赵国吗？我要说服一个比赵国更牛的国家，到时候再来与你苏秦比试。战国七雄哪家强？当然是函谷关以西的秦国了。于是，张仪把下一个游说的目标锁定在了秦国。

张仪当时估计连去秦国的盘缠都不太够。不过没关系，苏秦在张仪离去后，就暗中派人资助张仪，并且一再嘱咐，对张仪一定要“扶上马，送一程”，不但要资助他到了秦国，还要帮助他能见到秦王。

有苏秦的这番安排，张仪在去秦国的路上就遇到了一个大赞助商，这个人一路追随张仪。张仪缺车马这个人就提供车马，张仪资金有了困难,这个人立马送上真金白银,总之,张仪只要有需要,这个人都会帮忙搞定。到了秦国,张仪如愿以偿地见到了秦惠王。张仪的舌头终于派上了用场,秦惠王完全被忽悠住了,他任命张仪做"客卿","与谋反伐诸侯",一块谋划着如何讨伐诸侯。就在张仪正要在秦国大展宏图之时,大赞助商突然提出要离开了。

张仪很不解,说:"赖子得显,方且报德,何故去也?",我是靠着你的帮助,才有了今天的显贵,现在正该是我报答您的恩德的时候,您为什么要离开呢?

大赞助商这时候才告诉张仪,这一切都是苏秦安排的。"苏君忧秦伐赵,败从约,以为非君莫能得秦柄,故感怒君,使臣阴奉给君资,尽苏君之计谋。"意思是,苏秦先生害怕秦国攻打赵国,致使合纵联盟破裂。他认为除了先生您无人能说动秦王,得以掌管秦国大权,所以,他故意激怒您,然后又让我暗中资助您,这都是苏秦先生的安排。然后又说:"今君已用,请报归。"意思是,现在您已经得到秦王重用了,我的任务也算完成了,我得回去给苏秦先生汇报工作了。

原来,苏秦跟张仪玩了一把激将法!

弄清事情原委之后,张仪对苏秦真是感恩戴德。老同学苏秦对咱这么好,咱也不能没点表示呀,于是张仪表态:只要我的好同学苏秦先生在赵国当权,我就绝对不打赵国的主意,绝不破坏苏先生的好事。

很快,张仪做了秦国的相国。这时,他觉得该对当年侮辱自己的楚相有所表示了,于是他写信给楚相说:"始吾从若饮,我不盗而璧,若笞我;若善守汝国,我顾且盗而城。"意思是,当年我跟你一块喝酒,根本就没偷你的玉璧,可是你却暴打我一顿。现在,请你好好守着你的国家,我回过头来会去偷你的城池。

张仪跟苏秦不愧是同学,两人不但同为纵横家,而且连做事风格都非常相似。苏秦发达之后,一定要问当年看不起自己的嫂子为何"前倨而后卑",给羞辱过自己的人来个下马威;张仪也一样,他得势了,也给当年羞辱自己的楚相一个下马威。后来,张仪果然凭着自己的舌头，连忽悠带骗，将楚怀王玩弄于股掌之间。不过，这是后话，先按下不表。

三

张仪和苏秦的同学关系也值得一说。两人都是从鬼谷子大学纵横学专业毕业的高才生，同学期间两人肯定也是惺惺相惜，你约我一块看过夕阳，我请你一起喝过小酒。可是，毕业之后，彼此的人生际遇就不一样了。张仪落魄之际，苏秦已经踏上了金光闪闪的仕途。对于昔日的老同学，苏秦虽然也用特殊的方式给予了特殊的关照，堪称"特别的爱给特别的你"。可随后两人的政治主张可就大相径庭了，一个主张合纵，一个主张连横，一个用尽心思团结六国对付秦国，一个则想方设法解散六国的联盟，以便秦国各个击破。苏秦主张合纵，张仪主张连横，两个人成了战国期间各国外交的操盘手，将整个国际局势搅得天翻地覆。

张仪在秦国受重用之际，六国联盟已经存在。张仪的奋斗目标，就是要破坏六国的团结，拆散合纵联盟。张仪第一次出手是在秦惠王十年(公元前328年)。这一年，秦国公子华和张仪一起带兵攻取了魏国的蒲阳(今山西隰县)。这次军事胜利之后，张仪就对秦惠王建议，我们要把蒲阳还给魏国，还要让公子繇到魏国去作人质。这是为啥呢?为的就是使魏国既害怕秦国又感恩秦国，以促成秦魏邦交，秦魏交好之后，六国联盟也就打开了一个缺口。

秦惠王采纳了张仪的建议。张仪的舌头再次派上用场，他对魏惠王说："秦王之遇魏甚厚，魏不可以无礼。"意思是，秦王对魏国多好呀，又是归还城池，又是遣送人质，如此真诚地释放外交善意，你们魏国可得与秦国交好。

张仪本来就能忽悠，现在再加上秦国归还的蒲阳和遣送的人质，魏惠王几乎无力反驳，遂接受张仪的建议，奉上上郡、少梁等十五个县答谢秦惠王，秦魏两国就此结成了联盟。

张仪花大本钱促成秦魏联盟，目的是为了“令魏国先事秦而诸侯效之”，意思是拿魏国做个样板，暗示其他诸侯国也赶快“学习魏国好榜样”，都向秦国纳贡，承认秦国是“带头大哥”。

可是，张仪的这个连横构想并不是只靠舌头就能搞定的。魏国与秦国结盟之后，不断反复。公元前323年，齐、楚两个大国在啮桑(今江苏沛县)会盟，再次重申合纵宗旨，宣布两个大国结成铁杆联盟。齐、楚是战国时期的两个大国，两国联手，再加上其他合纵国，综合实力肯定在秦国之上。一看国际形势的强弱对比发生了变化，魏惠王就反悔了，“不肯听仪”，不愿再听从张仪的连横主张了。

拉拢不成，秦国就动用武力，出兵攻魏，“伐取魏之曲沃(今山西曲沃县南，闻喜县东北)、平周(今山西介休市西)”。这是典型的“胡萝卜加大棒”的方法，一面是武力攻打，一面是张仪在魏国进行外交游说。这个过程其实很艰难。魏惠王死了之后魏襄王继位，到公元前317年，在秦国的武力威慑之下，张仪才说服了魏襄王，使其背弃了六国合纵的盟约，彻底投靠到秦国的怀抱。拿下魏国，是张仪拆散合纵、实施连横的重要一步。魏国投靠秦国，标志着六国合纵已经出现了解体的迹象，亦说明秦国对六国采取分化瓦解、各个击破的战略是可行的。

需要说明的是，就在张仪说服魏襄王这一年，苏秦在齐国遇刺身亡(关于苏秦卒于何年，史学界有多种说法，本文采司马光《资治通鉴》中的说法)。老同学苏秦是合纵联盟的总设计师，他死掉之后，合纵活动缺少了灵魂人物，这对替秦国搞连横外交的张仪来说绝对是个利好的消息。《史记》记载，刘邦得知韩信被杀后，其表现是“且喜且怜之”，这个描写极其传神。史书上没有记载张仪得知老同学苏秦死讯后的反应，但我估计大概也是“且喜且怜之”吧。两人曾是同学、好哥们，苏秦还有恩于张仪，可是当两个人都站在时代的风口浪尖之后，昔日的哥们、恩人也变成了强劲的对手和敌人。一个力促合纵，一个力主连横，一个帮助六国对付秦国，一个帮助秦国对付六国，同窗之情在政治大势面前不堪一击,就像今天很多人的节操一样,直接碎了一地。有趣的是,在苏秦的人生已谢下大幕之际,张仪的连横外交刚好收获"第一桶金"(拿下魏国)。这其实很有象征意义:合纵的灵魂人物已死,连横的大幕正徐徐拉开。

四

如果说张仪促成秦魏联盟还是依靠秦国的强大武力做后盾的话,那么他拆散齐楚联盟则几乎完全是凭自己的舌头了。

当时的国际形势是这样的:秦国是第一超级大国,实力最强。次一等的是齐与楚,具备与秦国争夺天下实力的也就这两个国家,其余的诸侯国在外交上是观望派。如果齐楚联盟结合得比较牢固,他们就倒向齐楚,结成合纵联盟。若秦国势头强劲,能压制住齐楚联盟(当然最好是拆散齐楚联盟),那其他诸侯国就可能会转而"连横",争相投靠秦国。因此,张仪要想使连横彻底成功,就必须拆散齐楚联盟。

公元前313年,秦国要攻打齐国,可是齐国和楚国是盟国,贸然攻打齐国,楚国一定会出兵相救。秦国同时与齐、楚两个大国作战,根本就没有胜算。怎么办呢?秦惠王决定派张仪出使楚国。

张仪到了楚国,跟楚怀王说:"大王诚能听臣,闭关绝约于齐,臣请献商於之地六百里,使秦女得为大王箕帚之妾,秦楚娶妇嫁女,长为兄弟之国,此北弱齐而西益秦也,计无便此者。"意思是,大王您如果能够关闭边关与齐国断绝来往,我愿献上商於(今河南淅川县一带)地区六百里的地方给楚国。不仅如此,秦王还会把自己的女儿许配给大王您,秦楚两国人民就会随之世世代代友好下去。这样一来,楚国在北面削弱了齐国,在西面有利于秦国,这是对楚国最好的战略。

跟现在的很多人一样,楚怀王也是一个见利忘义、经受不住金钱和女色诱惑的主儿,他一听可以得到方圆六百里的土地,还可娶到秦国的美女,非常高兴,"悦而许之",立马采纳了张仪的建议。群臣得知这一对楚国利好的消息后,也都前来向楚怀王表示祝贺。

张仪的舌头确实厉害，但对于他设计的这个骗局，并非无人识破。同为纵横家的陈轸就看出了其中的玄机，在“群臣皆贺”之时，陈轸“独吊之”，深深地为楚国的前途担忧，唉声叹气。

楚怀王感到很奇怪，就问他：“寡人不兴师发兵得六百里地，群臣皆贺，子独吊，何也？”意思是，我不费一兵一卒便得到六百里土地，面对这么大的喜事，你怎么反而一副忧心忡忡的样子，这是为什么？

陈轸说：“不然，以臣观之，商於之地不可得而齐秦合，齐秦合则患必至矣。”大意是，事情不像您想得那么简单。依我看，商於之地大王您不可能得到，而且，齐秦两国还可能会联合起来对付楚国。如果齐秦一联合，那楚国可就倒霉了。

楚怀王问：“有说乎？”还有这等说法？

陈轸回答：“夫秦之所以重楚者，以其有齐也。今闭关绝齐则楚孤。秦奚贪夫孤国而与之商於之地六百里？张仪至秦，必负王，是北绝齐交，西生患于秦也，而两国之兵俱至。善为王计者，不若阴合而阳绝于齐，使人随张仪。苟与吾地，绝齐未晚也；不与吾地，阴合谋也。”这段话的意思是，秦国之所以看重楚国，是因为楚国背后有齐国。现在楚国关闭边界与齐国绝交，那么楚国就会孤立无援。秦国怎会重视一个孤立的国家而奉送它的六百里商於之地呢？张仪回到秦国后，必定会背叛大王。这样，楚国北与齐绝交，西面又有秦国之患，它们两国必定都会侵略楚国的边境。大王不如表面上与齐绝交，暗中却与齐修好，然后派人随同张仪到秦。如果秦给了我们土地，再与齐绝交也不晚；如果不给我们土地，我们与齐暗中联合再作主张。

应该说，陈轸的策略是非常可行的，可惜的是，利令智昏的楚怀王根本听不进去。他下令与齐国断绝外交关系，然后派一将军随同张仪前往秦国，准备接收六百里商於之地。

张仪回到秦国，假装上车时不小心从车上摔下来，然后在家里躺了三个月，请了病假，有意躲避楚怀王的人。楚怀王得知此事后，以为张仪嫌他与齐国绝交做得还不够坚决，遂派勇士前往宋国，借宋国的符节进入齐境，将齐宣王给大骂了一顿。齐宣王一看，这楚怀王也太不够意思了，自己背弃齐楚盟约不说，还派人来骂我！我即便屈尊与秦国联合也要先教训一下这个楚怀王！于是，齐国转而投靠了秦国。

这个时候，张仪才开始对楚国的使臣说："臣有奉邑六里，愿以献大王左右。"我说献给大王的土地只有六里，哪里有六百里呀？

楚国使臣说："臣受令于王，以商於之地六百里，不闻六里。"明明说好是六百里，怎么就变成六里了呢？这折扣打得也太大了吧？网店光棍节时的打折也没打到这么低呀。楚国使臣很生气，这不是耍我们吗？回国后就把张仪这种骗子行径报告给了楚怀王。

楚怀王大怒，发兵攻秦。这时陈轸又来劝说："攻之不如割地反以赂秦，与之并兵而攻齐，是我出地于秦，取偿于齐也，王国尚可存。"意思是，我们现在与其攻打秦国，不如反过来割地贿赂秦国，再与秦国联合攻齐。这样我们向秦国割出的土地，可从齐国取得补偿，大王的国土还可以保存。

楚怀王上次是利令智昏，这次是怒令智昏——被张仪气得丧失了理智，遂派将军屈匄率兵攻秦。此时，秦、齐已经结成了联盟，两国共同对付楚国，"斩首八万，杀屈匄，遂取丹阳(今陕西、河南间丹江以北地区)、汉中(今陕西汉中东部)之地。"楚怀王不甘心失败，继续增兵攻秦，结果两军在蓝田展开大战，"楚大败"，最后不得不割让两座城池给秦国以求和。

张仪第一次出使楚国，完全是用骗子的手段拆散了齐楚联盟。反观楚怀王真可以说是"赔了夫人又折兵"，既失去了齐国这个强大的盟友，又损兵折将，还丢了不少土地。被张仪如此欺骗，楚怀王简直是恨死张仪了。

有意思的是，张仪很快就又到楚国来了。原来，公元前311年，秦惠王派人对楚怀王说，愿意用武关(今陕西丹凤东南)以外的土地换取楚国的黔中郡(今湘鄂川黔交接一带)。楚怀王说："不愿易地，愿得张仪而献黔中地。"意思是，我不要你的土地，你把张仪交给我处置就行了。

为了得到黔中之地，秦惠王很想派张仪再次赴楚，但不好意思说出来。没想到，张仪此时反倒自告奋勇，主动请求再次出使楚国。秦惠王说："彼楚王怒子之负以商於之地，是且甘心于子。"意思是，你以献商於之地六百里欺骗了楚王，他现在恨你恨到了骨头里，你去了不是自投罗网吗？

张仪的表现反倒很淡定，说："秦强楚弱，臣善靳尚，尚得事楚夫人郑袖，袖所言皆从。且臣奉王之节使楚，楚何敢加诛？假令诛臣而为秦得黔中之地，臣之上愿。"这段话说得慷慨激昂，秦国强大而楚国弱小，我与楚国的靳尚关系不错，靳尚受楚王的夫人郑袖信任。郑袖说的话连楚怀王都要听从。况且我是拿着大王您的符节出使，楚国怎敢杀害我呢？退一步说，即便楚王杀了我，而秦国得到了黔中之地，那也是我非常愿意的事。

听了张仪这番大义凛然的话之后，秦惠王再次派张仪出使楚国。

张仪一到楚国就被囚禁了起来，楚怀王要杀了他以解心头之恨。

关键时刻，靳尚出手相助了。有人分析，这个靳尚是张仪早就安排在楚国的线人，是个"潜伏者"。靳尚对楚怀王的夫人郑袖说："子亦知子之贱于王乎？"你知道吗？你有可能将被楚王冷落了！

郑袖问："何也？"这话怎么说？

靳尚说："秦王甚爱张仪，将以上庸六县及美女赂楚，美人聘楚，以宫中善歌讴者为媵。楚王重地尊秦，秦女必贵，而夫人斥矣。不若为言而出之。"意思是，秦王很喜爱张仪，一定会来救他的。据说秦王打算用上庸（今湖北竹山县西南）一带的六个县送给楚国，并且送美女给楚王，包括让秦国宫中最能歌善舞的女子作为陪嫁。楚王是一个看重土地的人，这样一来，他一定会交好秦国，秦国的美女肯定会得宠，而夫人您就会受到冷落。我看您还不如现在就说情，让楚王释放了张仪。

郑袖于是向楚怀王进言说："人臣各为其主用。今地未入秦，秦使张仪来，至重王。王未有礼而杀张仪，秦必大怒而攻楚。妾请子母俱迁江南，毋为秦所鱼肉也。”意思是，做臣子的各自为他的君主效劳，这也是人之常情。现在我们的土地还没有交给秦国，秦国就派遣张仪前来，这是非常尊重大王的做法。大王不以礼相待，反而要杀掉张仪，秦必然会在大怒之下进攻楚国。我们就要大难临头了。请大王准许我们母子二人都迁居到江南去，以免被秦兵所残害。

楚怀王听信了枕边风，不但释放了张仪，还依然用隆重的外交礼节接待他。

获释的张仪并没有立即回秦国，而是继续忽悠楚怀王，让他与秦国“连横”。他先把秦国的强大实力渲染一番，说秦国“兵敌四国，被险带河，四塞以为固”，地理形势极好。此外还兵力强盛，“虎贲之士百余万，车千乘，积粟如丘山”，这么强盛的国家，“必折天下之脊，天下有后服者先亡”，一出兵就席卷天下，天下凡是后归顺的国家必然先遭灭亡。然后劝楚怀王说，那些主张合纵的人，就好比驱赶羊群进攻猛虎一样，根本不靠谱。您还是放弃合纵，赶快与秦国交好吧。如果楚国不与秦国交好，那秦国就挟持魏国、韩国等一块进攻楚国，到时候楚国可就危险了。张仪忽悠楚怀王“事秦”的这番话洋洋洒洒，纵横捭阖，充分地展示了张仪的舌头功（原文太长，在这里不一一引用），但不管如何舌灿莲花，张仪演讲的核心我看还是“诱之以利，吓之以威”，继续贯彻秦国“胡萝卜加大棒”的外交原则。

结果，楚怀王还真就被张仪给忽悠住了，“卒许张仪，与秦亲”。读张仪忽悠楚怀王的文字，我总是能联想到赵本山的小品《卖拐》。我感觉，在这段真实的历史故事中，张仪很像小品中的赵本山，真是个顶级大忽悠，而楚怀王则颇像那个被忽悠了还对人家感激不尽的范伟。

楚国“事秦”之后，齐楚联盟彻底破裂。张仪的连横大计至此已呈不可阻挡之势。接下来，张仪又说服韩、齐、赵、燕等国加入到“连横”行列。张仪终以“连横”之策彻底分化瓦解了六国的合纵联盟。

五

张仪靠着三寸不烂之舌搞成了“连横”，但我觉得他的厉害之处不在口才本身，而在于他无节操无底线，为了目的不择手段。看他骗楚怀王就能知道，他最大的本事不是有口才，而是能把假话说得像真话，骗人骗得理直气壮。明明答应给楚国“商於之地六百里”，可回到秦国之后就翻脸不认账，说只答应过“六里”，完全是一副不讲诚信的骗子嘴脸。易中天先生写中华史，对张仪的定位也是骗子。骗子大行其道，正说明战国是一个功利主义盛行的时代。频繁的战乱和各国统治者普遍的见利忘义，是让骗子得以大行其道的社会土壤。

当然，张仪自己也为他的骗子行径付出了代价。

就在张仪成功说服燕昭王，全部完成“连横”战略、准备回秦国领功邀赏之际，秦惠王去世了。秦国新君秦武王原本就讨厌张仪，各诸侯国一看张仪在秦国失宠，“皆畔衡，复合纵”，马上就背叛了刚刚答应张仪的连横条约，又去走合纵路线了。你张仪不是不讲诚信，说不认账就不认账吗？那各诸侯国对你也不讲信用。你骗别人不客气，别人骗你也没商量。

秦武王为啥讨厌张仪呢？史书上说的不明确，但我估计有两点，其一，张仪巧舌如簧，其骗子名声本来就不好，秦国群臣对张仪也是“多毁短之”，觉得这个小子做人没底线，不讲诚信，是个“反覆小人”。秦武王新上任，为了得到群臣的拥护，需要打击张仪；其二，秦武王这个人本身“尚武”，喜欢武士，爱跟大力士一块搞举重比赛，《资治通鉴》载：“秦武王好以力戏，力士任鄙、乌获、孟说皆至大官。八月，王与孟说举鼎，绝脉而薨。”这段话的意思是，秦武王喜欢一些较量体力的运动项目，连带着也喜欢大力士，任鄙、乌获、孟说等大力士都被他提拔，当上了大官。公元前 307 年 8 月，秦武王与孟说一块比赛举鼎，结果就“绝脉而薨”，被鼎压死在了运动场上。通过这个细节，我们大致可以想象，一个特别喜欢“力戏”，爱任用大力士当官的国君，在精神气质上就与爱耍嘴皮子的张仪不对路，两个人“对不上味儿”。

因为不受秦武王的待见，张仪不仅在秦国日子过得憋屈，而且他辛辛苦苦经营了大半生的连横功业也瞬间付之东流。此时，“群臣日夜恶张仪未已，而齐让又至”。秦国群臣不断在秦武王面前告张仪的恶状，齐国也遣使责备秦国任用张仪。内外交困之际，“张仪惧诛”，害怕被秦武王杀了。

他只能自救——先活命再说。

张仪对秦武王说：“今闻齐王甚憎仪，仪之所在，必兴师伐之。故仪愿乞其不肖之身之梁，齐必兴师而伐梁。梁齐之兵连于城下而不能相去，王以其间伐韩，入三川，出兵函谷而毋伐，以临周，祭器必出。挟天子，按图籍，此王业也。”意思是说，现在齐王非常恨我张仪，我张仪到了哪里，齐国就要出兵讨伐哪里。所以，请让我到魏国（魏国的都城是大梁，故亦称魏为梁）去，齐国一定出兵讨伐魏国。当齐魏两国打起来的时候，大王您就趁机进攻韩国，侵入三川郡。到那时，您就可以挟持天子以令诸侯了。

秦武王接受了张仪的建议，把他送到了魏国。

齐国果然伐魏。

张仪派家臣冒充楚国使者出使齐国，对齐王说：“王甚憎张仪，虽然，亦厚矣王之托仪于秦？”意思是，大王您非常恨张仪，即便您恨他，您对他的保护也实在是很大很大的了。

齐王很诧异，问：“寡人憎仪，仪之所在，必兴师伐之，何以托仪？”我非常恨张仪，他到了哪个国家，我就兴兵讨伐哪个国家，我怎么还会保护张仪呢？

张仪家臣说：“是乃王之托仪也。”这正是大王保护张仪的地方。然后就跟齐王说，张仪到魏国去，就是为了让您攻打魏国。齐国和魏国鹬蚌相争，秦国正好可坐收渔翁之利。

齐王一听，有道理，撤兵而去。

就这样，张仪留在了魏国。可能是因为设局骗人耗费的心机太多，也可能是在秦国失宠后受到了太多惊吓，总之，此次张仪虽完成了自保，免于在秦国“被诛”，但其生命也已经走到终点。自保行动一年之后，张仪死在了魏国，这一年是公元前309年。

张仪的一生是动心机、耍嘴皮子的一生。后来有人问孟子，公孙衍（另一位纵横家）、张仪这类人算是大丈夫吗？他们“一怒而诸侯惧，安居而天下熄”，能量很大呀。

孟子回答：“是焉得为大丈夫乎？……居天下之广居，立天下之正位，行天下之大道，得志与民由之，不得志则独行其道。富贵不能淫，贫贱不能移，威武不能屈，此之谓大丈夫。”

孟子是战国时期著名的“公知”，堪称乱世里的“社会良心”，他评价张仪的这番话铿锵有力，斩钉截铁。没错，张仪根本算不上大丈夫，大丈夫要“居天下之广居，立天下之正位，行天下之大道”，张仪做事用的是骗子手段，分明是邪道；大丈夫要“富贵不能淫，贫贱不能移，威武不能屈”，这一条张仪更是不够格，哪里能说他是大丈夫？

张仪就是个骗子。只不过他骗的对象是诸侯国国君，靠骗术掀起的动静比较大而已，所以，应该叫他大骗子。

在一个动荡的时代，张仪、苏秦这样的纵横家靠着出色的口才和骗术就能得到高官厚禄，这刺激了很多人。《资治通鉴》载，对张仪、苏秦这样靠大忽悠发家的人，“天下争慕效之”，大家都觉得他们是时代的弄潮儿，要向他们学习。这充分说明，战国时代确实弥漫着一股重功利、轻道德的社会氛围。甚或说，正是那样的时代才催生了张仪、苏秦这么一伙儿大忽悠，而这些大忽悠的种种作为反过来也搅动得整个社会愈发躁动不安。

张仪的对手公孙衍

有人说，张仪是战国时代最著名的“拆台高手”，因为他拆散了六国“合纵”的台。不过，你拆别人的台，别人也会拆你的台。公孙衍就是张仪的冤家对头，专门拆张仪的台。

公孙衍像　杨树 绘

公孙衍原是魏国人，比张仪早到秦国，在秦惠文王五年（公元前333年）就已经是秦国的大良造（相国）了。在这一年，他率领秦军进攻魏国，大败魏军于雕阴（今陕西甘泉县南），俘虏了魏将龙贾，夺取了河西之地。河西之地是秦魏之间的战略要地。魏文侯魏武侯之时，魏国任用名将吴起，连续对秦用兵，夺取了原属秦国的河西之地，任命吴起为郡守。“江湖风水轮流转”，当时是魏强秦弱，河西之地由秦入魏。现在，秦国强大了起来，而魏国国力衰退，早已不是秦国的对手，河西之地也随之归秦。

河西之地是重要的粮食产区，秦国夺取了河西之地，不仅意味着地盘的扩大，而且还等于有了一个巨大的军粮供给地。此外，河西之地在地理位置上亦是秦国通向中原的门户。可以说，夺取了河西之地，公孙衍也算是为秦国立下了赫赫战功。

攻下河西之地后，秦国本可乘胜追击，继续进攻魏国。不过，公孙衍在魏国的重金贿赂之下停止了进攻，让秦军转而进攻西面的游牧民族义渠。正是此举让张仪看出了破绽，一举动摇了公孙衍在秦国的地位。

张仪于公元前330年来到秦国。见到秦惠文王后，他直陈公孙衍的错误。他说，魏国国势衰退，现在秦国正该乘胜追击，讨伐魏国。可是，公孙衍顾私利而忘公义，不攻魏而攻义渠，实属误国之举。魏国曾经做过霸主，不乘其衰弱时将其一举击败，等它缓过劲来，全力报复秦国，秦国就很难对付了。

听了张仪的一番分析，秦惠文王如梦初醒，转而重用张仪而疏远了公孙衍。

公孙衍在秦国遭到排斥，不得不离开秦国，回到了他曾经率军攻打过的魏国。魏国倒也大度，仍让他做了将军。此时，魏国东败于齐，西受挫于秦，整个国家已是千疮百孔，再也经不起强秦的进攻了。

为了阻止秦国继续进攻魏国，公孙衍搞起了“合纵”外交。当时，战国七雄中的秦、齐、楚都已称王，魏国因为曾做过霸主，早已称王，尚未称王的只有韩、赵、燕、中山等小国了。于是，公孙衍就想拉拢这些小国，搞个小国联盟，名头是“五国相王”，意思是我堂堂魏国，主动承认韩、赵、燕、中山这四个国家的国君为王，以此来向小国示好，目的是想让这几个小国紧密地团结在魏国周围，抱团取暖，抵御强国侵略。

从道理上讲，公孙衍搞这种小国合纵也没错。第三世界国家团结起来，反对霸权主义和强权政治，这在今天的世界外交格局中也是常有的事。可惜，在战国那个只讲实力不讲道理的年代，公孙衍的这次小国合纵很快就失败了。

为啥呢？大国反对。不但头号强国秦国反对，就连次一等强国齐国和楚国也反对。齐国认为，中山这种弹丸小国哪有资格称王？我羞于与它为伍。你魏国鼓捣“五国相王”，不但侮辱了我们大国的智商，而且还侮辱了我们的国格，坚决反对。楚国为此还出兵攻击魏国，夺取了魏国八个城邑。

在大国主导国际形势的格局之下，公孙衍的小国合纵很快就失败了。

张仪瞅准机会，打着调停魏、齐、楚三国关系的旗号，拉拢魏国“事秦”，意思是你魏国想拉拢那些小国根本不行，还是接受秦国的拉拢吧。张仪劝魏王“以魏合于秦、韩而攻齐、楚”，魏惠王听从了张仪的建议，还请张仪兼任了魏国的相国。

公孙衍本在秦国受秦惠文王的信任，结果被张仪给搞得失宠了；等公孙衍到了魏国，好不容易得到了魏惠王的信任，张仪一来搞破坏，公孙衍再度失宠。可以想见，公孙衍当时是多么地恨张仪——你怎么老是坏我的好事？

失宠之后的公孙衍郁郁寡欢，借酒浇愁，闭门谢客。一天，楚国使者陈轸求见。公孙衍开始照例不见。不过，陈轸回话说：“吾为事来，公不见轸，轸将行，不得待异日。”意思是，我要见面与您谈事情，您不见，我只好走了，我走了以后你可别后悔。

公孙衍一听回话，决定与陈轸见面。

陈轸也是个有名的纵横家，“与张仪俱事秦惠文王，皆贵重，争宠”，两人争宠的结果是，秦惠文王“卒相张仪”，最终重用了张仪。失宠后的陈轸就转而跑到了楚国，现在他就是以楚国使者的身份来到魏国。他知道公孙衍也恨张仪，就想与公孙衍联手对付张仪。

见到公孙衍之后，陈轸向他献出了一条妙计。

陈轸跟公孙衍说，魏相田需想约诸侯合纵，可是楚王对合纵之事持怀疑态度，不信。如果您向魏王请命，说您与燕、赵之王有交情，多次有使者来邀请相见，您请求出使燕、赵。魏王如果答应了您，给您车子，您也不必多要，有三十辆就够了。您就把车子陈列在庭中，公开宣称要到燕国和赵国去出使。您这样一搞，燕、赵等国以为您还受魏王信任，就会派人来迎您，您就有机会继续搞合纵。

公孙衍照办。果然，燕、赵之王派使者迎公孙衍到他们的国中。一时之间，各国都造起了公孙衍打算为魏国再次发起合纵的舆论。强大的舆论之下，齐国也派人来找公孙衍，“以国事相托”。楚王听说各国都拥护公孙衍，也转而信任公孙衍。

就这样，借着陈轸的策划、炒作，公孙衍很快又成了国际舞台上炙手可热的人物。自然，在魏国他也重新夺回了魏相的地位，将张仪逐回了秦国。此事发生在公元前319年。

公孙衍重新获得几大诸侯国信任后，约合魏、赵、楚、燕、韩五国结盟，联合进攻秦国。五国推举楚怀王为“纵长”（相当于联军总指挥），公孙衍则身佩五国相印，居中协调。这次合纵攻秦声势浩大，可在实际执行的过程中却因各国各打小算盘而未能取得预期的效果。说是五国联军，可实际上楚、燕两国找种种借口不出兵，实际出兵的只有魏、赵、韩三国。即便如此，联军进攻也给秦国造成了巨大的压力。

秦国为了对付联军，不得不对西面的游牧民族多加贿赂，秦国送给义渠国君文绣千匹、美女百人的重礼，目的是解除后顾之忧，以便全力对付联军。可是，在五国合纵之前，义渠国君访问魏国，公孙衍告诉过他，秦国对付西方游牧民族善于耍两面派手段，只要不与中原国家交战，它就向西进攻；若集中力量对付中原国家，它就会贿赂西戎之国。义渠国君收到秦国送来的厚礼后，立马想起了公孙衍的嘱托，遂起兵伐秦，“大败秦人李帛之下”，李帛是今甘肃天水东八十里处。可见，此次联军伐秦还是让秦国付出了惨重的代价。

公元前317年，秦军与韩国军队大战于修鱼（今河南原阳西），打败了韩国军队，“斩首八万级”。结果，“诸侯振恐”，合纵攻秦之事遂告失败。

公孙衍策划的合纵攻秦一事失败，张仪恰好乘虚而入。他在修鱼之战后来到魏国，游说魏襄王，劝其“事秦”。魏襄王于“振恐”之中“倍从约”，违背了合纵约定，转而连横。随后，张仪又通过骗楚怀王，拆散了齐楚联盟，到公元前311年终于说服楚、韩、齐、赵、燕等国共同“事秦”，完成了所谓的“连横”。

可是，就在这一年，秦惠文王去世。秦国的新领导秦武王不喜欢张仪，秦国群臣也纷纷指责张仪是一个不讲信用的小人。此时，秦国人又想起了公孙衍，遂将其请回秦国，“相秦”。为了彻底挤垮张仪，公孙衍重用张仪的仇人樗里子、甘茂、公孙显等。至此，张仪在秦国彻底失宠，只好跑到了魏国，一年后死在了那里。

公孙衍和张仪之间的明争暗斗，当然夹杂了许多个人恩怨，这一点是毋庸置疑的。不过，我们从两人的争斗亦可看出公孙衍的战略眼光。他搞合纵，不仅注重联合中原各国，而且还把秦国西面的游牧民族义渠也拉了进来，结成一个尽可能广泛的“反秦统一战线”。这种思路可谓是当时对付强秦唯一正确的策略。可惜的是，各国离心离德，根本无法很好地贯彻合纵战略。

合纵的失败说到底并不是合纵策划者的失败，而是六国国君的失败。可以说，战国时期历次合纵的失败，都是六国国君目光短浅和患得患失所致——正因六国国君有这些致命弱点，秦国才能对六国分化瓦解、各个击破。就合纵和连横两种外交策略来看，两者着实是伯仲之间、旗鼓相当的。不同的是，秦国自商鞅变法之后，国力强大，一心想兼并诸侯，方向明确，连横策略执行得比较坚决。反观六国，其外交策略则是经常摇摆，一会儿合纵了，一会儿又连横了——看着合纵有好处就合纵，等执行合纵遇到困难时就转而连横。

大国没有目标明确的基本国策，处理外交关系完全凭利害算计，靠见风使舵，靠投机取巧，这些做法可以得利于一时，但从长远看一定会得不偿失。六国合纵失败，就失败在这一点上。秦国搞连横，执行力强，几代国君朝着一个方向努力；六国搞合纵，犹犹豫豫，摇摆不定；秦国搞连横，是真干，六国玩合纵，是“假合”。真的最后一定战胜假的，道理其实就这么简单。

荀子登场：人性善恶要商量

孔子、孟子、荀子是先秦儒家思想的三位大师。孟子主张“性善”，荀子主张“性恶”。在人性到底是善还是恶的问题上，儒家内部也有不同的声音。

那么，荀子为什么会提出“性恶”论呢？这个问题恐怕要结合荀子生活的时代以及荀子的重要思想来谈。

一

像墨子一样，荀子的生卒年史书上没有精确记载，有人推算，荀子大约生于公元前325年，卒于公元前238年。也就是说，荀子死后17年，秦始皇就统一了六国，战国时代宣告结束。从某种意义上讲，荀子的学说是战国时代“百家争鸣”的绝响，而荀子本人亦是战国晚期“稷下学宫”最耀眼的思想大师。

荀子名况，字卿，赵国人。他曾两度出入齐国的“稷下学宫”，第一次是青年时期，主要是为了访学。第二次是成年之后，这次是受齐襄王召请，到“稷下学宫”担任“祭酒”之职。如果说“稷下学宫”就是齐国的社会科学院的话，那么“祭酒”就是社会科学院院长，是“学宫”中

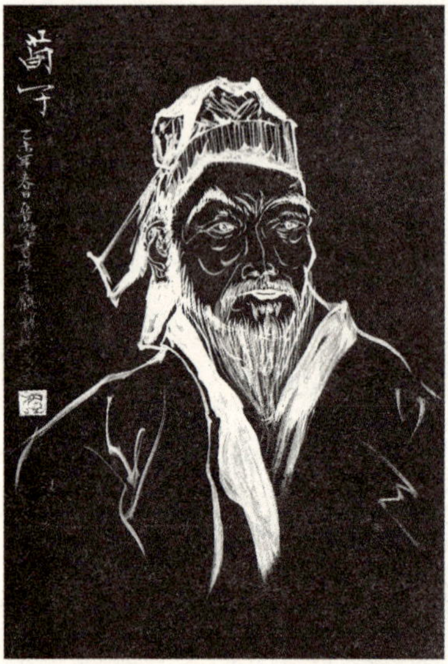

荀子像　杨树 绘

最尊贵的职位。

荀子两次来“稷下学宫”的中间，隔着一场战争——乐毅伐齐之战。

这场大战之前，齐国的国君是齐湣王。齐湣王是个好大喜功的人，他仗着祖父、父亲两代积累下来的雄厚国力，四处征战，穷兵黩武，与燕、秦、楚等国相继交战，且都尝到了一些甜头。稷下学宫的不少学者觉得齐国连年征战，弄得“百姓不堪”“蓄积散，民憔悴，士罢弊”，即便得到一些土地也得不偿失。于是，他们纷纷劝谏齐国的当权者。荀子当时就是其中的一位，他劝谏齐相孟尝君说：“治国的根本是要讲礼义、诚信、辞让这些‘胜人之道’，而不能光靠人口众多、国土广大这些‘胜人之势’。如果已经拥有了高官厚禄还要弄权谋，结党营私，那是贪得无厌；如果已经有了广大的土地却还要争夺更多的地盘，那是‘弃己之所安强，而争己之所以危弱也’。这是一种损害自己、加重自己负担的做法。‘若是其悖缪也，而求有汤、武之功名可乎？’干着这种害人害己的傻事，却还想得到商汤、周武王一样的美名，怎么可能呢？”

孟尝君当时正忙着与齐湣王内斗，没听从荀子的劝谏。也有人劝谏齐湣王，同样没效果。这些稷下学者大失所望，看到齐国当权者一意孤行，他们感到齐国很危险，遂纷纷离开了齐国，“慎到、接子亡去，田骈适薛，而孙卿适楚”。这里所说的“孙卿”指的就是“荀卿”，也就是荀子。也就是说，荀子在齐国遭乐毅攻打之前就离开了稷下学宫，跑到了楚国。

公元前 286 年，齐湣王发兵灭了宋国。此事让齐国招致了五国联军的合力进攻，齐国饱受战争摧残，差点亡国，最危险的时候，齐国仅剩下莒与即墨两座城。齐湣王本人也在这场战乱中被人杀掉。

后来，燕惠王中了田单的反间计，解除了乐毅的指挥权，而代之以骑劫。田单趁机用“火牛阵”奇袭燕军大营，随后收复失地。燕齐的这场大战，历时五年多，齐国最后虽然得以复国，但元气大伤，彻底失去了与秦国抗衡的实力。

齐国复国之后，齐襄王是国君，齐相也换成田单。齐襄王想恢复“稷下学宫”的辉煌，所以就盛情邀请荀子到复建的稷下学宫当“祭酒”。于是，荀子在公元前279年再次来到齐国的稷下学宫。

可以想见，荀子第二次来到稷下学宫时，心中一定是“感慨系之矣”。“物是人非事事休，欲语泪先流。”短短几载，齐国已非昔日强大的齐国，稷下学宫也非战争爆发前的稷下学宫。

战后重建，这是当时齐国的现实课题。身为稷下学宫的“祭酒”，荀子当然也要在残酷的现实之上构建自己的思想学术体系。

生于战国晚期，荀子看到的残酷现实显然要比战国中期的孟子多。孟子是在稷下学宫最鼎盛时来到齐国的，他游说的国君是齐宣王，虽然游说活动也失败了，但齐宣王和孟子两人之间毕竟惺惺相惜，互相欣赏。荀子第一次来到稷下学宫时是齐湣王当政，齐湣王继承了齐宣王“好勇、好货、好色”等缺点，却没有齐宣王礼遇贤者、从容宽厚的气度。他穷兵黩武，不听劝谏，一意孤行，最终玩死了自己，齐国也差点被葬送。这仅是从孟、荀二人在齐国的不同际遇来比较，从更广阔的时代背景说，战国时代是越到后期战争打得越大，越惨烈。乐毅伐齐的战争规模比孙膑在马陵道伏击庞涓的规模大，秦赵之间的长平之战又比乐毅伐齐残酷。按司马迁的记载，《荀子》一书是荀子在晚年所著。据此，我们断定，荀子不仅对乐毅伐齐的战争有深切感受，甚至还受到秦赵之间长平之战的强烈刺激。

战争不仅伤害了百姓的生命和财产，而且更造成世道人心的急速下滑。在这个越来越乱的世道里，荀子对人性的种种丑恶有了更充分的观察与思考。任何思想家的思想都会受到他所处时代的强烈影响，荀子当然不能例外。从这个意义上讲，身处战国晚期的荀子提出“性恶”论其实是没什么好奇怪的——乱世之中，荀子看到了太多太多的人性之恶。

一位神父在二战后参观奥斯维辛集中营。参观之后，神父都不禁感慨：伟大的、全知全能的上帝，您当时在哪里？您怎么能容忍这样的暴行发生？在我想来，荀子的心态与这位神父可有一比。诗人顾城说：“黑夜给了我黑色的眼睛，我却用它寻找光明。”句子很美，可我要说的是，当黑夜太黑的时候，我们要做的是：先承认这是黑夜，然后再带着一把手电赶路。

荀子的“性恶”论就是先承认乱世之中人性的种种丑恶，然后他以《劝学》开篇，教人“学不可以已”，这部《荀子》就等于是战国晚期的一把手电。漆黑漆黑的暗夜中，一把手电的光束也弥足宝贵——它虽不能彻底驱散黑暗，但它代表着思想的光芒并未熄灭。

二

先秦诸子之所以青史留名，就在于他们于乱世之中仍对人类社会的核心问题进行持久的关注。比如治理国家是用“王道”还是用“霸道”的问题；再比如，人性到底是善还是恶的问题。

从为乱世开治理药方到追问人性的善恶，这中间是有一个过程的。面对礼崩乐坏、战争频仍的社会，先秦诸子最先想的都是“救世”——如何将社会秩序纳入到正常的轨道，让天下苍生过上幸福美好的生活。为此，孔子讲“仁”，要“正名”，要恢复周礼，使社会能有一个“君君臣臣父父子子”的正常秩序；老子讲“无为”，劝人们不要瞎折腾；孟子接棒孔子，继续劝说国君实行“仁政”，讲道义；庄子接棒老子，继续“无为”，以实现精神上的“逍遥游”；墨子高举“兼爱”“非攻”的旗帜，亲自组建民间维和部队，四处奔走，不辞辛劳。可是，“救世”方案搞到最后，都要面临一个人性的问题。即国家和社会之所以有问题，归根结底还是人性和人心出了问题。要“救世”，先要“救人”，要“救人”，先要“救心”。

要整顿世道人心，前提就是对人性有基本的把握，把握准了才好对症下药。

那么，人性到底是善还是恶呢？这个问题还真不是一句话就能说清楚的。我们且来梳理一下各方观点。

最先挑战孟子“性善”论的人并不是荀子，而是告子。告子跟孟子同时代，他与孟子辩论，说人性根本就没什么善恶，“人性之无分于善不善也”。他还说：“性犹湍水也，决诸东方则东流，决诸西方则西流。”意思是，人性好比急流水，东方开了缺口便向东流，西方开了缺口便向西流。

孟子反驳了告子的“人性无善无恶”之论。他说：“水信无分于东西，无分于上下乎？人性之善也，犹水之就下也。人无有不善，水无有不下。”意思是，水流确实是不分向东向西的，可是它也不分向上和向下吗？人性的善，就好比水总要往低处流一样。人性没有不善的，水没有不向低处流的。人们常说：“人往高处走，水往低处流。”其最初的理论来源估计就是孟子与告子的这场人性辩论。

好多人一听说“人性本善”，立马就望文生义地理解为“人性天生就是善良的。”其实，孟子所持的“性善”论不是这个意思，他所说的“性善”是指每个人都有“向善”的趋势，都有行善的可能性。用美国大片《蜘蛛侠》中的话说就是：“任何时候，你都可以选择做一个好人。”

孟子也知道，尽管每个人都可以行善，可这个世界上却一直有人作恶。这是为什么呢？孟子说，这是外部环境所致。“今夫水，搏而跃之，可使过颡；激而行之，可使在山。是岂水之性哉？其势则然也。人之可使为不善，其性亦犹是也。”意思是，用力击打水流，水流会飞溅起来，飞的高度甚至高过人的额头；硬生生地阻挡住水流，它也会倒流，有时甚至可以流到山上。可是，这难道是水的本性吗？这是形势导致的结果。人之所以会变得不善，也是受外部形势所迫。孟子还举社会生活中的实际现象来说明，“富岁，子弟多赖；凶岁，子弟多暴。非天之降才尔殊也，其所以陷溺其心者然也。”即遇到风调雨顺的丰收年景，少年子弟就变得懒惰；遇到饥荒之年，少年子弟就变得强横。这不是因为少年子弟的天性资质不一样，而是由于外部环境使他们心性变坏的缘故。

孟子的人性解释看起来能自圆其说，可若细究便发现不少问题。比如，若说人变坏都是外部环境造成的，那岂不等于替坏人开脱？即坏人变坏都是社会大环境“逼良为娼”的结果，并不是坏人本身的责任。譬如一个贪官，他在法庭上说，我本来也是个好干部，就是经不住金钱和女色的诱惑。我成贪官是社会大环境造成的，若社会上根本就没有金钱和女色，那我仍然是党的好干部。所以，我很冤，跟窦娥一样冤。

这样的说法靠谱吗？显然不靠谱。一个简单反问就可击倒这种论调：你说是社会环境使人变坏，那面对同样的社会环境，为什么别人就能“出淤泥而不染”？人家怎么就没变坏呢？同是面对金钱和女色的诱惑，有人就被拉下水，有人就能“拒腐防变”，我们不禁就要问：同样是人，差距咋就这么大呢？

还有一个问题，既然“人性本善”，那么这些“性善”的人生活在一起，为什么反倒会制造出一种“逼良为娼”的社会大环境呢？按说，全是“性善”的人集中在一起，那该创建一个美好的天堂才对呀。这个问题，孟子的“性善”论也回答不了。

谁来回答呢？荀子登场了。

荀子说，孟子主张“性善”论，“是不及知人之性”，是他并不真懂人性。为啥说孟子不真懂人性呢？因为他“不察乎人之性伪之分”，即孟子没有区别对待人性中的两部分内容——“性”与“伪”。

关于“性”和“伪”，荀子做了清晰的界定：“不可学，不可事，而在人者，谓之性；可学而能，可事而成之在人者，谓之伪。”“生之所以然者，谓之性。性之和所生，精合感应，不事而自然，谓之性。性之好恶喜怒哀乐，谓之情。情然而心为之择，谓之虑。心虑而能为之动，谓之伪。虑积焉，能习焉，而后成，谓之伪。”简单概括就是，性是天然生成的，伪是后天人为养成的，性是人的种种欲望，伪是人的后天修为。基于此，荀子说：“人之性恶，其善者伪也。”这是“性恶”论的主旨，即人的先天欲望中包含着种种恶端。一个人若放纵欲望，那一定会做出恶事来。为了防止人作恶，就必须用后天的努力去学习善道，践行善行。在荀子看来，正因为人性本恶，所以个人的后天学习就显得极其重要；正因为人性本恶，所以整个社会的礼义法度建设就更不可疏忽大意。

荀子说：“今人之性，生而有好利焉，顺是，故争夺生而辞让亡焉。生而有疾恶焉，顺是，故残贼生而忠信亡焉。生而有耳目之欲，有好声色焉，顺是，故淫乱生而礼义文理亡焉。然则从人之性，顺人之情，必出于争夺，合于犯分乱理，而归于暴。是故必将有师法之化，礼义之道，然后出于辞让，合于文理，而归于治。用此观之，然则人之性恶明矣，其善者，伪也。”这段话说得非常好，大意是，人的天性生下来就好利，放纵这种本性，社会生活的各个领域就会出现你争我夺的现象，而辞让的美德也就没了。人生下来就有嫉妒、憎恶的心理，放纵这种心理，就会发生互相伤害的事情，而忠信的美德就没了。人生下来就有贪图耳目声色享受的欲望，放纵这些欲望，就会发生奢侈腐化、淫乱不堪之事，而礼义廉耻之类的人间正道、正理也就没了。如果一味地顺从、纵容人的本性，社会一定会越来越乱。所以，就必须用法度礼义来教化百姓。

至此，我们大致可以看出孟子和荀子对人性的不同关注点了。孟子认为“人性”中包含一切“善的倾向性”，如“恻隐之心”“羞恶之心”“辞让之心”“是非之心”等，所以，他说人性是善的。荀子认为人性中包含着一切“恶的倾向性”，如好利之心、耳目声色之欲等，所以他说人性是恶的。其实，两人所说的“性善”与“性恶”都是指人性中的可能性和倾向性，而非必然性和决定性。

此外，孟子看到了人性中包含着“良知良能”，即“人人皆可为尧舜”，所以他推崇“性善”；荀子则认为，人人虽有“可以知之质，可以能之具”，但“可以知”未必就知，“可以能”未必真能。“夫工匠农贾未尝不可以相为事也，然而未尝能相为事也。”道理很简单，理论上讲，任何人都有成为世界首富的可能，但想把这种可能转化为现实，几率还是非常之小的。目可以见，耳可以听，这是没错的。可是，“可以见”未必就能见得“明”，“可以听”未必就能听得“聪”。荀子驳孟子“良知良能”，其意不在驳“知”和“能”本身，而是强调，要把人先天的潜质“知”和“能”发展到“良知”“良能”的程度，光靠先天是不够的，个人的后天努力极其重要。若后天不努力，人的先天潜质就发展不成“良知”“良能”。

孟子讲“性善”，他的教育理念相应的就偏重于“自得”一面；荀子讲“性恶”，他的教育理念则侧重于“积善”的一面。他在《劝学》中说：“积土成山，风雨兴焉；积水成渊，蛟龙生焉；积善成德，而神明自得，圣心备焉。故不积跬步，无以至千里；不积小流，无以成江海。骐骥一跃，不能十步；驽马十驾，功在不舍。锲而舍之，朽木不折；锲而不舍，金石可镂。”这段话非常有名，都被选入中学语文课本了，其主旨就是让人们做事要有“锲而不舍”的精神，通过不断积累，达到“神明自得”的境界。在荀子看来，不但学习如此，一个人最终成为什么样的人也与他平日之“积累”密不可分，“人积耨耕而为农夫，积斫削而为工匠，积反货而为商贾，积礼义而为君子”。

重视后天“积累”甚于先天的“良知良能”，这可说是荀子“性恶”论与孟子“性善”论的一大不同之处。荀子之所以如此强调后天“积累”，念念不忘教导人们“积善成德”，其实原因很简单：生活在一个日益喧嚣浮躁的世道里，你若再不重视“积善”，那可就太容易同流合污乃至堕落到罪恶的深渊之中了。这一点，我觉得是荀子对今人的一个绝大的警示。

三

“性恶”论之外，荀子的“天道”观亦值得一说。

先秦诸子的哲学，在总体上均具有“和天人”的特色，即他们都要调和“天道”和“人事”之间的关系。“天道”代表着彼岸，代表着宇宙规律，代表着神秘主义与超越性思维，“人道”代表着此岸，代表着人间法则，代表着理性判断和现实抉择。整体而言，道家、墨家重“天道”，儒家、法家重“人道”。对于天人之间的考量，孔子的经典表述是“尽人事，听天命”，“未能事人，焉能事鬼?”孔子的思想实际上开启了“化天命为人事”“敬鬼神而远之”的理性思维。

到了战国晚期，荀子在理性的道路上则越走越远。在《天论》中，荀子说：“君子敬其在己者，而不慕其在天者。小人错其在己者，而不慕其在天者。君子敬其在己者，而不慕其在天者，是以日进也。小人错其在己者，而慕其在天者，是以日退也。”这段话的核心意思是，君子和小人的一个重要差别就在于：到底是千方百计地挖掘自己身上的潜能，还是小心翼翼地期待上天的眷顾。如果你想的是努力挖掘自身的潜能，那你每天都进步，就会成为君子；如果你总想着得到上天的眷顾，那你每天都退步，就成了小人。这种说法在当时简直是石破天惊。

在荀子之前的先秦诸子，不管在天道和人道之间如何调和，他们总是要承认有个“天”的。即便是重视人事的孔子，也说过“得罪于天，无所祷也”的话。而且，在人生的畏难时刻，他也每每以“天命在我”的心理暗示给自己和弟子打气。同时代的人也对孔门弟子说“天将以夫子为木铎”，意思也是说孔子是天命在身的人物。因此，孔子虽重人事，但不否认天道、天命，非但不否认，有时他甚至认为天还有“赏善罚恶”的意志力。老子、庄子等人虽不认为天有意志，但他们觉得天道无处不在、无时不在，人必须顺应天道，“敬天”“顺天”。否则就招致灾祸。墨子的上天当然更具意志力，它不但能“赏善罚恶”，而且还能直接选择代理人——“天子”。如果“天子”做的事不符合上天的意志，那“天子”的职位就坐不稳。

荀子生活在战国晚期，他审视过前辈们有关天道的种种论述后，大胆地提出了自己的观点：“道者，非天之道，非地之道，人之所以道也，君子之所道也。”这等于是否认了天道的存在。道是什么，跟天无关，跟地无关，就跟人有关。至此，人道完全代替了天道。

有人可能会在网上发帖反驳：难道天地运行没有规律吗？天地运行的规律不是天道是什么？

荀子发帖回应：“天行有常，不为尧存，不为桀亡。应之以治则吉，应之以乱则凶。强本而节用，则天不能贫；养备而动时，则天不能病；循道而不忒，则天不能祸。故水旱不能使之饥，寒暑不能使之疾，妖怪不能使之凶。……故明于天人之分，则可谓至人矣。”这段话的核心意思是，天地万物的发展变化确实有其客观规律，可这种客观规律不是人的主观意志所能改变的。人们认识这种规律，顺应它，运用它，就可以趋吉避凶，消祸得福。说一千道一万，社会治乱的根源还是在于人而不在于天。“事在人为”，跟“天”一毛钱的关系都没有。

既然“人事”跟“天”一毛钱的关系都没有，那么“怨天”自然是错误的。不但“怨天”错误，即便“颂天”也没啥必要。因此，荀子又提出了著名的“制天命而用之”的观点：“大天而思之，孰与物畜而制裁之？从天而颂之，孰与制天命而用之？望时而待之，孰与应时而使之？因物而多之，孰与骋能而化之？思物而物之，孰与理物而勿失之也？愿物之所以生，孰与有物之所以成？故错人而思天，则失万物之情。”这段话简直把荀子注重人治的特点发挥到了淋漓尽致的地步。他说，与其尊崇天而思慕它，哪里比得上把天当做物一样蓄养起来而控制它呢？与其顺从天而赞美它，哪里比得上控制天地的变化规律而利用它呢？与其盼望天时地利的调顺而等待好收成，哪里比得上配合时令的变化而力促好收成的实现呢？与其依靠万物的自然繁殖而求其增多，哪里比得上施展人的才能而使它按着人的需要有所变化呢？与其思慕万物而使它为己所用，哪里比得上管理好万物而不使之匮乏呢？与其希望于万物能自然生长出来,哪里比得上掌握万物的生长规律呢?所以放弃人的努力而只是寄希望于天,那就不能理解万物的本性,也就不能去利用万物了。

我看有些书上称荀子为"唯物主义思想家",之所以说荀子"唯物",就在于他极力推开天道,注重人治。在荀子看来,人非但不需要"颂天",而且还可在掌握自然规律的基础上"制天",即让"天"为人服务。

我们可以说,先秦诸子一直小心翼翼地调和天道和人事之间的关系,可到了荀子这里,天平的砝码则完全被拉到了人治的一边。荀子告诉世人,不是神秘的"天"主宰、支配着人的命运,而是活生生的人通过不断学习,"积善成德",进而成长为万物灵长、宇宙之光。这种理论,把儒家积极乐观的人生观彻底提升到了"参赞天地,化育万物"的高度。

四

战国晚期,氏族血亲制度早已瓦解,地域性的国家政体已经确立。荀子在遵循儒家传统的同时,也做了许多变通。比如,孔子、孟子因为讲"仁义",一般是不肯"谈兵"的,即他们劝说国君,一直恪守彻底和平主义者的底线,从来不谈如何用兵打仗的事。最典型的事例就是孔子。"卫灵公问阵于孔子。孔子对曰:'俎豆之事,则尝闻之矣;军旅之事,未之学也。'明日遂行。"卫灵公向孔子请教如何用兵打仗,孔子回答说:礼仪方面的知识,我曾经听说过;军事方面的事情,我从来没有学过。第二天孔子就离开了卫国。其实,孔子并不是不懂军事,而是不愿意跟国君"言兵"。后来,齐鲁两国交战,孔子弟子冉有曾带兵打败齐军。鲁国执政官季康子问冉有从哪里学会的带兵打仗,冉有跟季康子说,他是跟老师孔子学的。可见,孔子亦懂军事。

在孔子、孟子看来,不谈兵,不教国君如何用兵打仗,这本身就是一种"仁义"的体现。可是,到了战国晚期,荀子却滔滔不绝,在赵孝成王面前与临武君大议其兵。当然,他在议兵中仍不离仁义的宗旨,说:“夫兵者,所以禁暴除害也,非争夺也。”

正像在谈兵的问题上不肯恪守儒家的孔孟传统一样,荀子的“礼法”思想亦与孔孟的儒家原始主张有别。

“礼”不是一个新名词,儒家向来有“仁、义、礼、智、信”的五常之说。可是,荀子所谈之“礼”跟孔子、孟子所谈之“礼”还是有所不同的。

儒家的“礼”本来源自“周礼”,是周朝贵族的一整套行为规范,孔子以“仁”统摄“礼”,为“礼”找到了一种更高的精神价值和心理依据。孟子继承了孔子的思路,亦强调“礼”的精神价值而不计较其具体细节。荀子则重新强调“礼”的外在规范功能,发挥其维护社会秩序的“准绳”价值。

孔孟谈“礼”,是以“礼”表达“仁义”,以“仁义”解释“礼乐”,重引导而不重惩戒,力避“刑政”。可荀子谈“礼”却大讲“刑政”,将政令和刑法并称为“礼”“法”。这样的“礼”,惩戒意味非常之强。当然,他的这种“礼”还没有溢出儒家的轨道,仍然宣称:“故械数者,治之流也,非治之原也。君子者,治国之原也。”是以仁义礼乐治国还是以严刑峻法治国,这是儒家和法家的一条重要的分界线,荀子并没有越过这条线。非但没有越线,荀子捍卫儒家原则的作为还非常令人钦佩。史书记载,荀子的学生李斯当上秦国丞相后,“食前方丈,后车百乘”,生活奢侈,非常讲排场。荀子得知学生发达的消息后,不仅没有引以为荣,反而气得吃不下饭。一次师徒相遇,谈起国际形势,李斯极力夸奖秦国“四世而胜,兵强海内,威行诸侯”,公然为霸权主义和强权政治点赞。荀子严厉批评弟子不守仁义为用兵之本的原则,说:“今汝不求本而索之于末,此世之所以乱也。”从此,师徒两人分道扬镳。

可是,荀子主“性恶”,倡“制天”,重人治,他的这些思想用在教育个人上,就是劝导人们“学不可以已”,注重后天的“积善成德”,用在政治治理层面,则主张用礼乐来节制人们的各种欲望。荀子说:“人生而有欲，欲而不得，则不能无求；求而无度量分界，则不能不争。争则乱，乱则穷。先王恶其乱也，故制礼义以分之，以养人之欲，给人之求。"意思是，人生而有各种欲望，为了不使人的各种欲望泛滥，就得制定礼制来加以约束。荀子主张"隆礼尊贤而王，重法爱民而霸。""礼""法"并提并重之外，还将"礼""法"做了工具性的解释，即推行"礼""法"的目的是为了强国，是为了"王"和"霸"。

不仅如此，荀子还试图以他的"礼""法"来构建新的社会秩序。他主张破除人的世袭身份，改以才智标准来重新划分社会等级。荀子将人分为四等。第一等是大儒，这类人"知伦通类，明百王之道贯"，可算是博古通今，才能超群，是先知先觉者，可为天子、三公；第二等是小儒，这类人奉法守法，可为诸侯、大夫、士；第三等是众人，可为工、农、商贾等，这些人好好干活就养着他们，不好好干活就将其绳之以法；第四等是奸人，这类人是社会的不稳定因素，对他们就要"杀无赦"。

那么，这四种等级由谁来划分呢？荀子回答：人君。也就是说，荀子将重新划分社会阶级的权力交给了国君。他说："无分者，人之大害也。有分者，天下之大利也。而人君，所以管分之枢机也。"

荀子主张"以圣王为师"，即以道德、才能都突出的当世国君为老师，国君制定的政策法规就是人们必须要遵守的"礼""法"。这种"以圣王为师"的观念，实为后来秦朝君主专制的思想滥觞，亦可说与法家思想仅有一步之遥。

此外，荀子既然主张"性恶"，又注重"人治"，自然而然地就建议君王"礼""法"并用，控制乃至惩戒百姓。他说："贤能不待次而举，罢不能不待须而废，元恶不待教而诛……虽王公士大夫之子孙，不能属于礼义，则归之庶人。虽庶人之子孙也，积文学，正身行，能属于礼义，则归之于卿相、士大夫。故奸言、奸说、奸事、奸能，遁逃反侧之民，职而教之，须而待之，勉之以庆赏，惩之以刑罚。安职则畜，不安职则弃。……才行反时者，死无赦。"意思是，圣王对贤能之士就该破格提拔，对无能之辈就该罢黜，对带头干恶事的人，不用教育就直接杀掉。王公士大夫的后代，不守礼义就降为庶人；庶人的子孙有才能的就提拔做高官。对撒播谣言的人、发表歪理邪说的人、不守规矩扰乱社会治安的人，可先进行说服教育，教育之后仍不悔改，就将其杀掉。这段话的味道，是不是与法家“严刑峻法”的做法非常接近？近到什么程度？恐怕连一步的距离都不到了。

就这一点而言，我们可以说，荀子的儒家已经不是孔孟那样的儒家，荀子所倡之“礼”更不同于孔孟所倡之“礼”。荀子重“人治”，可他的“人道主义”色彩反倒不如孔孟；荀子摒弃“天命”“天道”，力推“积善成德”，可他的思想理论却缺乏敬意与温情。他的种种主张虽仍在儒家的轨道之内，但他已是新时代的儒家，或可说战国末期的“新儒家”。他虽不是法家，但他足以开启法家。

荀子注重“人治”，可他的“人治”已经带有很强的专制色彩了。这样的“人治”到了弟子韩非、李斯手里，被他们发展为“治人”乃至“整人”的手段也就是顺理成章的事了。

果不其然，荀子自己主张积善成德、君子治国、礼义师法，可他的学生韩非、李斯就彻底变成了法家思想的代表人物了。一位苦口婆心、念念不忘教人“积善成德”的老师，最后却教出了两个主张严刑峻法且同窗相残的学生。历史发展的阴差阳错之中，实则亦有潜在的演变逻辑。只不过，这种逻辑太残酷，残酷得怕是荀子本人也没预料到。

第三辑：

命运叹

守成失败的魏惠王

“创业难，守业更难”，这句话绝不是随便说的，而是中国人从大量实践中得出的经验之谈。战国时期，魏国是最先称雄诸侯的国家。霸业由魏文侯开创，儿子魏武侯延续，传到孙子魏惠王这代，魏国就由盛转衰了。

所以，魏惠王守业失败的故事不得不说。

魏惠王像　杨树 绘

一

魏惠王出生于公元前 400 年，他老爸魏武侯公元前 370 年去世，此时，他正值而立之年。可是，他的国君之位继承得并不顺利。魏武侯生前并未立太子，他死了之后，魏国就因公子罃和公中缓争夺国君之位而发生了内乱。公子罃就是后来的魏惠王。

趁着魏国发生内乱之际，韩、赵两国联合进攻魏国，在浊泽（今河南新郑西南）大败魏军，随后又将魏国的都城安邑（今山西夏县）给围了起来。此时，魏惠王也在被围困之中。

万幸的是，韩、赵两国发生了分歧。赵成侯要除掉魏惠王，立公中缓为魏君，在魏国扶植一个“亲赵政权”，并让魏国割地给赵、韩两国；韩懿侯则主张将魏国分为两个国家，理由是魏国一分为二，国力大为削弱，就不会再对韩、赵构成威胁了。

赵成侯不同意韩懿侯的主张。

结果，韩懿侯“不悦，以其兵夜去”，一不高兴，连夜带着军队撤出战场。没了韩国的帮助，赵国实力不足，也只好撤兵。

没了韩、赵联军的进攻，魏惠王才得以“杀公中缓而立”，当上了魏国国君。

韩、赵两国联合伐魏，属于典型的趁火打劫，此举破坏了韩、赵、魏三晋联盟的友好关系，使三家日后都陷入了各自为战的孤立境地。

受了韩、赵两国的欺负，魏惠王很恼火。国君位置坐定之后，魏惠王开始报仇，发兵攻打两国，“败韩于马陵（一说今山东范县西南，一说今山东郯城），败赵于怀（今河南武陟西南）”，至此，三晋联盟彻底破裂。

魏文侯创建霸业之时，一项最基本的外交政策就是竭力维护三晋联盟。只有三家结成牢不可破的战略联盟，别的诸侯国才不敢挑衅。现在，三家联盟破裂了，各家单打独斗，力量弱了，其他诸侯国就开始打魏国的主意了。

这个时候，西方的秦国和东方的齐国逐渐强大了起来。公元前368年，“齐伐魏，取观津（今河南清丰西南）”；公元前366年，“秦败魏师、韩师于洛阳”；公元前364年，“秦献公败三晋师于石门（今山西运城西南），斩首六万”；公元前362年，魏与韩、赵再度发生战争，魏国战胜了韩、赵联军，却被趁火打劫的秦军所败，魏国大将公孙痤被俘。魏国丧师失地，霸主雄风大大衰减。

可以说，自三晋联盟破裂之后，魏国一直就面临着极其恶劣的国际环境——西面受秦国攻击，东面受齐国威胁，韩、赵两国也时不时地进行骚扰。尤其是秦国，它夺取了魏国的河西地区之后，魏国的都城安邑直接受到威胁。为了躲避强秦的进攻，魏惠王不得不将都城迁到大梁(今河南开封)。迁都大梁，可以加强对魏国东部地区的统治，也可与东方的齐国一争高低。在西方，则于前358年修筑长城，以防御秦国的进攻。由此可看出魏惠王的外交策略，即在西方对秦国采取守势，而在东方对齐国采取攻势。

可是，后来的历史发展证明，魏惠王的这项国策是彻底失败的。开封处在平原之上，四周无险可守，易攻难守，是典型的"四战之地"。魏国本处于诸侯环伺之地，再将都城建在开封这么一个易攻难守的地方，实在不能说是明智之举。纵观中国历史，凡将都城定在开封的王朝，在军事上均难以振作。魏国也是如此。在东面，它与齐国的战争最后彻底失败，在西方也没能防御得住秦国的凌厉攻势。

二

魏国与齐国交战失败，主要就是两场大战：桂陵之战和马陵之战。这两次大战一直为人们津津乐道——这是孙膑、庞涓斗智的生动素材。

公元前354年，魏国派庞涓为将，率兵伐赵，以重兵围攻赵国的邯郸。赵国向齐国求救。次年，齐威王以田忌为将，孙膑为军师，发兵八万救赵。田忌计划直奔邯郸，同魏军主力交战，以解救赵国。孙膑不赞成这种硬碰硬的战法，提出了避实击虚的策略。他说，要解开乱成一团的丝线，不能用手生拉硬扯；要排解别人的聚殴，也不能自己直接参加进去硬打。派兵解围的道理也是如此。现在魏、赵两国已经对峙一年了，魏军的精锐部队都派去攻打赵国了，留在自己国内的是一些老弱残兵。我们齐军应"疾走大梁"，迅速向魏国的都城大梁进军。国都大梁告急，魏军必然回师自救，这样，齐军既可解赵国的邯郸之围，又可乘魏军疲劳奔波之际打败它。田忌听从了孙膑的建议，结果，魏、齐两军战于桂陵（今河南长垣县），“魏师大败”。

魏国围攻赵国邯郸之际，秦国乘机出兵，攻占了魏国的少梁（今陕西韩城），楚国也乘齐军打败魏君之际攻击魏国。但魏国毕竟最后攻克了赵国的邯郸，迫使赵国与魏国结盟，勉强挽回了一点败局。

魏国虽在桂陵之战遭受重创，但国力仍在，军事上依然不弱。公元前 344 年，魏惠王听从于商鞅的游说，“去侯称王”，试图在国际舆论上营造魏国的霸主地位，以威慑别的诸侯国。称“王”之后，魏惠王摆出霸主国的姿态，召集逢泽（今河南开封南）之会，邀宋、卫、邹、鲁等国会盟，尔后共同朝见周天子。宋、卫、邹、鲁等小国当然不敢得罪魏国，可是有实力的国家就不买魏惠王的账儿，比如，韩国就带头抵制逢泽之会，不承认魏国的霸主地位。于是，魏国与韩国彻底翻脸，魏惠王于公元前 342 年发兵进攻韩国。

韩国像赵国一样，仍向齐国求救。齐仍派田忌为将，孙膑为军师，带兵直奔魏国的大梁。这次，庞涓“去韩而归”，准备迎击齐军。可齐军没等与魏军接触就掉头撤退了。孙膑给田忌献计，让齐军进入魏国境内后先设十万个灶，过一天设五万个灶，再过一天设三万个灶，以给庞涓造成齐军出现了大量逃兵的假象。

庞涓再次中计，丢下步兵，只率少数精锐骑兵，火速追赶齐军。

某天晚上，庞涓的军队追到马陵（一说今山东范县西南，一说今山东郯城马陵山）。马陵道狭窄，旁边是高山，是设伏兵的好地方。孙膑便在此设伏，一举打败了魏军。庞涓战败自杀，魏惠王的太子申被齐军俘虏。

马陵之战失败后，魏国的军事实力大减，不得不屈服于齐国。公元前 334 年，魏惠王和韩肃侯一块到齐国的徐州（今山东滕州）会见齐威王，尊齐威王为“王”。“投之以桃，报之以李”，齐威王也承认了魏惠王的“王”号。史书称：“诸侯会徐州以相王”，即大家本来都职称不高，哥几个聚在一起商量商量，普遍升格，全由副教授转为正教授了。

到了这个时期,封王封侯的事,也不用周天子亲自出面了,我们自己封自己,只要大家彼此承认就可以了。官衔、职称、学位等的荣誉称号,它们是怎么贬值的?参考这则"诸侯会徐州以相王"的历史片断就能理解个八九不离十——物以稀为贵,再好的东西一旦多了也就不值钱了。

魏国在东面惨败之际,西面也受到了秦国的进攻。这个时候,秦国任用商鞅实行了变法(商鞅在魏国没受重用,到了秦国),实力大增,不断攻击魏国,公元前338年,秦攻占了魏国岸门(今山西河津市),公元前330年,秦军又败魏军于雕阴(今陕西甘泉南),迫使魏惠王献出河西之地。次年,秦军又攻占魏国的汾阴(今山西万荣西南)、皮氏(今山西河津西)、曲沃(今三门峡市西南)等地,魏国"西丧地于秦七百里"。楚国趁火打劫,也在南方攻占了襄陵,"得魏八邑"。至此,魏国不但无复霸主国的气魄,反而成了秦、楚、齐等新兴强国欺负的对象,国土日益缩小,国力也日益衰弱了。

三

军事上屡次失利,"丧师失地"之后,魏惠王开始"卑礼厚币以招贤者",希望通过启动"人才战略"重振雄风。孟子、淳于髡、邹衍等人在这个时期纷纷来到魏国游说魏惠王。

《孟子》一书第一章《梁惠王》,记述的就是孟子与梁惠王的对话。梁惠王就是魏惠王,因他将国都迁到了大梁,所以人们也称他为梁惠王。魏惠王见到孟子,上来就问:"叟,不远千里而来,亦将有以利吾国乎?"意思是,老先生,您不远千里来到敝国,将给敝国带来什么利益呀?

孟子当头棒喝:"王何必曰利?亦有仁义而已矣。"意思是,大王您怎么开口就谈利益呢?难道不能谈谈仁义吗?然后孟子告诉他:"上下交征利而国危矣",如果一个国家从上到下都只知道追逐私利,那这个国家就危险了。当国君的更应该带头讲仁义,怎么能开口闭口只谈利益呢?

司马迁对这段对话很感慨,他说:“余读孟子书,至梁惠王问‘何以利吾国”,未尝不废书而叹也。曰:嗟乎,利诚乱之始也! 夫子罕言利者,常防其原也。故曰:‘放于利而行,多怨。’自天子至于庶人,好利之弊何以异哉!”大意是,他每次读到孟子与魏惠王的这段对话都感慨不已。利,真的是祸乱的开始呀。孔子当年很少谈利,就是要从源头上防止祸乱的发生,所以孔子才说:如果本着追逐利益去做事,就会招致怨恨。从天子到普通百姓,好利的毛病怎么都是一样的呀。

魏惠王自称治国尽心竭力,河西发生灾荒,就将那里的灾民安置到河东,将河东的粮食运送到河西。当河东发生灾荒时,也是这样做的。可是邻国的人口不减少,魏国的人口不见增多,这是什么原因呢?

孟子说:“王好战,请以战喻;填然鼓之,兵刃既接,弃甲曳兵而走,或百步而后止,或五十步而后止;以五十步笑百步,则何如?”翻译成白话文就是:大王爱打仗,我就以战争来比喻吧。战鼓已经咚咚地敲响,两军交锋,枪尖刀锋碰到了一起。这个时候,有人扔掉盔甲,拖着兵器回头就跑,有的人向后跑一百步停下来,有的人向后跑五十步停下来。向后跑五十步的人嘲笑向后跑一百步的人怯懦,这可以吗?”

魏惠王说:“不可。只不百步耳,是亦走也。”当然不可以了,他只不过是没跑到一百步罢了,但也是怯战逃跑呀。

孟子说:“王知如此,则无望民之多于邻国也。”大王您知道这个道理,也就不要指望自己的老百姓比邻国多了。意思是,您不要自我感觉良好了,您和其他的国君是一样的货色。然后,孟子又给魏惠王讲了一番如何实行仁政的办法,核心是,先轻徭薄赋,让老百姓“养生丧死无憾”,然后再加强道德文化建设,“申之以孝悌之义”,构建和谐社会。大力实行仁政,那大王您就是仁者,“‘仁政无敌’,王请勿疑!”只要本着仁爱和平的理念治理国家,您就仍然能带领魏国实现伟大的复兴,大王您对此不要怀疑。

孟子想尽各种办法,反复劝魏惠王“施仁政,行王道”,可魏惠王最后仍没有采纳孟子的建议。

后来，孟子跟弟子公孙丑有一段讨论魏惠王的对话——

孟子说："不仁哉梁惠王也。仁者以其所爱及其所不爱，不仁者以其所不爱及其所爱。"

公孙丑曰："何谓也？"

孟子回答："梁惠王以土地之故，糜烂其民而战之，大败，将复之，恐不能胜，故驱其所爱子弟以殉之。是之谓以其所不爱及其所爱也。"

孟子的意思说得很明白，身为国君的魏惠王不爱他的百姓，为了争夺土地，就将老百姓的子弟驱逐到战场上送死。等老百姓的子弟死光了，他就又把自己的"所爱子弟"也推到了战场之上。孟子不愧为思想大师，他所说"仁者以其所爱及其所不爱，不仁者以其所不爱及其所爱"，一句话就把"仁者"和"不仁者"的差距给道破了。

魏惠王之所以守成失败，当然有孟子所说不施行"仁政"的原因。需要说明的是，魏惠王"好战"的本性也是跟他老爸魏武侯学来的。魏武侯的政治眼光和治国才能均不及他的老爸魏文侯。可是，仗着老爸开创的霸业，他带领魏国走上了四处征伐的战争之路。魏武侯当政二十六年，这期间魏国频繁对外发动战争。魏武侯迷信武力，认为武力能解决一切。而此时，魏国恰在军事强盛之际，对外战争也是连战连捷，开疆辟土，很是威风。魏惠王光看到了老爹的威风了，而没有很好地反思这威风带来的后遗症。国家常年动武用兵，国力消耗巨大，另外，四处征伐也必然四处结怨、八面树敌。邻国打不过你的时候只好忍气吞声，可等人家"大国崛起"了，难道不会"以其人之道还治其人之身"吗？

这就涉及治国理念的问题了。中国古人讲"马上得天下，不能马上治天下"，意思是说靠武力可以夺得天下，但作为守成之君，治理国家的时候就不能再频繁动武了，而要“文治”——行仁政，讲仁义。这是很有道理的。治理国家，不能没有武力，但一定不能迷信武力。战争不是生活的常态，因此就不能成为治国的常规手段。如果一个国家常年处于战争状态，四处征伐，哪怕战争不断取得胜利，最后这个国家也注定要失败。二战时的德国、日本就是这方面的典型例子。军事是整个国家机器中的一环，若把整个国家都变成了战争机器，这就本末倒置了。这就像一个人，天天攥紧拳头，绷紧了神经，不是想着打别人就是防备被别人打，那么请问：你的人生是为了好好过日子还是为了天天打架？而且，如此紧绷绷的，时间长了谁怎么受得了？

魏武侯、魏惠王父子两代均以穷兵黩武的方式治国，这不仅违反孔孟提倡的“仁政”思想，也在总体上违反“守成之君”的治国规律。结果，魏武侯靠着吃老爹留下的老本还能维持霸业，可到了魏惠王这里就只能饱食“兵削地割”的苦果了。

公元前319年，魏惠王去世，儿子魏襄王继位。孟子此时仍在魏国，又与魏襄王见面，结果，孟子大失所望，他对魏襄王的评价是：“望之不似人君，就之而不见所畏焉。”看上去就没有当人君的样子，接近他也看不出有一点威严。这样的人当上了国君，魏国还怎么重振雄风、重返霸主国之位？

齐宣王为什么失策?

齐宣王是齐威王的儿子,于公元前319年继位当上了国君。此前,老爸齐威王就已经把齐国治理得相当不错了。齐宣王继位的第二年,齐国又在马陵之战中打败魏国,魏国大将庞涓战败自杀,魏太子申也被齐国俘虏。至此,齐国俨然成为头等强国,实力足可与商鞅变法之后的秦国相媲美。如果让当时的人评选超级大国的话,在西方是秦国,在东方就是齐国。

可是,齐宣王当政十九年之后,传位给儿子齐湣王,就在齐湣王统治时,齐国却迅速衰落了。可以说,齐宣王统治之际正是齐国最强盛的时期,而导致齐国衰落的原因也与齐宣王的战略失策密不可分。

那么,齐宣王为什么会失策呢? 因为太贪。

齐宣王当然算不上是明君,但也不能说是昏君。司马迁在《史记》中说:"宣王喜文学游说之士,自如邹衍、淳于髡、田骈、接予、慎到、环渊之徒七十六人皆赐列第,为上大夫,不治而议论,是以齐稷下学士复盛,且数百千人。"可见,齐宣王对文化事业情有独钟,他大力优待文化学者,当时著名的思想家和文化名流纷纷来到齐国,稷下学宫由此大放异彩。战国时期思想学术上的"百家争鸣",最精彩最具代表性的历史场面就是“稷下学宫”，而稷下学宫的繁盛又与齐宣王的文化强国理念密不可分。甚至可以说，在战国时期的诸多国君中，最优待思想文化大师、最具文化情怀的，可能就是齐宣王了。孟子游说过齐宣王，还曾在稷下学宫做过“稷下先生”，《孟子》一书中也记载了孟子与齐宣王交往、谈话的若干片段。通过孟子的记述，我们可以看出齐宣王还是很有雅量的。他虽然最终没有采纳孟子的“仁政”建议，但他对孟子很尊重，对其咄咄逼人的谈话也不以为逆，被孟子逼问急了，也只是“顾左右而言他”而已，并没有恼羞成怒。应该说，一个大权在握的君王能做到这一点是很不容易的。

可是，齐宣王可以统治一片大大的疆土，却不能驯服自己内心的贪欲，而贪婪的欲望也最终促使他做出了错误的战略决策。

公元前318年，燕王哙把王位传给了相国子之。他为什么要传位给别人呢？原来是听信了大臣鹿毛寿的馊主意。鹿毛寿跟燕王哙说，人们为什么都称赞尧是圣贤之人呀？就是因为他肯把天下让被别人。尧曾想把天下让给许由，许由没接受。尧有了让天下的美名，可实际上还掌握天下大权。您如果学习尧，把燕国让给国相子之，子之也一定不敢接受。这样，您也能既有让天下的美名而实际上还是燕国国君，如此一来，在外人看来，您的德行不就跟尧一样了吗？

燕王哙一听，还有这等好事？我咋早没想到呢？于是就将王位让给了子之。可惜，燕王哙不是尧，子之也不是许由，两个凡夫俗子非要复制圣贤的佳话，结果必定崩盘。燕王哙一让，子之没有“不敢受”，而是愉快地接受了。这么一来，不但燕王哙有点失望，而且最生气的就是太子平了。他本来等着接老爹的国君之位，没想到半路杀出来个子之，并且还真的鸠占鹊巢了。更关键的是，子之当上燕国国君之后并不得人心，当了三年燕国就呈现出“人心散了，队伍不好带”的状况。太子平本来就对子之不服，此时干脆联合将军市被发动政变，进攻子之。燕国就这样发生了内乱。燕国的这段历史说明：别人的成功经验往往不可复制，第一次是正剧，第二次就会搞成闹剧。

燕国发生了内乱，就有人建议齐宣王乘机伐燕，“破燕必矣”。齐宣王遂派大将万章带兵讨伐燕国，当然伐燕的旗号是帮助太子平整饬“君臣之义”“明父子之位”，意思是扶持太子平做名正言顺的燕国国君。齐国军队进攻燕国，燕国“士卒不战，城门不闭”，很欢迎齐国来帮助平定内乱。结果，五十天的时候，齐军就“取子之，醢之，遂杀燕王哙”，活捉了子之，将其剁了肉酱，还顺手杀了让国给子之的燕王哙。

从国际道义上讲，齐国出兵时所打的旗号是帮助太子平平定燕国内乱，现在，燕国内乱已经平定了，那齐国军队理应撤回，最多你也只能在燕国扶持一个“亲齐”政权。可是，面对燕国这块都到了嘴边的肥肉，齐宣王实在是不想吐出来。贪心之下，齐宣王下令吞并燕国，齐军在燕国的军事行动立马由最初的平定内乱转化为侵略燕国了。战争的性质一改变，燕国百姓对齐军的态度当然也改变了，他们再也不“箪食壶浆以迎王师”了，而是展开了保卫家园的反侵略斗争。

更关键的是，齐国本来就已经很强大了，现在又采用不正当手段吞并了燕国。其他诸侯国不干了，你齐国也太不讲国际道义了，怎么能说吞并别的国家就吞并别的国家呢？于是，“诸侯将谋伐齐”，他们打算联合起来讨伐齐国。事情到了这个地步，齐宣王不得不宣布从燕国撤军。齐宣王此次出兵伐燕，不但没有捞到任何好处，反而还与燕国结下了恩怨。

经过内乱和齐国侵略之后，燕昭王于公元前314年当上燕国国君，他“卑身厚币以招贤者”，“吊死问孤，与百姓同甘苦”，他这么做的目的就是为了一雪齐国侵略之恨。经过近二十年的励精图治，“燕国殷富，士卒乐轶轻战”。国富兵强之后，燕昭王就想出兵伐齐，报仇雪恨。此时齐宣王已经去世，齐国的国君是齐湣王。齐国因与宋国有历史恩怨，就于公元前286年出兵灭了宋国。齐国的灭宋之举恰巧给燕国提供了讨伐的理由，燕昭王命著名将领乐毅为上将军，联合秦、赵、楚、魏等国，一起进攻齐国。联军在济西大败齐军，齐湣王只得“亡走至莒”，从都城临淄逃亡到了今天的山东莒县，在这里他竟被楚军所杀。

打败齐军之后，其他国家就罢兵了，只有乐毅率领的燕军继续追击，燕军攻下齐国都城临淄，将齐国的祭器、财宝全都运回了燕国。乐毅继续进攻，攻下齐国七十多座城池。此次乐毅伐齐，历时五年，齐国仅凭莒和即墨（今天山东平度）两座城坚守，乐毅久攻不下。公元前279年，燕昭王去世，儿子燕惠王继位。燕惠王不信任乐毅，夺了乐毅的兵权，让骑劫去前线指挥。此时，齐国即墨城的守将田单收购一千头牛，在牛角上绑上尖刀，尾巴上绑上灌有油脂的芦苇，牛身上还披有龙纹的衣服。田单在夜晚放火烧牛尾，使其冲向燕军阵营，火牛阵之后是五千壮士，呐喊冲杀。燕军突遭火牛进攻，猝不及防，大败而逃。齐军乘胜追击，很快收复了被燕国占领的七十多座城池。齐国最后虽靠田单的“火牛阵”得以复国，但国力大损，再也没有了昔日头号强国的风光。

纵观齐国的衰落史，我们可以清晰地看出，与燕国结怨是非常关键的一步，而出兵讨伐燕国的决策者恰恰就是齐宣王。可以说，在齐国鼎盛之际，齐宣王走出的一招臭棋，就为日后齐国的衰败埋下了种子。

佛家讲“熄灭贪嗔痴，勤修戒定慧”，指出人性最核心的三个弱点就是贪婪、嗔恨、愚痴。齐宣王之所以决策失误，最根本的原因就在于他没有用智慧克服自己的贪欲。实际上，在齐宣王决定吞并燕国之前，孟子就警告过他。当时，齐国用五十天的时间就攻下了燕国，胜利来得太快了，齐宣王觉得有点不可思议。是将燕国纳入到齐国的版图呢？还是立了燕国国君之后赶紧撤军呢？他可能还有点犹豫。恰好当时孟子在齐国。齐宣王就问孟子：“或谓寡人勿取，或谓寡人取之。以万乘之国伐万乘之国，五旬而举之，人力不至于此。不取，必有天殃。取之如何？”他说，有人劝我不要吞并燕国，有人劝我吞并了燕国。齐国是拥有万乘兵力的国家，燕国也是有万乘兵力的国家，齐国伐燕国，五十天就拿下了，光靠人力是做不到这一点的，这一定是天意。既然是天意,那我如果不顺应,上天一定会降灾给齐国。我想把燕国吞并了,您觉得如何?

听听齐宣王说话的口吻,我们就知道,他这时已经非常倾向于吞并燕国了。他来请教孟子,表面上是来征求意见,实际上是想让孟子给他点赞,最好还能为他侵吞燕国的行为提供“理论支持”。如果有了文化大师孟子的“理论支持”,那么齐宣王吞并燕国的底气当然就更足了。

可惜,孟子不是御用学者,他明知齐宣王的暗示,但就是不顺着说,而是趁机又讲起了他的那套仁政主张。孟子回答:“取之而燕民悦,则取之。古之人有行之者,武王是也。取之而燕民不悦,则勿取。古之人有行之者,文王是也。以万乘之国伐万乘之国,箪食壶浆以迎王师,岂有他哉?避水火也。如水益深,如火益热,亦运而已矣。”意思是,如果吞并燕国,而燕国老百姓很高兴,那就吞并。古人有这么干的,周武王讨伐商纣王就是一个例子。如果吞并燕国,燕国老百姓不高兴,那就不要吞并。古人也有这么干的,周文王当年没有吞并商朝就是一个例子。凭着齐国这个万乘之国去攻打燕国这个万乘之国,燕国的百姓却用篮子盛着饭、用壶盛着酒来欢迎齐国的军队,难道是为了别的吗?他们不过是想不再过那种水深火热的苦日子罢了。如果让燕国的百姓感到水更深,火更热,那不过是统治权由燕转到齐而已矣,燕国的百姓仍会像从前憎恨燕国统治者那样憎恨齐国的统治者。

孟子的这段话显然是在给齐宣王泼冷水。意思是,你不能光想着自己的好处,还得考虑燕国百姓高兴不高兴。一句话,处置与燕国有关的事务,一切以燕国百姓高兴不高兴、同意不同意为最根本的着眼点与落脚点。孟子有民本思想和仁政理念,看问题当然就比齐宣王远许多。他知道,在现实的利害考量之外,还有一个绝对的道义原则需要恪守。关键的是,若不尊重民意,不实行王道,光玩霸道,即便眼前得到点利益,从长远看也是得不偿失的。可惜,在贪欲的驱使下,齐宣王听不进孟子的逆耳忠言,还是做出了吞并燕国的错误决策。待燕人反叛、“诸侯将谋伐齐”之后，他才感到问题的严重性，为当初没听孟子的建议而后悔，他自己也承认：“吾甚惭于孟子。”周星驰在《大话西游》里说：“曾经有一段真挚的爱情摆在我的面前，我没有珍惜，等到失去的时候才后悔莫及……”这段话不光对爱情适用，对其他事情也适用。齐宣王之于孟子就是如此。孟子劝说他时他不听，等事情搞砸了才后悔莫及。

除了伐燕之事外，孟子还多次劝说齐宣王要行仁政。齐宣王在理论上无法反驳孟子，就以“寡人好勇”“寡人好货”“寡人好色”等话来推辞。在我看来，齐宣王所说的“好勇”“好货”“好色”，实则就是“贪心”的代名词。太贪婪就会只顾眼前不想长远，太贪婪就会只讲利害不讲道义，太贪婪就会只顾自己享乐而不管别人死活。贪欲不但会降低一个人的道德境界，而且还会使一个人的视野变得狭窄、目光变得短浅。从古至今，上至帝王将相，下到凡夫俗子，无数人都在这个问题上栽了跟头。齐宣王不听孟子之劝，最终也栽了跟头。不同的是，一般人栽跟头，自己种下的苦果自己尝，而齐宣王失策，则导致了后来齐国的衰败，想来真是让人感喟不已。

屈原：楚国的暖男

“暖男”这个词最近很流行，后不知谁提出了“祖国的暖男”一说，立马又占据了爱国主义的制高点。那些爱唱颂歌的人愈加理直气壮，声称自己就是“祖国的暖男”，目光逼视之下，似乎不跟着自己一块唱颂歌的人，尤其是那些爱提意见、发牢骚的人似都是心肠冷漠之辈，并兼有卖国之嫌。事情到了这等地步，我觉得有点不太好。暖的方式有很多种，鲁迅先生还“横眉冷对”呢，可谁能说他老人家内心对国家和人民就没有暖意？

想想古代名人，谁能算是“祖国的暖男”呢？第一个涌上我心头的是孔子。可我很快发现，孔子根本不够格。他本是鲁国人，在鲁国也曾从政，当上了大司寇，可是，当他发现鲁定公和季桓子“经不住金钱和女色的诱惑”、自甘堕落之际，他立马辞职，然后就离开鲁国去周游列国了——他的“仁政”主张在鲁国实现不了，他就想说服别的国君，到别的国家去搞自己的思想试验田。这样的人，最在乎的是他的“仁政”思想，他是个世界主义者，是个“仁”道主义者，可怎么说也不能算是“祖国的暖男”。

那到底谁能算是“祖国的暖男”呢？我看屈原够格。屈原根红苗

屈原像　杨树 绘

正，是楚国贵族，又有才华，“博闻强志，明于治乱，娴于辞令”，还一度“王甚任之”，即楚怀王最初对他很信任，仕途一片光明。可是，上官大夫嫉妒屈原，想方设法诋毁屈原。楚怀王让屈原起草一份政府文件，屈原还没写完的时候，上官大夫“见而欲夺之”，想要先睹为快，可是屈原偏偏不给。于是，上官大夫就以此为由头，到楚怀王跟前诬陷屈原说，起草政策文件，本是大王您让屈原起草的，可文件写成之后呢，屈原到处去说是自己的功劳，还说除了他屈原没人能写出这么好的文稿。

楚怀王居然就信了，然后就疏远了屈原。屈原气愤不过，就写下了千古名篇《离骚》。但是，我们一定要知道，《离骚》可是一篇彻彻底底发牢骚的文章，它先自我表扬，然后怨国君听信谗言，然后再反复陈述自己高洁的精神追求，“路曼曼其修远兮，吾将上下而求索”。如果单从《离骚》看，似乎屈原不符合今日一些人所理解的“祖国的暖男”的条件，可见今日之“祖国的暖男”是何等难当。不过没关系，屈原后面的经历能把“祖国的暖男”落到实处。

屈原被罢官之后，秦国就派张仪到楚国来搞外交欺骗。当时，楚国和齐国是盟国，秦国想打齐国，但怕楚国出手相救，就想先拆散齐楚联盟。张仪对楚怀王说，大王您如果跟齐国断绝外交关系，秦国愿献“商於之地六百里”，秦王还会把他漂亮的女儿嫁给您。楚怀王禁不住诱惑，就下令与齐国断交，转而“事秦”，还派人跟着张仪去秦国，准备接收那六百里的商於之地。可是，等到了秦国之后，张仪反悔了，说我只答应给六里，不是六百里。这等于明抢明骗。

楚怀王大怒，出兵攻击秦国。秦楚爆发了大战，结果，秦军“大败楚师于丹淅，斩首八万”。楚怀王不甘失败，继续增兵攻秦，结果又在蓝田战败，只好割地求和。

一年之后，秦惠王派人对楚怀王说，愿意用武关（今陕西丹凤东南）以外的土地换取楚国的黔中郡（今湘鄂川黔交接一带）。楚怀王说：“不愿易地，愿得张仪而献黔中地。”意思是，我不要你的土地，你把张仪交给我处置就行了。于是，张仪再次来到了楚国。这次楚怀王本是想杀掉张仪以解心头之恨的，可是，张仪通过靳尚做楚怀王夫人郑袖的工作，极力劝说楚怀王放了张仪。楚怀王听了枕头风，就又放了张仪。

此时屈原不在国内，正出使在齐国，他赶紧回国，建议楚怀王杀掉张仪。可惜他回来时晚了一步，张仪已经离开了楚国。这就是楚怀王“外欺于张仪，内惑于郑袖”。

秦惠王死后，秦昭王接任。秦昭王要与楚怀王举行外交会面，希望楚怀王到秦国走一趟。屈原力谏：“秦虎狼之国，不可信，不如毋行。”秦国这个国家不讲信用，不能去。可是，楚怀王的儿子子兰却说：“奈何绝秦欢。”不去，不是惹秦国不高兴吗？秦昭王一生气，后果很严重。于是，楚怀王就去了秦国。结果，到了秦国之后就被扣住了。

秦国要求楚国割地换回楚怀王。楚怀王也生气了，不听；设法逃亡到赵国，结果赵国也怕得罪秦国，不敢收留，又将他送回了秦国。最后，楚怀王“竟死于秦而归葬”，等于楚怀王一个大活人去的秦国，回来的只是他的尸体。

楚怀王死后，楚顷襄王立。这个时候，屈原“楚国的暖男”本色才充分显示出来，他自己都已经遭到了流放，但仍然“眷顾楚国，系心怀王，不忘欲返，冀幸君之一悟，俗之一改也”。人家楚国政权都将他遗弃了，屈原还挂念着楚怀王的安危和楚国百姓的疾苦，这样的情怀，真是要多暖有多暖。只是，这是暖中也饱含着屈原个人的冤屈和苦涩。他诚心诚意地将心中的暖意奉上，但楚顷襄王并未领情，反而将他对楚国的一片暖意视为挑衅,“怒而迁之”,将他贬黜到更远的地方。

屈原暖暖的爱国情怀遭遇了政治上的残酷严冬。他痛苦万分,最后“自沉汨罗以死”。

屈原是中国历史上伟大的文学家,其爱国之情感动了无数后人,称他是“楚国的暖男”实至名归。可是,我隐约感到,屈原这枚暖男与今天的暖男还是有点不同的。屈原的爱国之情是极真切的,可他所写的文章却绝非颂歌,反倒是激愤之词居多。他的文章在楚怀王、楚顷襄王等人看来,恐怕是被视为“发牢骚”的不稳定因素的,否则,楚顷襄王也不会对他“怒而迁之”。可见,是不是“祖国的暖男”不能光看表面,光看一时,而是要靠比较长的时间才能最终得以证实。在当时的楚国,若真评选“楚国的暖男”,我觉得屈原肯定没份,能选上的,大概会是靳尚、子兰等人吧!

最后一点,即便有屈原这样一枚惊天地、泣鬼神的“楚国暖男”,楚国还是无可挽回地衰败了。自楚怀王被张仪骗了之后,楚国就陷入了内外交困、兵削地割的窘境。楚怀王死后73年,秦国彻底灭掉了楚国。

老子说:“大道废,有仁义;智慧出,有大伪;六亲不和,有孝慈;国家昏乱,有忠臣。”即当一种正面典型出现的时候,其实恰恰反映出了那个时代在这方面的缺憾。近日读到西坡的一篇文章,所说意思与此大体类似,遂摘录一段,并就此结尾:“有个说法是,弱者才有专属的节日。有妇女节,没有汉子节;有儿童节,没有成人节……如果不是弱女子,怎么需要那么多暖男?”这段话很调侃,但道理耐人深思。

乐毅：坚决不犯贱

诸葛亮在中国知名度极高，用“妇孺皆知”来形容也不过分，且诸葛亮的粉丝涵盖老中青三代，堪称“广谱型”偶像。有人会问：这本书写的是战国，怎么扯到诸葛亮身上了？

乐毅像　杨树 绘

这个问题提得有水平。为了回答这个有水平的问题，我不得不说诸葛亮与战国之间的关系：诸葛亮特别崇拜两个历史人物，即他有两个偶像，一个是管仲，一个是乐毅。管仲是春秋时期的名相，辅佐齐桓公成就了霸业；乐毅是战国时期的名将，帮助燕国伐齐，大获全胜。管仲的事先按下不表，今天就先说一说乐毅。

一

乐毅的家世很显赫，他的先祖叫乐羊，是魏文侯手下的名将。当年，魏文侯派乐羊带兵讨伐中山国。中山国国君为了阻止乐羊进军，就抓了乐羊的一个儿子相威胁，说，你若攻打我中山国，我们就杀死你的儿子，还要将其熬成肉羹。此种情形跟后来楚汉相争时的一幕非常像：项羽抓了刘邦的老爸，说要将其熬成肉汤。当时，刘邦说，你若将我老爸熬成了肉汤，请分我一杯羹。项羽一看刘邦拿老爸这么不当回事，就没了脾气，也懒得熬人肉羹了。

乐羊对中山国国君的回答大意与刘邦相似，只是用词要正气凛然得多："君臣之义，不得以子为私。"意思是，我乐羊是受国君之命前来讨伐中山国的，我不能为了保全自己的儿子就放弃国君之命。回答完之后，乐羊就下令攻城。

中山国国君非常气愤，真的把乐羊的这个儿子给杀了，熬成肉汤，派使者送给乐羊一碗，外加儿子的首级，以证明此汤之真材实料。

得知儿子受害，乐羊流下了悲伤的眼泪，"且悲且泣"，但乐羊仍然当着使者的面毅然喝下这碗肉汤。

使者回去汇报情况，中山国国君听后大惊失色，知道抵挡不住乐羊的进攻，只好投降了。

乐羊伐取中山之后，回去向魏文侯复命，并感觉自己很有功劳。魏文侯叫人抬来两个箱子，打开一看，里面全是别人攻击乐羊用兵不善的奏章及劝阻魏文侯攻伐中山的建议书。乐羊一看就明白了，赶紧对魏文侯说："中山之举，非臣之力，君之功也。"

乐羊因功被封在中山的灵寿（今河北省平山县），子孙就此繁衍。后来，中山一度复国，至赵武灵王时又被赵国所灭，乐氏子孙也就成了赵国人。

身为将门之后，乐毅继承了先祖的遗风，"贤，好兵"，"赵人举之"，赵国人推荐他做过小官吏。后来他又到魏国谋求发展，但也只是做小官吏，没有更大的平台让他充分施展才华。

乐毅听到了燕昭王礼贤下士、励精图治的传闻，借着出使燕国的机会见到了燕昭王。燕昭王素闻乐毅有军事才能，特意隆重地款待他，并恳请他留在燕国。见燕昭王态度真诚，乐毅知道机会来了，遂"委质为臣"，表示愿意做燕昭王的臣子。燕昭王也授予乐毅亚卿之职。

燕国与齐国有世仇。齐宣王当政之时，曾趁燕国内乱之际发兵攻陷了燕国。燕昭王即位之后，立志雪耻，"卑身厚币以招贤者"。乐毅就是在这种情况下被燕昭王招致麾下的。乐毅归燕伊始，燕昭王就询问伐齐之事，乐毅回答："齐，霸国之余业也，地大人众，未易独攻也。王必欲伐之，莫如与赵及楚、魏。"意思是，齐国是大国，燕国是小国，凭燕一国之力，难以取胜。要想伐齐，就要联合赵、楚、魏等国，联合攻齐。

燕昭王觉得乐毅说得有理，就派其出使赵国，约赵惠文王联合攻齐，后又通过赵国说服秦国参加了反齐联盟。接着，燕国遣使联络韩、魏两国，最终形成了燕、赵、秦、韩、魏五国联合伐齐的局面。于是，乐毅于公元前284年率五国联军进攻齐国，在济西大败齐军主力。燕昭王亲自赶到前线犒赏将士，封乐毅为昌国君。

乐毅遣还秦、赵、韩、魏四国之兵，独率燕军继续进攻齐国。攻下齐都临淄后，乐毅"尽取齐宝，烧其宫室宗庙"，把齐国的宝贝全部运回燕国，捣毁了齐国的宗庙，意在一举灭掉齐国。随后，乐毅指挥燕军，攻陷了齐国七十余城，整个齐国只有莒（今天山东莒县）和即墨（今山东平度）还没攻下。若不出意外，乐毅灭掉齐国似乎只是时间问题了。

可是，偏偏此时出了意外。燕昭王去世了，继位的燕惠王在做太子时就与乐毅心存芥蒂，"与乐毅有隙"。齐国将领田单得知这个情况后，赶紧派遣间谍到燕国去散布谣言，说乐毅之所以攻打不下仅剩的两座城池，是因为他想在齐国自立为王。听信谣言之后，燕惠王下令解除了乐毅的军权，改换骑劫去前线指挥。

乐毅被解除军权后，担心回燕国后被杀，就“亡走赵”，直接逃回了赵国。

乐毅走后，燕齐战场上演了胜负大逆转。骑劫率军攻打即墨，久攻不下。齐国一方，田单则以火牛阵奇袭燕军大营，一举击败了燕军，田单乘胜追击，收复了齐国所有的失地，成功复国。

二

若说伐齐之举充分展示了乐毅的军事才能的话，那么他的《报燕王书》则属于“文戏”部分——我们从中不仅可领略到一代名将的文字才华，亦可窥见乐毅的心灵轨迹。

燕军失败后，燕惠王一方面受到国人的埋怨，一方面自己也心生懊悔。更重要的是，他担心乐毅衔恨而去，会趁燕国兵败之际趁火打劫，率领赵国军队攻打燕国。果真那样的话，燕惠王可就得“吃不了兜着走了”。燕惠王越想越后怕，越想越懊恼，想来想去，想出了一个推卸责任的办法：都怪你乐毅不够意思，不辞而别！

于是，燕惠王给乐毅写了一封信，信的内容是：老乐同志，我刚继位没多久，政治经验不足，听信了周围人的胡话，在治国上犯了不小的错误。但是，我可以拍着胸脯说，我对您可是一点恶意都没有的。我之所以解除您的兵权，让骑劫代替您，那是考虑到您长年在外指挥作战，风餐露宿，异常辛苦，想召您回来休个假，顺便跟您商量一下治国之事。结果，您却误会了，以为我挟嫌报复，竟然不辞而别，跑到赵国去了。您这么做，是不是有点不厚道呀？“将军亦何以报先王之所以遇将军之意乎？”您对得起我那死去的老爹吗？

面对燕惠王的指责，乐毅回了一封信。信中，乐毅先是详细讲述了自己当初如何被燕昭王重用，如何为燕国立下汗马功劳。然后说：“臣闻贤明之君，功立而不废，故著于《春秋》；早知之士，名成而不毁，故称于后世。若先王之报怨雪耻，夷万乘之强国，收八百岁之蓄积，及至弃群臣之日，余令诏后嗣之遗义。执政任事之臣，所以能循法令，顺庶孽者，施及萌隶，皆可以教于后世。”大意是，我听说贤明的君主成就功业之后就不会被历史遗忘，有远见的士人确立自己的名声之后就能得到后世的称赞。先王（燕昭王）的功业已经足够辉煌的了。他去世之后，他的既定方针延续下来，足可以为万世楷模了。

这段话表面上看是在安慰，可实际上暗含讥讽；明里是在表扬燕昭王，暗里却是在讽刺燕惠王不肖，刚继位就把老爸辛辛苦苦建立的功业给毁掉了。

接下来的一段话更为经典：“臣闻善作者不必善成，善始者不必善终。昔者伍子胥说听乎阖闾，故吴王远迹至于郢；夫差弗是也，赐之鸱夷而浮之江。故吴王夫差不悟先论之可以立功，故沉子胥而弗悔；子胥不蚤见主之不同量，故入于江而不改。”意思是，我听说“善于开创事业的人不一定善于守成，能把头开好的人不一定也能把尾收好”，过去伍子胥被吴王阖闾聘为高参，吴国疆土拓展到郢地（原属于楚）。可等阖闾死了，阖闾的儿子夫差继位，夫差看不上伍子胥，不懂得伍子胥的真正价值，所以就逼伍子胥自杀而不后悔。伍子胥也不明白父子两代国君气量大不一样，所以尸体被沉到江中还不改自己的倔脾气。

话说到这份儿上，乐毅的心思也就清楚不过了，即：我老乐现在就处在伍子胥的位置上，你爸爸燕昭王就是阖闾，你就是夫差。我在你老爸手下就可建功立业，为燕国打下一片大大的疆土，可落到你手里就很可能小命不保。所以，我才赶紧逃到赵国。

乐毅接着说：“夫免身全功，以明先王之迹者，臣之上计也。离毁辱之非，堕先王之名者，臣之所大恐也。临不测之罪，以幸为利者，义之所不敢出也。”意思是，对我老乐而言，避免像伍子胥一样被杀掉，保全过去的功劳，以显示先王的业绩，这是上策；自己遭受了诽谤责难，同时败坏了先王知人善任的美名，这是我最大的恐慌。面临着大罪却想着侥幸之事，帮助赵国讨伐燕国以谋取私利，在道义上我也不敢这样去做。这段话算是剖白心迹，我的人生观很简单：我很愿意为君王效力，但前提是要双赢——君王得到好处，我也得好处。至少也得是君王得好处，我也没坏处。若你“既要马儿跑，又不给马儿吃草”，甚至还要玩卸磨杀驴的游戏，那对不起，我不玩。遇到这种让“英雄流血又流泪”的游戏，我宁肯不当英雄。但也请您放心，我跑到赵国，只是想避免重蹈伍子胥的覆辙，绝不会统领赵国军队去攻打燕国。

信的最后，乐毅说：“臣闻古之君子，交绝不出恶声；忠臣之去也，不洁其名。臣虽不佞，数奉教于君子矣。恐侍御者之亲左右之说，而不察疏远之行也。故敢以书报，唯君之留意焉。”意思是，我听说古代的君子，绝交的时候也不说伤人的恶语，忠臣受冤屈离开本国也不用毁谤国君来维护自己的好名声。我乐毅虽然不才，但也多次从正人君子那里得到过教诲，明白这个道理。那么，我之所以还要给您写这封信，是怕您听信了左右的谗言，继续对我误会下去。

乐毅的这封信被收到有“历代散文名篇集萃”之称的《古文观止》中，可见后人对其文学才华之认可。诸葛亮一生以乐毅为榜样，学得也不错，他也有两篇名文收入了《古文观止》，那就是《前出师表》和《后出师表》。有兴趣的读者不妨将这三篇文章比照着读一读，看看人家古代的粉丝和偶像之间是一种什么关系。

文学成就之外，乐毅的这封“有理有力有节”的千古名信也起到了相当的现实功效：乐毅和燕惠王虽然“绝交”了，但两人并没有撕破脸皮。乐毅继续留在了赵国，而燕惠王依然封乐毅的儿子乐间为昌国君，善待乐毅的家人。这也许算是对乐毅承诺不率领赵国军队攻打燕国的一种报答。

三

相对于乐毅的“武戏”（军事活动），我更关注的是他的“文戏”（《报燕王书》）。我欣赏乐毅的《报燕王书》，文采之外，更欣赏的是乐毅对“忠”的通透理解。

乐毅在《报燕王书》中，几次提到“忠臣”，可是，若按后世的眼光看，乐毅根本就算不上忠臣。试想，燕惠王解除了乐毅的兵权，召他回燕国，他一看事不好，燕国不回就“亡走赵”，符合“君叫臣死，臣不得不死”的“忠”吗？既然是忠臣，哪能受了委屈就随便离开自己的国家呢？就算受了冤屈也该心甘情愿地受死才是呀。哪朝哪代没有冤假错案？前面君王制造的冤假错案，后面的君王还是可以平反的嘛。平反了冤假错案，不正说明“皇上圣明”吗？再说，世上无不是的父母，世上也没有不圣明的君王。君王即便办错了事，那也是受了奸臣的蒙蔽，罪在奸臣不在皇帝嘛。以这样的“忠臣”标准论，乐毅够忠臣吗？显然不够呀。岳飞被后世奉为忠臣，人家被皇帝召回时虽然心里十万个不甘心，但还是没有抗命，而是奉召回去了——回去之后就被冤杀。若岳飞也以乐毅为偶像，那他肯定也会中途溜掉，绝不再回大宋。即便宋高宗再写信来恳请回去，岳飞也会写信说：对不起，您老想着让“英雄流血又流泪”，我受不了你了，不跟你玩了！若岳飞是这个形象，那世上还有会有岳武穆的庙吗？反正我是很怀疑的。

但是，乐毅错了吗？乐毅理解的“忠”错了吗？非也。“忠”的本义就是尽心尽力办事而已，并没有“君要臣死，臣不得不死”那么高调那么绝对。而且，“忠”还充满了互动性。孔子说：“君使臣以礼，臣事君以忠。”意思是，国君要依照礼法规定指使臣子做事，臣子为国君工作要尽职尽责。那暗含着的意思是，若国君“使臣不以礼”，臣也没必要愚忠。

有人可能会说，你这是歪曲圣人语录，孔子并没直接说国君“使臣不以礼”该怎么办，你凭啥乱发挥？我回答：这正是圣人高明之处，孔子所论，是正面的理想情况；负面的现实情形，则需要我们自己领会把握。领会把握不准的，我们可以参照圣人的生前作为。孔子说过臣子怎么尽忠，恰好他自己也做过鲁国的大臣，官至大司寇，我们不妨看看他的为官实践。孔子做鲁国大司寇时，“代行相事”，以代理总理的身份总揽鲁国政事，他工作兢兢业业，结果在很短的时间内就取得了“鲁国大治”的成果，甚至还出现“路不拾遗”的绝佳局面。这证明孔子“事君以忠”是很够格的。可是，孔子很快就辞职了。为什么呢？因为鲁定公和鲁国的执政官季桓子"受齐女乐,三日不听政",即孔子的两个顶头上司在关键时刻经受不住女色和金钱的诱惑。之后,鲁国举行祭祀,又没按照"礼"的规定送给高级官员祭肉。孔子没收到应得的祭肉,就毅然辞职了。辞职之后,他才开始了长达十四年的周游列国岁月。可见,君一旦"使臣不以礼",那么臣就完全可以一走了之。孔圣人自己当年就是这么做的。

以孔子与鲁定公的互动关系来比照乐毅之于燕惠王,那我们就可以理直气壮地说:在"忠"这个问题上,乐毅确实深得孔夫子的衣钵。看来,只要尊重常识、尊重人之常情,许多问题就不会那么复杂。"忠"的问题就是如此。"忠"其实就是古代的一种职场精神、职业操守,做事要恪尽职守、不偷懒耍滑而已,哪里需要"君叫臣死,臣不敢不死"那么肉麻呢?道理很简单,人之常情就是"你敬我一尺,我敬你一丈",没几个人是天生的贱骨头,凭你怎么打、怎么骂、怎么侮辱、怎么冤枉都始终忠心耿耿地对你好,而且还要好到不惜以命相许的地步。有条件的效忠才是合理的,无条件的效忠则是非正义的。这一点是毫无疑问的。亚圣孟子也说:"君之视臣如手足,则臣视君如腹心;君之视臣如犬马,则臣视君如国人;君之视臣如土芥,则臣视君如寇仇。"这讲的不也是君臣之间的权利义务要对等吗?

有顽皮的读者一定会问:那为什么后世提及"忠君""爱国"之类的观念,里面总有一股血淋淋的献身气味?强调的又总是臣子无条件的效忠呢?

答案其实也简单:那是专制皇帝的精神意淫。专制帝国的皇帝们希望全天下的人都无条件地对自己好,于是就向百姓灌输一种"至贱无敌"的"犯贱"精神,然后偷梁换柱地说:这才叫"忠"。

道理就这么简单。若嫌说得太简单,那我可补充一点历史背景:所谓的"君为臣纲,父为子纲,夫为妻纲"的"三纲"是西汉董仲舒才提出的,不能将其扣在孔子、孟子的头上,甚或说,这种"忠君"的理念从根本上是违背孔孟之道的。大家也知道,董仲舒的顶头上司是汉武帝，汉武帝是专制皇帝，这种话，他听起来当然很爽了。学者的学说一旦搔到帝国老大的痒痒肉，那么，此等学说乘着权力的翅膀流布四处，岂不是理所当然之事？汉武帝以下，打着“忠”的名义搞犯贱教育，一灌输就是两千多年，积非成是，不但培养出不少专制暴君，而且也培养出了不少“贱”民——以愚忠为荣者，实乃自轻自贱之民也。这样的“贱”民，能崇拜诸葛亮，却理解不了诸葛亮的偶像乐毅，更看不出乐毅之“文戏”——《报燕王书》——中的精彩桥段。

可叹，可悲。

田单：齐国的中兴大臣

田单像　杨树 绘

若有人能在一个政权面临亡国之难时挺身而出，“抚大厦于将倾”，将其拯救，那么这个人堪称国家的“大救星”，历史上一般称这样的人物为“中兴大臣”。曾国藩组织湘军，打败了洪秀全领导的太平天国，对大清王朝来说就是“中兴大臣”。在战国时期的齐国，能担当得起“中兴大臣”称谓的人物，肯定非田单莫属。

一

田单是齐国田氏王族出身，但已经属于“诸田疏属”，是齐王宗室中的远房子弟，不怎么受待见。齐湣王当政之时，田单的正式身份仅仅是齐国首都临淄的“市掾”，“市掾”连正式的公务员都算不上，就是协助公务员管理市政的小吏，其性质大概跟今天的协管员差不多，“不见知”，一点知名度都没有。

老子说：“大道废，有仁义；智慧出，有大伪；六亲不和，有孝慈；国家昏乱，有忠臣。”田单的经历也似乎是在为此话作注释，若齐国一直保持着繁荣稳定的大好局面，那我估计田单也就不会在历史上留下大名了——一个小小的协管员，谁会在意？可是，当齐国遭受燕国进攻、几近亡国之际，田单的才华反倒一下子凸显了出来。

齐宣王当政时，趁燕国发生内乱之际出兵侵略过人家燕国，齐燕两国就此结下了梁子。燕昭王执政之后，励精图治，立志复仇，机会终于等来了。公元前285年，齐湣王出兵灭掉了宋国，尝到侵略他国甜头之后就愈发器张，“灭宋而骄”。他继续发动大规模的侵略战争，“乃南侵楚，西侵三晋，欲并二周，为天子”。这架势跟二战时期希特勒要吞并整个欧洲、横行世界差不多。齐国同时与这么多国家交恶，显然是不知天高地厚的作死节奏。

燕昭王瞅准机会，于公元前284年任命乐毅为上将军，联合秦、魏、韩、赵，组成联军，举兵伐齐。齐湣王“悉国中之众以拒之”。双方在济西展开大战，结果“齐师大败”。乐毅打败齐师主力之后，让秦、韩两国的部队班师回朝，“分魏师以略宋地”，派魏国军队去收复宋国故地，让赵国军队收复河间地区。乐毅自己呢，率领燕国的精锐部队追击齐国的残兵败将。在乐毅凌厉的进攻之下，“齐人果大乱失度”，方寸大乱，就连齐湣王本人也赶紧逃跑了。乐毅攻陷了齐国都城临淄，“取宝物、祭器，输之于燕”。燕昭王封乐毅为昌国君，让他留在齐国，继续进攻“齐城之未下者”，想一举把齐国给灭了。

齐湣王一路逃亡，跑到莒地(今山东莒县)，在此地坚守。楚国派淖齿带兵前来救齐。可是淖齿发现，与其帮助齐湣王抗击乐毅的军队，还不如杀掉齐湣王，跟燕国一块分了齐国的土地和财物来得方便呢。于是，淖齿就杀掉了齐湣王，自己带兵坚守莒地，与燕军对峙(估计是分地谈判没谈拢)。

至此，齐国迅速从一个国力强势的东方大国走到了亡国的边缘。

田单也正是在这个时候显露头角，表现出了一个优秀军事家的出色才华。在燕国军队攻陷临淄之际，田单逃往安平（临淄西北）。逃亡之际，他让族人把车轴两端的突出部位全部锯下，并在车轴两端安上铁箍。不久，燕军攻打安平，城破，齐人争相逃亡，路上拥挤不堪，很多逃亡的车辆都被撞得轴断车坏，最后被燕军追上给俘虏了。只有田单和他的族人因把车轴变短且用铁箍包住的缘故，得以逃脱。

田单带着他的族人向东逃到了即墨（今山东平度东南），在那里据城坚守。这个时候，乐毅率领的燕国军队"尽降齐城，唯独莒、即墨不下"，也就是说，齐国除了莒和即墨这两个城池外，其余的城市都被燕军攻陷了。燕军听说齐湣王在莒城，就调集军队，全力攻打莒地。就在这个过程中，淖齿杀死了齐湣王，自己坚守莒地，抗击燕军。燕军攻打莒，"数年不下"，好几年也没攻下来，于是就又转而进攻即墨。

即墨的县令带兵出城与燕军交战，战败被杀。此时，即墨城中的军民想到了田单，他们说："在安平逃难那会，田单让族人用铁箍包住车轴，他们因此才安然脱险，可见田单很会用兵。"于是，大家就拥立田单为将军，坚守即墨，抗击燕军。

二

公元前279年，燕昭王去世，燕惠王即位。燕惠王本来就与名将乐毅有些不和。田单知道这个消息之后，立即派人到燕国去行使反间计，散布流言说："齐湣王已被杀死，齐国没被攻克的城池只有莒和即墨两座而已。乐毅之所以不将这两座城池攻下，是不想早日结束战争回到燕国，他害怕回到燕国后被杀掉，故意以讨伐齐国为名，赖在齐国，以等待时机成熟就在齐国称王。齐国人现在担心的，是怕燕国换别的将领来指挥，加紧攻城，那样即墨和莒也必破无疑了。"

田单让人到燕国散布的这些言论，在与乐毅不睦的燕惠王听来是很顺耳的，于是燕国便派大将骑劫替换了乐毅，而为燕国立下过赫赫战功的乐毅则惨遭免职。乐毅被免职之后逃到赵国。指挥官乐毅受到了燕惠王的不公正对待，燕军官兵当然为此愤愤不平，士气受到了相当的影响。

使用反间计换掉燕国名将乐毅之后，田单又开始实施他反攻计划中的第二步：他让城中军民在吃饭之前要祭祀祖先，众多的飞鸟因争食祭祀的食物在即墨城的上空盘旋飞舞。城外的燕军看了，都感到很奇怪，“不明觉厉”。

田单借着祭祀之事继续发挥，说：“神来下教我。”意思是这预示着神仙要下界来教我如何退敌。还让城里人说：“当有神人为我师。”一定会有神人来做我的老师。

看着田单又是祭祀，又是抬出神神鬼鬼地来鼓动人心，就有一个顽皮的士兵说：“臣可以为师乎?”意思是，您看我像不像神仙，可不可以当您的老师？说完就想跑掉。

这本是士兵跟田单开的一个玩笑，但田单善于抓住机会，连忙站起来，请那个士兵坐在面向东的上座，田单用侍奉老师的礼节来待他。那个士兵说：“臣欺君，诚无能也。”我欺骗了您，我一点神仙的本事也没有。这个士兵顽皮是顽皮，但人还是很诚实的。

不过，田单不管他有没有真本事，他要的就是一个神仙的名号，他跟士兵说：“子勿言也。”您不要再多说了，您必须扮演神仙，这是军令！在此之后，田单每次发号施令，都称是神仙老师的主意。人的旨意你们敢不听，神仙的旨意你们能不听吗？这个神仙老师虽然只是一个顽皮的士兵，但自从有了他之后，田单军队的向心力和执行力就提升了一个档次，即墨城军民的精神面貌焕然一新。

士气光靠自己一方激励可能还不够，必要时还得利用敌方来为自己帮忙。田单明白这个道理，也想出了利用燕军的办法。他对外宣布：“我最怕的是燕军把俘虏的齐国士兵割去鼻子，放在队伍的前列，再和我们交战，那即墨就必然被攻克。”燕军听到这话，好，你田单不是怕这个吗？我们就用这个对付你。于是，即墨城里的人就看到了齐国投降燕国的士兵被割去了鼻子。齐军见此，人人义愤填膺，愈加坚定了宁死也不当俘虏的决心。

田单又对外宣布："我很害怕燕国人挖了我们城外的祖坟，侮辱了我们的祖先，这可真是让人寒心的事。"燕军听说之后，就又把齐国人的坟墓全部挖出，并把死尸焚烧殆尽。燕军的种种暴行刺激着即墨城中的军民，齐人看到祖坟被掘，痛哭流涕，愤怒万分，纷纷请求出城与燕军拼死一战。

士气被充分调动起来之后，田单身先士卒，"操版插，与士卒分功"，即亲自拿着锨，和士兵们一起修筑防御工事。他还把自己的妻子姬妾都编在队伍之中，把家中的粮食也拿出来犒劳士卒。

战前准备做好后，田单命令装备整齐的精锐部队都埋伏起来，让老弱妇女上城防守，又派使者去和燕军约定投降事宜，以此来迷惑燕军官兵。为了把戏演真，田单还把民间的黄金收集起来，共得一千镒（一镒合二十两），让即墨城里有钱有势的人送给燕军，请求说："即墨即降，愿无虏掠吾族家妻妾，令安堵。"意思是，即墨城很快就宣布投降了，我们希望你们进城之后，不要掳掠我们的妻子姬妾，以让我们能平安地生活。燕军将领听说即墨要投降，当然非常高兴，满口答应。燕军因此更加放松了对田单偷袭行动的警惕。

田单在即墨城中征集到一千多头牛，"为绛缯衣，画以五彩龙文，束兵刃于其角，而灌脂束苇于尾，烧其端"。意思是给这一千多头牛披上红色的布，上面画上龙纹，在牛角上绑上利刃，牛尾巴上绑着稻草，淋了许多油脂，就等进攻时烧牛尾，使其猛冲。田单同时精选五千壮士，跟在火牛之后。夜晚，田单下令进攻燕军大营。牛尾巴上的苇草被点燃，牛被烧之后疼痛受惊，拼命地向燕军大营冲去。

此时，燕军尚在睡梦之中，突然遭到火牛的横冲直撞，立刻懵了。牛尾上的火，烧到了燕军的帐篷，整个燕军大营成了一片火海。跟在牛群后面的五千壮士乘胜出击，转瞬之间，燕军"大骇，败走"，燕军新任指挥官骑劫也在此战中被杀。

田单用火牛阵成功奇袭燕军大营之后，乘胜追击，彻底打败燕军，收复失地，齐国由此成功复国。

复国之后，田单恭迎齐襄王返回齐国都城临淄。齐襄王因田单拯救了齐国，功劳极大，就封他为安平君。

三

既然有复国之功，田单也就顺理成章地当上了齐相。

可是，田单的齐相当得并不顺心。原因很简单，齐襄王对他不信任。功高盖主的臣子，表面上看很荣光，实则危机四伏。

有一个小细节很能说明问题。田单有一次过淄水，看见一老人涉水，受不住寒冻，出水后无法行走。出于怜悯，田单脱下自己的皮衣，给老人穿上了。齐襄王知道田单的这次“学雷锋”的善行后，非但不感动，反而“恶之”，愈发讨厌田单，甚至动了杀心。他说：“田单之施于人，将以取我国乎！不早图，恐后之变也。”意思是说，田单如此收买人心，就是为了将来篡夺我的齐国，若不早点把他干掉，后果可能不堪设想。

齐襄王这话是脱口而出的，说出口就又后怕了，赶紧看左右，怕被别人听见。好在左右无人，只有一个穿珠子的人（贯珠者）在岩石下面干活。齐襄王就问他：“汝闻吾言乎？”你听到我说的话了吗？

穿珠子的人回答：“闻之。”我听到了。

齐襄王接着问：“汝以为何如？”那你认为我的想法怎样呀？

这个穿珠子的人很有智慧，就说：“王不如因以为善。王嘉单之善，下令曰：‘寡人忧民之饥也，单收而食之；寡人忧民之寒也，单解裘而衣之；寡人忧劳百姓，而单亦忧，称寡人之意。’单有是善而王嘉之，单之善亦王之善也！”这段话的意思是，大王您不如因势利导，下令嘉奖田单的善行，您就说：身为国君，我担心百姓挨饿，田单就收留饥民，供给他们食物；我担心百姓受冻，田单就把自己的皮衣脱下，给受冻的百姓穿上；我担心老百姓太劳累，田单也担心此事，田单的所作所为完全符合我的心意。田单有了善行，而大王您嘉奖他，那么田单的善行也就成了大王您的善行了。

齐襄王也是聪明人，一听就明白了，立马说：善。接着就嘉奖田单，“赐单牛酒”。

过了几天，这个穿珠子的人又跟齐襄王说，您还应该在朝廷之上，当着大庭广众的面表扬田单，还要传布命令，让田单负责低保户的救助工作，专门救济那些挨饿受冻的百姓。齐襄王照着做了。于是，朝中的舆论就转向了，大家都说：“田单之爱人，嗟，乃王之教也！”田单这么爱护百姓，原来都是大王教他的呀。田单干的善事就此被划到了齐襄王的头上，齐襄王达到了他“沽名钓誉”的目的。

问题并没有就此结束。田单向齐襄王推荐了一个叫貂勃的人。可是，齐襄王身边有九个宠臣想陷害田单，他们对齐襄王说，燕国讨伐齐国的时候，楚王曾派淖齿带着一万人的军队来救齐国。虽然淖齿是个坏蛋，但楚王的这番心意是好的。现在，我们齐国“国已定而社稷安矣，何不使使者谢于楚王？”我们国家安定了，为什么不派个使者去向楚王表达我们的谢意呢？

齐襄王说，主意不错，那谁可以当使者呢？

九个宠臣异口同声地说：“貂勃可。”

于是貂勃就奉命出使楚国。

貂勃确实有外交才华，到了楚国之后，“楚王受而觞之，数月不反”。楚王盛情招待貂勃，又是亲自陪着喝酒，又是安排旅游观光的，搞得外交行程很是紧凑，几个月的时间还没能返回齐国。

于是，九个宠臣就开始拿此事做文章了。他们跟齐襄王说，貂勃一个人跑到了楚国，就得到了楚王如此盛情的接待，这不是在为田单造国际舆论吗？田单现在与大王您，“君臣无异而上下无别”，他跟您没大没小的。这还不算，“且其志欲为不善，内抚百姓，外怀戎翟，礼天下之贤士，其志欲有为，愿王察之！”田单在国内安抚百姓，在国际上又寻求楚国的支持，还礼遇天下有才能的人，他这么做的目的分明是要篡国，请大王您留心。

九个宠臣的话恰好说中了齐襄王的心病。齐襄王于是就想给田单点颜色看看。一天,他下令:“召相单而来!”意思是,召丞相田单前来,我要问话!国君对一位中兴大臣如此轻慢,已然是要治罪的架势了。

田单“免冠、徒跣、肉袒而进,退而请死罪。”即摘掉官帽,脱了鞋,光着膀子,做出随时准备入狱、受刑的样子来见齐襄王,见完之后回去就请求赐死。

看到田单对自己如此恭敬,齐襄王找到了作国君的存在感,心满意足。五天之后,他对田单说:“子无罪于寡人。子为子之臣礼,吾为吾之王礼而已矣。”意思是,您没有什么罪过。您的做法符合您作为臣子的礼仪,我的做法也符合我作为国君的礼仪,这事咱俩谁都没错。

俗话说:“不怕贼偷,就怕贼惦记。”若田单老是这么被齐襄王猜忌,那估计他的齐相是当不安稳的,即便不被杀死,可能也会被吓死。好在还有转机。

转机是从貂勃从楚国回来开始的。貂勃因出色完成了出使楚国的外交任务,齐襄王“赐之酒”,亲自请貂勃喝酒,给他接风。喝酒到了高兴时,齐襄王又说:“召相单而来!”想再在貂勃面前刷一次国君的存在感。

貂勃是一个明白人,立马“避席稽首”,离开座席,还向齐襄王磕头以示郑重,然后问:“大王您往上比,跟周文王比如何?”

齐襄王还有点自知之明的,说:“吾不若也。”我哪里赶得上周文王。

貂勃说:“好。我也知道大王您赶不上周文王,那往下说,您与齐桓公相比如何?”

齐襄王说:“吾不若也。”我也比不了。齐桓公是春秋时期的第一位霸主,曾“九合诸侯”,虽不是圣人,那也是一代霸主,齐襄王也知道自己比不过。

这下,貂勃开始发挥了:“是的,我也知道大王您比不了齐桓公。

那就请您想一想，周文王得到姜尚，拜他为老师，尊为'太公'，齐桓公得到管仲，拜他为仲父，他们对自己的国相是多么尊重。现在，大王您有田单这样的国相，却对他如此轻慢，直呼其名，'安得此亡国之言乎！'您怎么能动辄就说这种可能招致国家灭亡的话呢？而且自天地开辟以来，做臣子的，有几个人的功劳能超过田单的？大王您不能守住社稷，燕国兴师伐齐，您逃跑到了城阳的山中避难。田单凭着一座小小的即墨城，率七千疲惫的士卒抗击燕军，他最后成功奇袭，杀掉了燕将骑劫，收复了失地，使齐国得以复国。田单对齐国的功劳多大呀！'当是之时，舍城阳而自王，天下莫之能止。'在那个时候，如果田单不把您从城阳恭迎回临淄当王，而是他自己做了齐王，天下任何人都阻止不了他。可是，田单没有自己称王，还是恭迎您做齐王。现在，国家安定了，民心也归顺了，大王您却对田单轻慢到直呼其名的地步，即便是小孩子的心智水平，也不应该这么做呀。"

貂勃的这段话说得义正词严，无懈可击。

齐襄王听后幡然悔悟。随后问：那怎么办呢？

貂勃再次给齐襄王出主意："王亟杀此九子以谢平安君，不然，国其危矣！"大王您赶紧把身边的这九个宠臣杀掉，以此来向平安君田单谢罪，如果不这么做，国家就危险了。

齐襄王听了貂勃的建议，"乃杀九子而逐其家，益封平安君以夜邑万户"，杀掉了九个要陷害田单的宠臣，还给田单新增了夜邑的万户封地。

田单和齐襄王的这段故事，既隐含着田单功高盖主的苦涩，亦潜藏着君王对臣子的猜忌与杀机。功臣与君王相处之难由此可见一斑。事情若不是因貂勃的力劝而出现转机，我想田单和齐襄王之间很可能会兵戎相见。若齐襄王不改弦更张，以田单凭即墨孤城都可绝地反击的军事才华，他会坐以待毙吗？貂勃对齐襄王的劝谏，于情于理都十分正确。可是，我总是隐隐觉得，与其说是齐襄王折服于貂勃的义正词严，似不如说他是惧怕了田单的实力。毕竟，貂勃是田单推荐的人，他所说的话在某种程度上亦可看做是田单对齐襄王所发出的警告。即你不要以为当个国君就可嚣张万分，你可别忘了是谁把你这个国君给扶上马的，我田单既然可以把你扶上马，那我也可以把你拉下马。两条路摆在你面前了，怎么选择请你慎重考虑。

在田单发出PK警告的情况下，齐襄王终于醒悟，主动修复了这段濒临崩溃的君臣关系。

四

“生于忧患，死于安乐。”田单从临淄城的一个协管员成长为出色的军事家，并最终当上了齐相，可是，当坐稳了齐相的高位之后，他也慢慢地蜕变成了既得利益集团中的一员。权力和富贵的侵蚀，不但会改变一个人的心态，使其变得傲慢、嚣张，有时甚至还会降低一个人的智商，减损他的才华。这个规律在田单身上也得到了应验。

事情是这样的：田单要带兵去进攻狄人，出征之前去拜见名士鲁仲连。鲁仲连直言相告：“将军攻狄，不能下也。”将军您去征讨狄人，不会获胜。

仗还没打，鲁仲连就先给田单泼冷水，田单自然很不高兴，他说：“臣以即墨破亡之余卒破万乘之燕，复齐之墟，今攻狄而不下，何也？”意思是，我当年凭着即墨城中的残兵败将就能打败兵力强盛的燕军，收复齐国失地，现在您却说我连狄人都打不过，哪有这样的道理？说完，“上车弗谢而去”。

结果，田单率兵攻狄，“三月不克”，连续攻打了三个月还没取得胜利。齐国就有人编歌谣讽刺田单：“大冠如箕，修剑拄颐，攻狄不能下，垒枯骨成丘。”这段歌谣翻译成现代汉语就是：戴的官帽像簸箕一样大，身上挎的长剑能抵到腮帮子，可是带兵攻打狄人却不能取得胜利，我方死难将士的枯骨都快垒成山丘了。

听到国人唱歌谣讽刺自己，“田单乃惧”，他感觉到了社会舆论的巨大压力。于是他再去向鲁仲连请教：“先生谓单不能下狄，请问其说。”先生您当初就曾说过我不能战胜狄人，请您给我详细解释一下。

鲁仲连分析说，将军您当年在即墨的时候，每天劳作不休，坐着的时候就织布，站起来就拿起锨修筑防御工事。您激励士卒说：“我们没地方可去了！齐国的宗庙都快被燕人给毁了！宗庙被毁坏了，我们又能到哪里寻找归宿！”那个时候，将军您自己有必死的决心，士卒也没有贪生怕死的念头，大家听了您的话之后同仇敌忾，“挥泣奋臂而欲战”，这就是您能打败燕军的原因。可是现在呢，将军您在东面有夜邑的万户封地，在西面有临淄城里的高档会所，您家中金银财宝无数，您自己也沉湎于富贵生活的享乐之中，根本就没有决一死战的斗志，所以您不能打败狄人。

鲁仲连的一番高论让田单茅塞顿开，他当即表态：“单之有心，先生志之矣。”我田单记住先生的教诲了，请您看我的实际行动吧。

田单说到做到，第二天，他就亲自到前线去组织士兵攻城，自己也身先士卒，“立于矢石之所，援袍鼓之”，冲到战场第一线，给士兵击鼓助威，结果，“狄人乃下”，一举就打败了狄人。

田单攻狄的初期受挫和最后成功，不是一般性的励志故事，而是暗含着人性丰富性和可塑性的深刻案例。田单身上既有过人的军事才华，亦有普通人爱犯的毛病，如贪图享乐、爱摆官架子等。田单比常人高的地方不在于他天生就能克服人性的弱点，而在于他能知错就改。用孔子的划分方法，他属于“困而学之者”，遇到了困难，经高人一点拨，自己立马能明白。这样的人虽比不上“生而知之者”和“学而知之者”，但总要比那些跋扈嚣张、一意孤行的刚愎之人要强很多。高官厚禄会给人带来舒适的享受，可是，很多人都忽略了一点：贪图享乐本身就足以使人丧失斗志，无法很好地激励自己、引领他人。换言之，贪图享乐是一种将生命境界和生命能量都往下拉的破坏性力量。若不对这种负面力量抱以足够的警惕，即便神勇如田单者，亦不免受困于狄人。或许正因为这一点，释迦牟尼佛才在灭度之前苦口婆心地嘱咐弟子要“以苦为师，以戒为师”，不可贪图享乐，亦不可放纵身心。凡夫俗子所孜孜以求的就是荣华富贵的享乐生活,可是圣贤们却始终对享乐生活抱以警惕,这就是差距——凡夫只看到了享乐中好的一面,而圣贤则于享乐的种种好处中看到了它所隐含的破坏性力量。

范睢：未完成的“屌丝逆袭”

打掉了牙装死

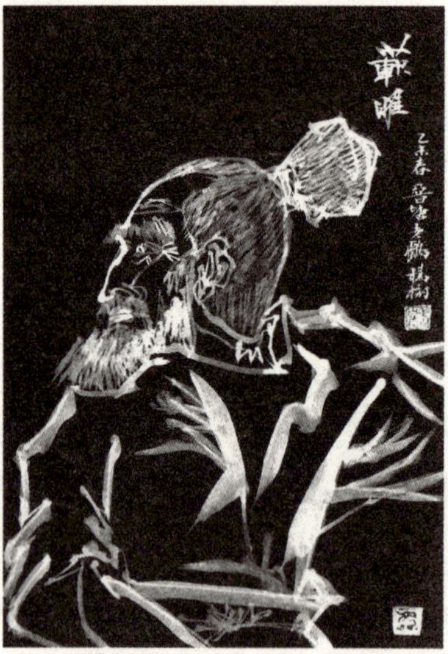

范睢像　杨树 绘

用今天常人的眼光来看，范睢的人生经历堪称战国时期最强的“屌丝逆袭”。

范睢是魏国人，年轻时曾周游列国，希望靠自己的三寸不烂之舌说动国君，谋得高官厚禄。可惜，他的运气没那么好，第一轮游说行动以失败告终。

回到魏国后，范睢打算为魏王服务，可是没有办法筹集到足够的活动经费，没能见到魏王，只好先在魏国中大夫须贾门下做事。

有一次，须贾出使齐国办事，范睢也跟着去了。他们在齐国逗留了几个月，也没取得什么外交成果。当时齐襄王得知范睢很有口才，就派专人给范睢送去了十斤黄金以及牛肉、美酒之类的礼物。须贾知道了这件事，大为恼火，认为范睢必是把魏国的机密出卖给了齐国，所以才得到这种馈赠。于是他“令睢受其牛酒，还其金”，让范睢收下牛肉和酒，而把黄金还回。

事情至此原本也就完了。可是，须贾这个人心量狭小，他觉得我身为魏国正牌使者都没受到齐王的优待，你范睢一个小跟班却受到了齐王的礼敬，这让我情何以堪？嫉妒之下，须贾回到魏国就向魏国宰相魏齐告范睢的恶状。魏齐大怒，就命令左右痛打范睢，打得范睢“折胁摺齿”，肋骨打折了，牙齿也被打掉好几颗。为了保命，范睢假装死掉。魏齐信以为真，遂命人用席子卷了范睢，丢进厕所。这还不算完，魏齐还让宴饮的宾客轮番往范睢身上撒尿，以示羞辱。

范睢还活着，被宾客羞辱之后，他瞅准一个机会对看守说：“您如果放走我，我日后必定重重地谢您。”看守见范睢太可怜，有意放他一条生路，就向魏齐请示，把席子里的死人扔掉算了。魏齐当时正喝得酩酊大醉，就顺口答应说：“可矣。”范睢就此死里逃生。

魏齐醒酒后又后悔了，派人去搜捕范睢。这时，范睢遇到了他生命中的一个贵人——郑安平，这个人带着范睢逃过了搜捕，范睢就此更名改姓，称张禄。

郑安平不但帮助范睢逃难，还设法帮助他出人头地。公元前271年，秦昭王派谒者王稽出使魏国，谒者在当时是一种专门替国君传达命令和通报情况的官职，能近距离接触到秦昭王。为了帮助范睢赴秦，郑安平就假装当差役，去侍候王稽。

王稽问他：“魏国有贤能的人士愿意跟我一起回秦国吗？”

郑安平回答说：“我的乡里有位张禄先生，想求见您，谈谈天下大事。不过，他有仇人，不敢白天出来。”

王稽说：“夜里你跟他一起来好了。”

郑安平就在夜里带着张禄来拜见王稽。结果，“语未竟，王稽知范睢贤”，一番话还没谈完，王稽就知道范睢是个难得的人才，遂对他说："先生待我于三亭之南。"请您在三亭冈的南边等着我，意思是等我回国的时候就带您去秦国。秦国的一个谒者，来魏国替国君传递口信之余，还不忘访贤，并设法把人才带回到秦国。这个谒者也真是个有心人，如果秦国有各种年度人物评奖，那应该给他评一个最佳“人才发现奖”。

范睢如约来到三亭冈南，被王稽带离了魏国，到了秦国。

其时，秦国的情况也并不太好。公元前307年，秦武王与大力士孟说搞举重比赛，“脉绝而薨”，举鼎造成了骨折（一说是血管破裂），当场毙命。秦武王突然去世，他又没有儿子，那空出来的国君之位谁来干呢？嬴氏家族的诸多人可就都盯上了——毕竟，这个岗位太诱人了，年薪多少咱先不说，关键是权力最大，福利待遇又最高，仅这两项还不就教人争破了头？想想吧，光是个公务员就多少人报名竞争，何况人家那是国君！

在这场异常残酷的竞争中，最后的胜出者竟然是尚在燕国做人质的嬴稷！他以秦武王“异母弟”的身份被迎回，当上了国君，是为秦昭王（亦作秦昭襄王）。秦昭王为什么能在残酷的竞争中胜出呢？原因很简单，因为他有强势的老妈和舅舅。他的老妈是宣太后，宣太后还有两个弟弟魏冉和华阳君芈戎。秦武王死后，“诸弟争立，唯魏冉力为能立昭王”，在秦武王诸多弟弟争夺君位之际，正是魏冉力争，才使得外甥嬴稷成了秦昭王。为了感谢舅舅在关键时刻出手相助，秦昭王上台后立马“以冉为将军，卫咸阳”，让舅舅当了秦国的大将军，掌管都城咸阳的卫戍部队。

魏冉是个狠角色，他凭着自己的拥立之功，“逐武王后出之魏，昭王诸兄弟不善者皆灭之”，把秦武王的皇后驱逐回了魏国（武王后本是魏女），又把秦昭王兄弟辈中看着不顺眼的人全部杀掉了，如此一来，凡是能对秦昭王构成威胁的政治势力就都被清除了。

魏冉替秦昭王排斥异己手段狠辣，自己从外甥那里揽权也丝毫不客气。秦昭王当上国君之际，年龄尚小，还不能亲政，于是“宣太后自治，任魏冉为政”，这姐弟两人成了秦国政权的实际拥有者。魏冉被封为穰侯，五度为相，家产富可敌国。最关键的是，为了防止大权旁落，宣太后和魏冉姐弟二人一改秦孝公以来推行的“人才强国战略”，不再积极招纳六国的客卿，反而以防止间谍为名，千方百计阻止六国之人到秦国来谋求发展。等于说，魏冉执政之时，秦国的移民政策突然变了，不但原来积极吸引移民的优惠政策取消了，而且还打击六国移民，压根就不想让六国之人再到秦国来了。

范雎就正是在这种背景下被王稽带到秦国的。他们的车子走到今天河南灵宝市附近的时候，王稽和范雎远远望见一列豪华车队从西边疾驰而来。

范雎问：“彼来者为谁？”那边过来的是谁？

王稽答：“秦相穰侯东行县邑。”是我们秦国的国相穰侯去东边巡行视察县邑。

范雎很警觉，立马说：“吾闻穰侯专秦权，恶内诸侯客，此恐辱我，我宁匿车中。”意思是，我听说穰侯魏冉独揽秦国大权，他讨厌秦国接纳其他诸侯国的说客，如果让他发现我，他恐怕要侮辱我，我还是暂时在车里面藏一下吧。

不一会儿，穰侯魏冉来到，他先慰问王稽，然后停下车询问：“关东有何变？”关东六国的局势可有什么新变化？

王稽答：“无有。”国际形势没什么新变化。

穰侯魏冉又对王稽说：“谒君得无与诸侯客子俱来乎？无益，徒乱国人耳。”使臣先生没有带着六国的说客一起回秦国吧？这种人没什么用处，只会破坏我们秦国安定团结的大好局面。

王稽赶快回答：“不敢。”我哪里敢做这事。

两人的车队遂各走各的路——魏冉的车队向东走，王稽则拉着范雎继续西行。

此时，范雎的智商又救了自己一命，他对王稽说：“吾闻穰侯智士也，其见事迟，乡者疑车中有人，忘索之。"即我听说穰侯是个有智谋的人，他处理事情多疑，刚才他怀疑车中藏着人，可是忘记搜查了。于是范雎就跳下车来，徒步奔走，还跟王稽说："此必悔之。"意思是，穰侯魏冉一定会后悔没有搜查车子，会再返回来搜查。

果然，走了大约十几里，穰侯魏冉派骑兵追上王稽的车子，要求搜查。因范雎早已下车步行，骑兵没有发现车中有外人。

躲过了穰侯魏冉的搜查之后，范雎才在王稽的带领下顺利进了咸阳城。

王稽回国后先向秦昭王汇报了一番出使情况。工作汇报结束后，他趁机进言："魏有张禄先生，天下辩士也。曰'秦王之国危于累卵，使臣得安，然不可以书传也。'臣故载来。"意思是，魏国有个张禄先生，这个人是天下难得的善辩之士。他说'秦王的处境已经非常危险了，危险得就像一层一层地堆起的鸟蛋一样，随时都有倒掉摔碎的危险。如果他能听我的，还可以获得安全，但我要跟他说的话不能靠书信传递，必须面谈。'听他这么说，我就把他载到秦国来了。大王您要不要见一见他？"

可是，秦昭王根本不相信，就没答应见范雎。

这个时候，秦昭王已经当上国君三十六年了。秦国在南面夺取了楚国的鄢、郢等重镇，楚怀王也已在秦国被囚禁而死，南面的楚国日益衰败了。在东方，秦国也已打败了齐国，迫使齐湣王取消了"东帝"的称号（秦和齐曾同时称帝，秦王称"西帝"，齐王称"东帝"）。此外，秦国还多次攻击韩、赵、魏三国，领土也扩张了不少。面对蒸蒸日上的国势和自己的赫赫武功，你一个魏国说客就说我"危于累卵"，这不是瞎掰吗？况且，秦昭王受穰侯魏冉等人的影响，也对六国的说客有成见。

秦昭王不肯见，范雎没办法，就只好住在秦国的破旅馆里，靠吃糠咽菜度日，等待机会。这一等就是一年多的时间。

看他怎么游说秦昭王

在住旅馆等待机会的日子里，范雎仔细地研究了一番秦国的国内形势。当时的秦国是太后党和权贵得势，这些人构成一个强大的既得利益集团，已然成了秦国继续发展的阻力。比如，穰侯、华阳君是宣太后的弟弟，属于典型的太后党，泾阳君、高陵君是秦昭王的同胞弟弟。穰侯一直担任国相，华阳君、泾阳君和高陵君三个人轮番担任将军，他们都有封赐的领地。仗着宣太后的庇护，这几个人大肆敛财，家产均富可敌国。最致命的一点是，穰侯魏冉为了扩大自己的陶邑封地（今山东的定陶一带），竟然要越过韩国、魏国去攻打齐国的纲寿（今山东东平一带）。魏冉从那么远的秦国发兵来攻打齐国的纲寿，确实是为了自己的私利，而非为秦国之利。此事让范雎看到了机会。

范雎上书秦昭王，阐明自己的看法。他说："臣闻明主立政，有功者不得不赏，有能者不得不官，劳大者其禄厚，功多者其爵尊，能治重者其官大。故无能者不敢当职焉，有能者亦不得蔽隐。"这是讲治国的大原则，圣明的君主管理国家，有功劳的不可以不给奖赏，有才能的不可以不授官职，劳苦大的俸禄多，功绩多的爵位高，能管众多事务的官职大。没有才能的不敢担当官职，有才能的也不会被埋没。

大原则说完之后，他接着说："语曰'庸主赏所爱而罚所恶，明主则不然，赏必加于有功，而刑必断于有罪。'今臣之胸不足以当椹质，而腰不足以待斧钺，岂敢以疑事尝试于王哉？虽以臣为贱人而轻辱，独不重任臣者之无反复于王邪？"这段话的意思是，俗话说"庸碌的君主奖赏他宠爱的人而惩罚他厌恶的人；圣明的君主就不这样，奖赏一定施给有功的人，刑罚一定判在有罪人的身上"，如今我的胸膛承受不住铡刀和砧板，我的腰也承受不了斧钺，那我怎么敢用毫无根据、疑惑不定的主张来试探大王呢？即使您认为我是个微贱的人而加以轻蔑，难道就不重视推荐我的人对您的担保吗？

为了让秦昭王相信自己，范雎又举了几个例子："且臣闻周有砥砨，宋有结绿，梁有县藜，楚有和璞，此四宝者，土之所生，良工之所失也，而为天下名器。然则圣王之所弃者，独不足以厚国家乎？"意思是，况且我听说周室有砥砨，宋国有结绿，魏国有县藜，楚国有和氏璞玉，这四件美玉，都产于土中，连优秀的工匠都误认为是它们就是石头，但它们终究成为天下的名贵之宝。这说明，即便是圣明君主也有看走眼的时候，他们所抛弃的人，其实正是难得的人才，恰可以使国家变得强大。这等于暗示秦昭王，我范雎就是美玉一样的人才，您要遗弃了，可不要后悔吆。

怕仅这么自我宣传效果不够好，范雎就又加了一段："臣闻善厚家者取之于国，善厚国者取之于诸侯。天下有明主则诸侯不得擅厚者，何也？为其割荣也。良医知病人之死生，而圣主明于成败之事，利则行之，害则舍之，疑则少尝之，虽舜禹复生，弗能改已。语之至者，臣不敢载之于书，其浅者又不足听也。意者臣愚而不概于王心邪？亡其言臣者贱而不可用乎？自非然者，臣愿得少赐游观之间，望见颜色。一语无效，请付斧质。"这段话的大意是，我听说善于中饱私囊的大夫，一定是从诸侯国中取利；善于使一国富足的诸侯，一定是从其他诸侯国中取利。如果天下有了圣明的君主，那么诸侯就不得独自豪富，这是为什么？是因为它们会削割国家而使自己显贵。高明的医生能知道病人的生死，圣明的君主能洞察国事的成败，认为对国家有利的就实行，有害的就舍弃，有疑惑的就稍加试验，即使舜和禹死而复生，也不能改变这种方法。要说的至深话语，我都不敢写在书信上，一些浅露的话又不值得您一听。想来是我愚笨而不符合大王的心意吧？还是推荐我的人地位卑微而不值得听信呢？如果不是这样，我希望您赐给我少许游览观赏的空闲时间，让我拜见您一次。如果一次谈话没有效果，我请求伏罪受死刑。

范雎这篇又是说理又是赌咒发誓的上书，终于打动了秦昭王。秦昭王决定召见范雎，当面向其请教治国之策。

面见秦昭王，本是范雎梦寐以求的事情。可以说，他早就等着这一天了，并为此做好了充分的准备。见面的时候，他做了很多"假动作"，以此来烘托铺垫。第一招，他先刺激秦昭王。应召见面那天，范雎到了宫门口，故意走错门，不进事先约好的房间，而是乱闯别的房间。宦官当然不愿意了，就呵斥范雎："这王宫是你随便乱闯的吗？没看着大王过来了吗？让开！让开！"侍候权贵的狗腿子有时比主人还凶，这种情况自古已然。

其实范雎也看见秦昭王出来了，但他故意与宦官理论："秦安得王？秦独有太后、穰侯耳。"秦国哪有国王呀，我只知道秦国有太后和穰侯。他用这话刺激秦昭王。

秦昭王听到范雎正在与宦官争吵，便上前去迎接范雎，并向他道歉说："寡人宜以身受命久矣，会义渠之事急，寡人旦暮自请太后；今义渠之事已，寡人乃受命。窃闵然不敏，敬执宾主之礼。"从这番话中我们可以看出，秦昭王确实是真心想倾听范雎的治国之策。他说，我本该早就向您请教了，正遇到处理义渠的事情很紧迫，我早晚都要向太后请示。现在义渠事件已经处理完毕，我才得机会向您请教。我这个人很糊涂，不聪敏，让我向您敬行一礼。

于是，秦昭王向范雎行礼，范雎也客气地还了礼。宦官们看到秦昭王对范雎如此礼敬，立马对这个人肃然起敬。

接下来，该正式向秦昭王献计献策了吧？不。范雎又使出了第二招：欲擒故纵。

秦昭王喝退了左右近臣，"跽而请曰：先生何以幸教寡人？"长跪着问范雎，先生您有什么话赐教于我？

范雎曰："唯唯。"唯唯，应允之声，相当于"好吧，好吧"。可是，他"唯唯"之后却一言不发。

等了一会，秦昭王不见范雎说话，就又问了一遍："先生有什么话要赐教于我？"

范雎的回答仍是"唯唯"，之后还是不说话。

"若是者三"，这种情况重复了三次。

若是今天的领导，可能早就火了。明明是你上书请求见面，见了面，我诚心诚意地请教，你却给我演上哑剧了，你这不是耍我吗？

但秦昭王还是很有修养的，他仍然"跽"曰："先生卒不幸教寡人邪?"先生真的不想让我荣幸地听到您的教诲了吗?

这个时候,范雎的话匣子才真正打开,他说:"非敢然也。"我不敢这么做。那是为什么呢?我有我的苦衷呀。他说:"今臣,羁旅之臣也,交疏于王,而所愿陈者,皆匡君之事,处人骨肉之间。愿以陈臣之陋忠,而未知王心也,所以王三问而不对者是也。臣非有所畏而不敢言也,知今日言之于前,而明日伏诛于后,然臣弗敢畏也。大王信行臣之言,死不足以为臣患,亡不足以为臣忧,漆身而为厉,披发而为狂,不足以为臣耻。五帝之圣而死,三王之仁而死,五伯之贤而死,乌获之力而死,奔、育之勇焉而死。死者,人之所必不免也。处必然之势,可以少有补于秦,此臣之所大愿也,臣何患乎?伍子胥橐载而出昭关,夜行而昼伏,至于蔆水,无以饵其口,坐行蒲服,乞食于吴市,卒兴吴国,阖庐为霸。使臣得进谋如伍子胥,加之以幽囚,终身不复见,是臣说之行也,臣何忧乎?箕子、接舆,漆身而为厉,被发而为狂,无益于殷、楚。使臣得同行于箕子、接舆,漆身可以补所贤之主,是臣之大荣也,臣又何耻乎?臣之所恐者,独恐臣死之后,天下见臣尽忠而身蹶也,是以杜口裹足,莫肯即秦耳。足下上畏太后之严,下惑奸臣之态,居深宫之中,不离保傅之手,终身暗惑,无与照奸,大者宗庙灭覆,小者身以孤危。此臣之所恐耳!若夫穷辱之事,死亡之患,臣弗敢畏也。臣死而秦治,贤于生也。"

范雎这话段的大意是,如今我是个寄居异国他乡的臣子,与大王您交情疏浅,而我所希望陈述的都是纠正您错误的大事,我处在大王与您的亲戚骨肉关系之间来谈这些,本想进献我的一片忠心,可是我又不知大王心里是怎么想的。这就是大王您连续三次询问而我仍不敢回答的原因。我并不是害怕什么而不敢说出来。我知道,我今天向您陈述了自己的主张,明天就可能被杀掉,可是我仍不想逃避。若大王果真照我的话办了,受死不值得我忧患,流亡不值得我苦恼,就是漆身生癞,披发装疯我也不会感到羞耻。况且,像五帝那样的圣明终不免死去,三王那样的仁爱也不免死去,春秋五霸那样的贤能也不免死去，乌获、任鄙那样力大无比也难免一死，成荆、孟贲、庆忌、夏育那样勇猛威武也不免死去。死亡是每个人必不可免的。若能够对秦国的发展有帮助，为此去死正是我最大的心愿，我没什么好担忧的。过去伍子胥被装在口袋里逃出了昭关，夜里行走，白天隐藏，走到陵水，连饭也吃不上了，只好爬着行走，裸出上身，叩着响头，鼓起肚皮吹笛子，在吴国街市上到处行乞讨饭，可他后来终于振兴了吴国，使阖闾成为霸主。假使我能像伍子胥一样，尽自己的智谋效忠秦国，就是再把我囚禁起来，终身不再见大王，只要我的主张得以实行，我也愿意接受。过去箕子、接舆漆身生癞，披发装疯，可是对君主毫无益处。我所担忧的，只是怕我死后，天下人看见我为君主尽忠反而遭到死罪，因此全部闭口，再也没人肯到秦国来了。现在您在上面害怕太后的威严，在下面又被奸佞臣子所迷惑。您自己身居深宫禁院，离不开左右近臣的把持，终身迷惑不清，也没人帮助您辨出邪恶。长此下去，从大处说可能会导致国家覆亡，往小处说您自己也会限于孤立无援的境地，这才是我真正担忧的。至于说遭受困穷、屈辱、处死、流亡之类的处罚，我反倒从不害怕。如果我死了而秦国得以大治，那我的死去就比活着更有意义。

这一大段气势恢宏的话一说，秦昭王立马被打动了，说："先生是何言也！夫秦国僻远，寡人愚不肖，先生乃幸至此，此天以寡人慁先生，而存先王之庙也。寡人得受命于先生，此天所以幸先王而不弃其孤也。先生奈何而言若此！事无大小，上及太后，下至大臣，愿先生悉以教寡人，无疑寡人也。"意思是，先生这是怎么说呢！秦国偏僻远处一隅，我本人愚笨无能，先生竟屈尊光临此地，这是上天恩准我烦劳先生来帮助我，以让我继承并发展先王的遗业啊。我能得到先生的教诲，这分明是上天的恩赐！先生怎么说这样的话呢！从此以后，事情无论大小，上至太后，下到大臣，有关问题希望先生毫无保留地给我以指教，不要再怀疑我了。

至此，范雎如愿以偿地得到了秦昭王的信任。范雎赶紧起身行礼，秦昭王连忙还礼。

接下来，范雎给秦昭王分析了秦国形势。他说，秦国地理位置优越、军事力量强大，就连普通百姓都是“怯于私斗而勇于公战”，是“王者之民”，凭着这么好的条件，秦国兼并诸侯应该像猛犬追捕跛了脚的兔子一样容易。那为什么秦国到现在还没做到这一点呢？是因为大王您的臣子们不称职。秦国已经闭关固守，不敢向崤山以东进军，这种情况已经持续十五年了，这都是因为穰侯出谋划策不竭尽忠心。当然，大王您也有决策失误之处。

秦昭王赶紧说：“寡人愿闻失计。”我很想知道自己哪里决策失误了。

看到“火候”成熟了，范雎终于亮出了自己“撒手锏”：“夫穰侯越韩、魏而攻齐纲寿，非计也。”穰侯越过韩、魏两国去进攻齐国纲寿，这是个非常错误的决策。为啥呢？“少出师则不足以伤齐，多出师则害于秦。”出兵少就不能损伤齐国，出兵多反会损害秦国自己。劳师袭远，向来不是个好办法，大王不如“远交而近攻”，即结交远邦而攻伐近国。这样做的好处是，“得寸则王之寸也，得尺则王之尺也”，攻取一寸土地就成为大王您的一寸土地，攻取一尺土地也就成为大王您的一尺土地。您如今放弃近国而攻打远邦，不是太荒谬了吗？即便在齐国夺取了土地，秦国隔着那么远，也不便管理呀。韩、魏两国地处中原，大王如果打算称霸天下，就必须先搞定这两个国家，以此作为争夺天下的关键。

至此，范雎明确地向秦昭王提出了“远交近攻”的战略构想。就对秦国的发展而言，“远交近攻”是个非常高明的战略。战国中后期，六国用合纵对付秦国，秦国则用连横分化瓦解六国的合纵联盟。最后，秦国终于以连横打败了六国的合纵联盟，在这个过程中，范雎是一个绕不开的人物。张仪是替秦国策划连横的首倡者，范雎则将连横发展到了新阶段。如果说连横是秦国的外交方针的话，那么“远交近攻”就是落实这一方针的操作手册。面对东方六国，秦国拉哪个打哪个，心中不能没谱，范睢提出“远交近攻”之后，方向就明确了：离着秦国远的，我们就采用拉拢战术，给好处，诱惑其与秦国结盟；而对于离着秦国近的国家，对不起，打你没商量。在战国后期，秦国其实就是按照这个办法，一一兼并六国的。

秦昭王本身就是一个雄才大略的君王，听了范睢的一番分析，大有醍醐灌顶之感，立马授予范睢客卿之职，同他一起谋划军事。

范睢成了秦昭王的宠臣。

采取“远交近攻”战略之后，秦国很快在魏国、韩国有所斩获，夺取了上党地区这块军事上的重地。范睢也“日益亲，用事”。

彻底得到秦昭王信任后，范睢开始向宣太后和穰侯魏冉宣战，他对秦昭王说：“臣居山东时，闻齐之有孟尝君，不闻有王；闻秦有太后、穰侯、华阳、高陵、泾阳，不闻有王。”意思是，身为国君，您的名声还不如太后、穰侯。最关键的是，“太后擅行不顾，穰侯出使不报，华阳、泾阳等断击无讳，高陵进退不请”，这些权贵太目无国君了，如果听任他们发展下去，“万世之后有秦国者，非王子孙也”。意思是以后他们都可能会篡夺秦国的政权，秦国就不再姓嬴了。

秦昭王听后大惊，说：“善！”然后就果断地“废太后，逐穰侯、高陵、华阳、泾阳君于关外”。即废除了太后干政的权力，把穰侯、高陵君、华阳君、泾阳君等一批权贵驱逐出国都，贬他们到自己的封邑去。

秦昭王打击了太后党及其既得利益集团后，“乃拜范睢为相”，此时是秦昭王四十一年，距范睢初到秦国只有五年的时候。也就是说，范睢用了五年的时间就从被魏国追捕的逃犯转身成为秦国的国相。

范睢报仇

范睢当秦相之际，恰处于秦国大举兼并六国的进程之际。楚国、齐国的实力都已削弱，秦国成了当之无愧的唯一超级大国，秦国东伐韩、魏，不断开疆辟土。身为秦相，范睢此时的化名“张禄”也威震诸侯，尤其是屡屡挨打的韩、魏等国，都想方设法巴结“张禄”，以便与秦国搞好关系，少受侵略。在这种背景下，魏王派须贾出使秦国，希望通过外交努力免遭侵略。这真可谓“不是冤家不聚头”，几年前的冤家又碰到一起了。

范雎得知须贾到了秦国，便隐蔽了相国的身份，“敝衣间步之邸”，穿着破旧的衣服，步行到宾馆去见须贾。

须贾一见范雎不禁惊愕道：“范叔固无恙乎！”老范，原来你还没死啊！

范雎说：“然。”

须贾笑着说：“范叔有说于秦邪？”即你是来秦国游说的吧？

范雎答道：“不也。”而且还故作谦虚地说，我以前得罪了魏国宰相，所以流落逃跑到这里，哪里还敢游说？

须贾问道：“今叔何事？”那你现在干些什么事？

范雎答道：“臣为人庸赁。”我靠给别人打工谋生。

须贾“意哀之”，听范雎说自己混得挺惨，非常同情他，就留范雎一起吃了顿饭，吃饭之间还感慨：“范叔一寒如此哉！”真没想到你竟然贫寒到这个地步！说完，还取出了自己一件粗丝袍送给了范雎。

须贾顺便打听“张禄”：“秦相张君，公知之乎？吾闻幸于王，天下之事皆决于相君。今吾事之去留在张君，孺子岂有客习于相君者哉？”意思是，你知道秦相张禄这个人吧？我听说他在秦王那里很得宠，有关天下的大事都由他决定。这次我要办的事情，成败也取决于这个张禄。你有没有能跟这个张禄搭上关系的朋友呀？

范雎顺势说：“主人翁习知之，唯雎亦得谒，雎请为见君于张君。”我的老板跟他很熟悉，我也能求见他，请让我把您引见给他。

然后，范雎就亲自给须贾驾车，来到了秦国相府。相府里的人看到范雎驾着车子来了，“有识者皆避匿”，认识他的人都对给他让路，很恭敬。

到了秦相办公的地方，范雎对须贾说：“待我，我为君先入通于相君。”意思是，您先等等我，我先进去向相国张君通报一声。

须贾就在门口等着，等了很长时间没动静，便问门卒说："范叔不出，何也？"老范进去通报这么久了，怎么还不出来？

门卒答："无范叔。"我们这里也没有一个叫老范的人呀。

须贾说："乡者与我载而入者。"就是刚才跟我一起乘车进去的那个人。

门卒说："乃吾相张君也。"那是我们秦国的国相张禄。

须贾大惊，自知被诓骗进来，"乃肉袒膝行，因门下人谢罪"，双膝跪地，甘愿认罪。

范雎这时候开始摆谱儿了，"盛帏帐，侍者甚众，见之"，让人先把会场布置得非常气派，然后才让须贾上堂来见。

须贾"顿首因言死罪"，一边磕头一边说自己罪该万死，还说："贾不意君能自致于青云之上，贾不敢复读天下之书，不敢复与天下之事。贾有汤镬之罪，请自屏于胡貉之地，唯君死生之。"意思是，我须贾没想到您靠自己努力达到这么高的地位，我不敢再读天下的书，也不敢再参与天下的事了。我犯下了应该烹杀的大罪，把我抛到荒凉野蛮的胡貉地区我也心甘情愿，让我活让我死全凭您的决定了！

范雎问："汝罪有几？"你有几条罪状？

须贾答："擢贾之发以续贾之罪，尚未足。"拔下我的头发来数我的罪过，也不够数，多得没法数了。这个人倒也会说话，认罪态度比较好。

范雎历数他的三条罪状，"公前出雎为有外心于齐而恶雎于魏齐，公之罪一也。当魏齐辱我于厕中，公不止，罪二也。更醉而溺我，公其何忍乎？罪三矣。"你认为我对魏国有外心，暗通齐国，并在魏齐面前说我的坏话，这是第一条罪状。当魏齐把我扔到厕所里肆意侮辱时，你不加制止，这是第二条罪状。喝醉之后往我身上撒尿，你怎么能够忍心啊？这是第三条罪状。

数完罪状之后，范雎还是放了须贾，原因是须贾赠自己一件粗丝袍，"有故人之意"，有对老相识的同情之心。看在这份情谊之上，范雎放了须贾。

几天之后，须贾来向范雎辞行。范雎大宴各诸侯国的使节，“食饮甚设”，饭菜的档次极高，但偏偏把须贾安排在“堂下”，“置莝豆其前，令两黥徒夹而马食之”，即把莝豆放在他面前，还让两个奴隶押着他，让他像马一样吃那些莝豆。然后还让须贾传话：“为我告魏王，急持魏齐头来，不然者，我且屠大梁。”你回去告诉魏王，赶紧把魏齐的人头给我送来，要不然，我就发兵攻打你们魏国的都城大梁（今河南开封）。

须贾回到魏国，传话给了魏王。魏齐大为惊恐，赶紧逃到了赵国，躲藏在平原君的家里。后来，秦昭王也想替范雎报仇，就写信给赵国的平原君，希望他交出魏齐，平原君不忍。秦昭王又迫令赵孝成王交出魏齐，魏齐又转而找赵相虞卿寻求保护，但虞卿也保护不了，二人就一块跑到了魏国信陵君处，请信陵君保护。信陵君畏惧秦国，不肯见。走投无路之下，魏齐只好拔剑自刎。赵孝成王赶紧把魏齐的头送到了秦国。

至此，范雎大仇已报，恶气始出。

范雎之死

范雎报怨不含糊，报恩也是极尽其所能。当上秦相之后，范雎向秦昭王说：“非王稽之忠，莫能内臣于函谷关；非大王之贤圣，莫能贵臣。今臣官至于相，爵在列侯，王稽之官尚止于谒者，非其内臣之意也。”意思是，如果不是王稽有对秦国的忠诚之心，他就不会把我带回秦国；不是大王您的贤能圣明，就不能使我如此显贵。如今我的官位做到了相国，爵位已经封到列侯，可是王稽还仅是个谒者，这恐怕对不起他把我带回秦国的一片苦心。于是，秦昭王召见了王稽，任命他做河东郡守，并且免了河东郡三年的税收。

范雎又向秦昭王举荐了他的另一个恩人郑安平，秦昭王任命郑安平为将军。这两个大恩人之外，所有在落魄时帮助过范雎的人都得到了重谢。这本该是一个很温暖的结局。可是，偏偏是两个大恩人给范雎惹出了乱子。

先是郑安平出了事。公元前260年，秦国名将白起在长平之战中打败赵军，白起随后乘胜进攻，包围了赵国的都城邯郸。可是，秦昭王害怕白起拥兵自重，就跟赵国达成和解（赵国割地给秦国），将白起召回了咸阳。但赵国不愿意履行合约，秦国再次发兵围攻邯郸。这次，白起不同意出兵攻赵，认为“邯郸实未易攻也”，也不再担任秦军主帅。于是，秦王就以郑安平代替白起，与王龁一起率兵围攻邯郸。赵国军民在平原君的组织下，坚决防御，秦军久攻不下，楚、魏两国的救赵之兵又赶到，秦军受到了内外夹击，大败而逃。郑安平与两万秦军被赵国反包围，最后只得投降赵国。按照秦国法律，“任人而所任不善者，各以其罪罪之”，即保举官员出问题，举荐人要负连带责任。按照这个原则，举荐郑安平的范雎“罪当收三族”，要被灭三罪。但秦昭王念及范雎对秦国的巨大功劳，不让追究范雎的罪责，反而对范雎多加赏赐，“以顺适其意”，让他心情好受些。

可是，几年之后，赵、魏、楚三国联军进攻秦国，攻击河东郡。平时，身为河东郡守的王稽对待下属刻薄寡恩，光顾自己作威作福，不管部下的死活。河东郡受到强敌进攻之际，军吏不肯与之同仇敌忾。更关键的是，王稽还“与诸侯通”，出卖秦国利益。如此一来，河东之地很快失守。

王稽本来没有做郡守的才能，是范雎力荐才坐上了这个高位。现在，王稽失职甚至涉嫌叛国，并致使秦国丧失了河东之地。秦昭王大怒，将王稽下狱论死。

范雎连续举荐的两个人都犯了死罪，范雎感到颜面尽失，遂服毒自杀，是为秦昭王五十二年，即公元前255年。

范雎的一生都活在恩怨里，他由郑安平和王稽两个恩人的帮助而从“屌丝”成功“逆袭”，当上了秦相，最后他也因错误举荐这两个人而受牵连，直至自杀身亡。

范雎这个人，其人生底色与苏秦、张仪是一路的，都是纵横家，都要追求个人的飞黄腾达。他们的成功路径也大致相似，走的都是“屌丝逆袭”的路线，靠着三寸不烂之舌游说君王，然后出将入相。在一个社会剧变的时代，“屌丝逆袭”的故事会成为很多人的励志教材，让在底层苦苦挣扎的人不至于绝望。不过，我们也要看到，“屌丝逆袭”多要经历大起大落，“逆袭”的路上会结下诸多恩怨，这些大起大落，这些恩怨纠缠，都会造成相当程度的心态失衡，乃至生命状态的过度紧张。长期处于绷紧的人生状态，一个人心里的不满和怨恨也会在时间的积聚中慢慢发酵。如果再缺乏广阔的胸襟和超凡的气度，那么他在“逆袭”成功之后，必然会选择报复——报复当年与自己结怨的人，以解心头之恨。有的甚至还要“富贵还乡”，以一种炫耀性的大排场来向乡亲宣告自己的成功。这既是一种正常的心理宣泄，同时也正说明“逆袭”者依然没有走出当年落魄、屈辱的心理阴影。中国传统道德是讲究“恩欲报，怨欲忘”的，为什么要教人不记仇？除了让人存心厚道的道德诉求外，对个人而言，也只有彻底地宽恕了曾经的仇人，你才能算是一个真正的成功者，因为这代表着你靠自己强大的内心已然治愈了曾经的伤痛。单纯地复仇是达不到这个效果的。复仇虽快意，但它正说明你曾经受伤的心灵仍在继续流血。韩信在落魄之时，曾受过“胯下之辱”，也曾受过漂母（一个洗衣服的老妇人）的饭食之恩。当他富贵之后，他以重金谢漂母，同时“召辱己之少年令出胯下者以为楚中尉”，让当年侮辱自己的那个人当了个小军官，以示感谢。韩信说这个少年“此壮士也”，若我不是当年忍下了他的胯下之辱，我也就没有了今天。事情就怕比较，拿韩信与范雎一比，我们就看出了范雎气量之狭小。范雎虽贵为秦相，可他为人的气度依然是凡夫俗子的水平，跟今天炫贵炫富、耀武扬威的暴发户处于同一级别，而韩信的气度则是英雄的气度，千载之下，亦让人心怀钦佩。

表面上看，范雎的人生堪称经典的“屌丝逆袭”。他的人生最低点是差点被人打死，装死时还被人往身上撒尿，受尽了侮辱，命悬一线；他的人生最高点是贵为秦相，要取仇人魏齐的人头，“通缉令”一发出，魏齐在整个国际社会都没有了藏身之处，最后只得自杀，其威慑力惊人。能用几年的时候就从那个最低点“逆袭”到最高点，人生跨越不可谓不大，个人升迁的速度不可谓不快，说他是战国时期最强“逆袭”似也不为过。

可是在我看来，范雎的人生实际上仍是一部未完成的“屌丝逆袭”。为啥这样说呢？我觉得，“屌丝逆袭”除了要完成“硬件”的更新换代外，“软件”升级亦不可少。“硬件”主要是由财富、地位、名望等外在要素构成的，一个人从受人轻贱的穷小子变成受人瞩目的富翁、权贵，“硬件”的更新换代一般来说即宣告完成。“软件”升级则事关一个人的心灵成长，这个东西虽然外人看不见，但它对逆袭者而言却异常重要——若不能在心灵上成功“逆袭”，那这个人的“逆袭”就仍是个未完成状态，甚至属于“烂尾工程”。

一个人拥有的财富越多，赢得的社会地位越高，他的社会责任也随之越来越大。要承担更大的社会责任，就必须有更博大的胸襟与气度。如果只是“硬件”更新换代了，“软件”升级不能及时跟进，那就会出现“德不配位”的情况。中国古人讲：“德不配位，必有灾殃。”这话是有道理的。仅仅取得财富和权力不算真本事，能用好财富和权力才是真本事。范雎有能力，有才华，在很短的时间内就从“屌丝”逆袭成秦相，这当然不易。可他在位高权重之际，却没能利用好自己手中的权力。因他心里装的个人恩怨太多，在拥有了巨大的权力之后，权力反成了他个人报怨、报恩的一个工具。他动用秦国的“公权力”追捕仇人魏齐，这已然是公私不分了。更可怕的是，他报恩时也滥用“公权力”。身为秦相，范雎举荐官员时本来应该心存公正，可他却“任人唯恩”——谁对我有恩我就举荐谁，这在本质上其实跟今天的卖官卖官差不多，只不过今天买官卖官的中介物是钱，而在范雎那里，这个中介物变成了“恩”，二者的本质都是公权私用。这就属于典型的“德不配位”。今天的不少贪官、富豪出事，有的甚至沦为阶下囚，本质上也属于“德不配位”——他们的“硬件”设备早就更新换代了，可“软件”一直不升级，有的甚至还感染了“病毒”，最终导致整个人生“瘫痪”“死机”。

范雎用秦国的高官厚禄报恩，对他个人而言，固然使其重谢恩人的心理得到了满足，可实质上他却害了恩人，也最终害了自己。试想，若不是范雎力荐王稽和郑安平做高官，两个人还在自己原来熟悉的岗位上工作，他们会那么快就死掉吗？若不是受这两个恩人的连累，范雎又何必服毒自杀？

史书记载，范雎这个人的特点是“一饭之德必偿，睚眦之怨必报”，说明他是一个恩怨分明的人。恩怨分明是应该的，恩怨不分，是非不清，那是糊涂蛋，不值得提倡，“一饭之德必偿”也是很大的优点，但搞到“睚眦之怨必报”就有点过分了。拥有了包容、开阔的气度，才配拥有张弛有度、仰伏从容的人生。若一个人非要睚眦必报，心里装的都是恩怨，就太紧张了。如此一来，不仅让人感到气量狭小，最关键的是自己的人生也会失去了应有的弹性与美感，很不值，甚至成了一个“杯具”。

白起的战场

战国时代，最直观的特点就是战争频繁。在这样的时代，涌现战功赫赫的名将亦在情理之中。在战国时期的众多名将中，最耀眼的当属秦国名将白起。有人统计过，秦国自秦孝公时发动兼并六国的战争，至秦始皇时统一六国，历次战争共斩杀六国士兵165.5万，而经白起指挥的战争所攻杀的敌方士兵竟有92万之多。后人评出战国四大名将（白起、王翦、廉颇、李牧），白起亦列首位。

战国时期，规模最大的一次战争就是秦赵之间的长平之战。白起的名字亦与此战密切联系在一起。

赵国自赵武灵王实行“胡服骑射”改革之后，国力大增，军事力量更是让人刮目相看。尤其是到了战国后期，赵国几乎成了唯一可以在军事上与秦国争锋的国家。公元前269年，赵国名将赵奢在阏与（今山西和顺）之战中以骑兵突袭的方式大败秦军，使秦国遭遇了前所未有的惨败。自此以后，赵国就成了阻击秦国兼并六国的中流砥柱。在强悍的赵军面前，秦国的虎狼之师亦无可奈何，“秦不能得其所欲”。可是，秦国要兼并六国，又不得不打破僵局。正是在这种背景下，秦赵两大军事强国之间的最后对决在长平（今山西长治）地区上演了。

长平之战是由秦赵两国争夺上党地区引发的。上党地区原属韩国，公元前262年，秦国夺取了韩国的野王(今河南泌阳)。如此一来，上党与韩国本土就隔绝了。秦国是想用这种方法逼迫上党主动投降，但上党郡守冯亭不愿意降秦，就将上党郡所属17个县尽献于赵国。赵国接受了上党郡，派出名将廉颇率兵进驻长平，以抵御秦军。秦国则派王龁率军攻赵，秦赵之间的长平之战就此爆发。

长平之战大致分两个阶段，前期是秦将王龁与赵将廉颇的对峙阶段。大体经过是：公元前262年春夏间，廉颇在空仓岭一线布防，王龁率秦军进攻。初战，秦军攻势锐不可当，突破了赵军空仓岭一带防御阵地，随后又夺取了赵军的“西垒壁”(一处重要防御工事)。面对秦军的凌厉攻势，廉颇采取了坚壁固守的策略，“坚壁以待秦，秦数挑战，赵兵不出”。赵军坚守在防御工事内，秦军无法突破赵军防线，两军在长平对峙，达三年之久。

对峙之后，长平之战进入到了第二个阶段——生死对决。秦军无法突破赵将廉颇构筑的坚固防线，遂开始使用反间计。秦相范雎派人到赵国散布传言，说：“秦之所恶，独畏马服子赵括将耳，廉颇易与，且降矣。”意思是，秦军只害怕赵奢之子赵括为将，廉颇根本不是秦军对手，很快就要投降了。当时，名将赵奢已死，他的儿子赵括只善于纸上谈兵，并无真正的军事才能。秦人想要的就是借赵孝成王之手换将——以年轻气盛的赵括代替老成持重的廉颇。

按说，廉颇成功地挡住了秦军的进攻，旷日持久地对峙下去，作为防御方的赵国肯定是占便宜的。可惜的是，赵孝成王中了反间计，做出了换将的决定，“使赵括代廉颇将以击秦”。这正中秦人下怀，秦国遂“阴使武安君白起为上将军，而王龁为尉裨将”，即暗中换白起为主将，而让王龁做副将，同时还做了很好的保密规定，“令军中有敢泄武安君将者，斩！”

赵括到了长平前线，一改坚壁固守的作战理念，主动向秦军发起了进攻。白起命秦军佯败后撤，诱敌深入，同时“张二奇兵以劫之”，在两翼张开奇兵，直插赵军后方，截断了赵军的退路。赵军追击至秦军壁垒，不能突破秦军防线。白起令两翼奇兵迅速出击，将赵军截为三段。赵军首尾分离，粮道又被秦军截断。秦昭王听说赵军的粮道被切断，亲临河内督战，征发十五岁以上男丁从军，赏赐民爵一级，以阻绝赵国的援军和粮草，倾全国之力与赵军作战。

被分割包围的赵军断粮四十多天，走投无路。赵括无奈，只得率军冒险突围，结果被秦军射杀。赵军突围不成，只得投降。白起害怕赵军哗变，遂将赵国40万降卒全部坑杀，只留下240个小兵回赵国报信。赵国上下为之震惊。

长平之战后，白起打算乘胜灭赵。公元前259年，白起挥师进占上党，司马梗攻取太原（今山西晋阳），王龁攻占皮牢（今河北武安）。白起一边做着进攻赵国都城邯郸的准备，一边遣人返回秦国请求增加军粮。可是，他没等来军粮，反而等来了要他班师回朝的命令。

原来，长平之战后，赵、韩两国惊恐万分，他们赶紧派辩士苏代用重金贿赂秦相范雎，并加以游说。苏代对范雎说，白起擒杀赵括，在长平之战中大获全胜，功勋已经很大很大了，如果再让他灭掉赵国，那秦统一天下，他必为三公。那样的话，您不就位居白起之下了吗？如果您不愿意看到这种情况发生，那就不如让韩、赵两国割地求和，好不让白起再得灭赵之功。

范雎忌妒白起功高，又接受了苏代的贿赂，就以秦兵疲惫、需要休整为由，向秦昭王建议接受韩、赵两国割地求和的要求。

秦昭王接受了范雎的建议。韩国向秦国割垣雍，赵国向秦国割六城以求和，双方签订和约，就此罢兵。

可是，秦兵从前线撤回之后，赵国又反悔了，拒绝履行当初的割地协议。秦昭王恼羞成怒，再次起兵伐赵。此时再找白起带兵出战，白起认为已经错过了伐赵的好时机，称病不行。秦王派王陵带兵伐赵，结果王陵战败。再请白起统兵出战，白起仍不肯，他说："邯郸实未易攻也。且诸侯救兵日至。彼诸侯怨秦久矣。今秦虽破长平军，而秦卒死者过半，国内空。远绝河山而争人国都，赵应其内，诸侯攻其外，破秦必矣，不可。”意思是，邯郸本来就不容易攻取，秦围攻邯郸还不等攻下，诸侯的救兵就会赶到。秦军虽在长平战胜了赵军，但秦军也损失惨重，士卒伤亡过半，秦国国内空虚。在这种情况下，还去攻占人家赵国的国都，这是不明智的做法。一旦秦军去围攻邯郸，那赵国做内应，别的诸侯国也来进攻秦军，秦军必败，因此不可发兵攻赵。

秦昭王不听白起的建议，改派王龁为将，发兵围攻邯郸，结果围了八九个月也没攻下。赵国平原君请求魏国信陵君发兵救赵，信陵君用门客计谋，偷得魏王发兵虎符，“得选兵八万人，进兵击秦军”。此时，楚国也派景阳率军前来救赵。围攻邯郸的秦军遭到赵、魏、楚三国军队的内外夹击，形势非常不利。

白起听到前线的消息后说：“当初秦王不听我的计谋，现在如何？”

秦昭王听后大怒，强令白起去前线指挥作战，白起称病不起。秦相范雎也来敦请白起去前线指挥作战，白起仍称病不起。

秦昭王给白起下了最后通牒：“如君不行，寡人恨君。”

白起的回答也很硬气：“臣宁伏受重诛而死，不忍为辱军之将。”意思是，你就是杀了我，我也不会去当这样的将军。

秦昭王大怒，削去了白起的爵位，将其贬为庶民，流放阴密（今甘肃灵台）。当时白起在病中，没有立即启程。三月之后，秦军彻底战败。得知此消息后，秦昭王更加迁怒于白起，命他即刻动身，不得逗留。白起只得带病上路，行至杜邮（今陕西咸阳东北）。秦昭王与范雎商议，以为白起“其意怏怏不服，有余言”，即他心怀怨言，遂下令赐白起自杀。

据说，白起拿剑自刎前曾仰天长叹：“吾何罪于天而至此哉？”心中不服。过了好一会儿又说：“我固当死。长平之战，赵降卒数十万人，我诈而尽坑之，是足以死。”说完自杀，时为公元前257年。

白起死非其罪，秦人“怜之”，都很同情他，乡邑地方祭祀他。而东方六国听到白起的死讯后则酌酒相贺。

身为名将，白起在战场上“料敌合变，出奇无穷，声震天下”，指挥作战的艺术绝对是一流的。可是，军事战场之外，他却没能预料到秦相范雎会陷害自己，更没料到强硬地对抗秦昭王会招致杀身之祸。如此看来，这位军事上的天才，在政治战场上却又显得相当幼稚。

明末儒学大师黄道周撰文：“秦将白起，战功济济。拔城如山，杀人如水。至于长平，残犹莫比。四十万人，一夕坑尽。应候受知，武安失意。及败请之，坚卧不起。士卒先迁，杜邮受死。虽君寡恩，实天报理。”黄道周对白起的评价比较到位，肯定他杰出的军事才能的同时，也批评了他在长平之战中坑杀赵国降卒的残忍之举。

吕不韦的大生意

吕不韦像　杨树 绘

当今社会，财富英雄是很多人崇拜的偶像，马云、李彦宏、刘强东等人的生意为众人艳羡。那么问题来了：战国时期，谁的生意做得最大？

答案是：吕不韦。

吕不韦做的是啥生意？淘宝还是京东？都不是。他做的最大一笔生意就是将嬴异人包装“上市”，使其当上了大秦帝国的国君，而作为操盘手的吕不韦也顺理成章地当上了秦相。

据说，吕不韦曾与老爸讨论过做不同生意的利润率问题。吕不韦问老爸：“耕种土地最多能获利几倍？”

老爸答：“最多十倍。”

吕不韦问:“那贩卖珠宝呢?”

老爸答:“最多能赚百倍。”

吕不韦继续问:“若通过商业作用,助人立为一国之君呢?”

老爸错愕,想了一会儿才回答:“获利无法估量。”

马克思说过:“一旦有适当的利润,资本就大胆起来。如果有百分之十的利润,它就保证到处被使用;有百分之二十的利润,它就活跃起来;有百分之五十的利润,它就铤而走险;为了百分之百的利润,它就敢践踏一切人间法律;有百分之三百的利润,它就敢犯任何罪行,甚至冒绞首的危险。”这话用在吕不韦身上非常适合,既然都是做生意,当然要拣利润最大的做了。正是在这种心理的支配下,吕不韦干下了一单影响历史进程的大生意。当然,他最后也付出了惨重的代价——身败名裂。

一

吕不韦原是阳翟的大商人,他往来各地,靠低买高卖赚得了千金家产。

公元前257年,他来到赵国的邯郸,在这里发现了一个改变他一生命运的商机。

他看好的商品不是土豆、大蒜,也不是房产、股票,而是一个大活人。

这个人就是嬴异人。嬴异人是秦昭王的孙子,当时正在赵国做人质,处于人生低谷之中。原来,秦昭王的太子悼死于公元前267年。两年之后,秦昭王将其次子安国君立为太子。嬴异人就是安国君的儿子。安国君有二十多个儿子,嬴异人在其中毫无特色,排行既不靠前也不靠后,还是庶出。他的生母是夏姬,根本不受父亲待见,正因如此,他才被打发到赵国来做人质。而且秦国多次攻打赵国,赵国人自然迁怒于嬴异人,对他不以礼相待。此时,嬴异人虽为秦王之孙,可连平时的财用都感到窘迫。如此说来,嬴异人分明就是垃圾股,哪里有商机?

吕不韦独具慧眼,在众人都不看好的垃圾股上发现了绝佳的商机,他不由得感叹:"此奇货可居。"意思是,这个嬴异人就像一件奇货,可以囤积居奇,以待高价售出。"奇货可居"这个成语即出于此。

"奇货可居"一语完全道出了吕不韦以商人思维投机政治的秘诀。在吕不韦看来,嬴异人是秦昭王的孙子、太子安国君的儿子,血统高贵,有将来继承王位的可能,有此可能性即是"奇货"。"可居"之意更关键,若"不可居",那再"奇货"你也买不到,也不能买。比如,若嬴异人是太子,或嫡子,或生母得宠,其在秦国已然炙手可热、高不可攀,哪里能轮到你吕不韦出手收购?现在,嬴异人正处于人生低谷,恰是低位买进的好时机。"可居"的另一层意思还源自吕不韦对秦国未来政治走势的精准分析。当时,安国君已经立为太子,迟早会成为秦王。安国君虽有二十多个儿子,却没有一个是嫡长子,换句话说,安国君的这二十几个儿子,任何一个都可能被立为太子。若他能通过商业运作,让嬴异人成为安国君的接班人,那就等于扶植了未来的秦王。这正是他所要做的一本万利的大生意。

主意打定之后,吕不韦便去拜见嬴异人。商人说话开门见山,上来就以利相诱:"吾能大子之门。"意思是,我有能力光大您的门庭。

嬴异人笑着说:"且自大君之门,而乃大吾之门!"你还是先光大你自己的门庭,然后再想着来光大我的门庭吧!这也是实话,我嬴异人再不受待见也是秦昭王的孙子,怎么能靠一个商人光大门庭呢?

吕不韦说:"子不知也,吾门待子门而大。"意思是,您有所不知啊,我的门庭要靠您的门庭光大了才能随之光大。

吕不韦此言一出,嬴异人就知道这位不是一般的人,遂"引与坐,深语。"拉着吕不韦坐在一起,深谈。

吕不韦跟嬴异人分析了秦国的政治形势:现在的秦王已经老了,安国君被立为太子。安国君非常宠爱华阳夫人,可华阳夫人没有儿子。现在你的兄弟有二十多人,你又排行中间,不受待见,长期被留在赵国当人质，即使是秦王死去，安国君继位为王，以你现在的状态，你也没机会同你的长兄及其他兄弟争夺太子之位。

嬴异人说："然，为之奈何？"您分析得很对，可是，我该怎么办呢？

吕不韦说，您现在很窘迫，又客居赵国，没有财力取悦亲长、结交宾客。我吕不韦虽然不富有，但愿意拿出千金来为你西去秦国游说，侍奉安国君和华阳夫人，"立子为嫡嗣"，让他们立你为嫡子，做继承人。

嬴异人一听，立马叩头拜谢："必如君策，请得分秦国与君共之。"如果您能顺利完成这个计划，等我当上秦王后，我会分秦国的土地和您共享。

一次交谈之下，战国时期最大的一笔商业合同就签订了。

随后，吕不韦就往嬴异人的身上注入资金，进行商业运作了。他拿出五百金送给嬴异人，作为他日常生活和交结宾客的费用，又拿出五百金买珍奇玩物，自己带着西去秦国游说，把财物珍玩统统献给了华阳夫人。

为何下血本巴结华阳夫人？因为华阳夫人深受安国君宠爱，她自己没生儿子，只要她能认领嬴异人为自己的儿子，嬴异人就能完成立嫡立储之大事。可见，当年吕不韦已深谙政治生活中的"夫人路线"——很多政治大事，看似是位高权重的大领导决定的，可实际上大领导也是听枕边风，受自己宠爱的女人左右。

那么，吕不韦是怎么搞定华阳夫人的呢？用了三招。

第一招：金钱攻势。拿出巨资贿赂她。这和今天的商人贿赂官员的手法一模一样，不用多说。

第二招：情感攻势。吕不韦在给华阳夫人送礼时"顺便"提及他在赵国见到的嬴异人，说他贤能聪慧，所结交的诸侯宾客遍及天下。关键是他特别孝顺，"以夫人为天，日夜泣思太子及夫人"，想念华阳夫人和老爸安国君，想得经常哭泣。女人就喜欢别人时刻把自己放在心上，华阳夫人听说嬴异人如此思念自己，虚荣心得到了极大的满足，对嬴异人也开始有了好感。

第三招:换位算账。这一招最狠,光有前两招,还不足以保证华阳夫人认领嬴异人。使出这最后一招,华阳夫人想不就范都不行。吕不韦通过华阳夫人的姐姐劝说华阳夫人:“吾闻之,以色事人,色衰而爱弛。今夫人事太子,甚爱而无子,不以此时早自结诸子中贤孝者,举立以为嫡而子之,夫在则重尊,夫百岁之后,所子者为王,终不失势,此所谓一言而万世之利也。不以繁华时树本,及色衰爱弛后,虽欲开一语,尚可得乎?”这段话的意思是,我听说用美色来侍奉别人的,一旦色衰,宠爱也就随之减少。现在您深得太子的宠爱,却没有儿子。您应该早一点在太子的儿子中结交一个有才能而孝顺的人,立他为继承人,待他像亲生儿子一样。这么做,丈夫在世时您自然受到尊重,丈夫死后,自己立的儿子继位为王,您最终也不会失势,这才是人们所说的‘说一句话就能得到万世的利益’啊。您若不在容貌美丽之时树立根本,等到美丽不再、宠爱失去后,您即便还想让太子听您的话,还有可能吗?

这番言辞直击华阳夫人的痛处。华阳夫人虽得安国君的宠爱,但她一直没有亲生儿子,这是她的一大心病。心病还需心药治,吕不韦采用换位算账的方法给华阳夫人开出了一剂“心药”:你没有亲生儿子,等安国君百年之后,接班的只能是别人的儿子。这是铁定的事实。唯一的补救办法就是你趁着自己得宠之际在安国君的二十几个儿子中认领一个做自己的儿子。有了“自己的儿子”,等安国君去世之后自己才有新的靠山——当然前提是你帮着这个儿子当上储君。

那又如何保证华阳夫人一定认领嬴异人做儿子呢?还是算账。嬴异人孤苦伶仃,无依无靠,华阳夫人若能帮助他上位,他自会感恩戴德,像孝顺亲娘一样孝顺华阳夫人。没有华阳夫人的帮助,嬴异人无法上位;华阳夫人帮了嬴异人之后,自己也会后顾无忧。嬴异人和华阳夫人,一方需要当下的政治红利,一方需要未来的政治保险,双方互利互惠,一拍即合。

于是,华阳夫人瞧准时机在安国君面前大赞嬴异人,赞完之后还哭着说:“妾幸得充后宫,不幸无子,愿得子楚(即嬴异人)立以为嫡嗣,以托妾身。”

结果,“安国君许之”,答应了,还和夫人刻下玉符。安国君和华阳夫人还送了好多礼物给嬴异人,并请吕不韦当他的老师。

经过吕不韦的这么一番运作,嬴异人在诸侯中的名声也越来越大了。原本一支垃圾股,经吕不韦这个操盘手一炒作,俨然成了一支潜力股。

二

好运来了,挡都挡不住。嬴异人成为潜力股之后,运气也好得出奇。

公元前251年,秦昭王去世。太子安国君继位为王,是为秦孝文王,嬴异人被立为太子。秦孝文王在位仅仅一年就又去世了,嬴异人顺利接班,当上秦王,是为秦庄襄王。秦庄襄王尊奉华阳夫人为华阳太后,自己的生母夏姬为夏太后。

操盘手吕不韦的运气更好。嬴异人当上秦王后,他于公元前249年被任命为秦相,封为文信侯,并以河南洛阳十万户作为他的食邑。更绝的是,三年之后,秦庄襄王也撒手人寰了,太子嬴政继位为秦王,而这个嬴政很可能就是吕不韦的骨肉。

原来,吕不韦在邯郸做生意时包养过赵国一名能歌善舞的美貌女子,即赵姬,赵姬还怀了孕。此时,还在赵国做人质的嬴异人到吕不韦处喝酒,见到了这位美女,“见而说之,因起为寿,请之”,看了美女就喜欢上了,喜欢上之后就跟吕不韦讨要。吕不韦当时已在嬴异人身上投下了血本,“欲以钓奇”,“遂献其姬”,就把这个美人转手献给了嬴异人。转手之后,这个美人隐瞒了已经怀孕的情况,“至大期时,生子政”。此语有两种理解,一说是赵姬怀孕足月而生下了儿子嬴政;另一种说法是赵姬一年之后生下了儿子嬴政。但不论哪种说法,我觉得都不能排除嬴政是吕不韦骨肉的可能性。

当然，嬴政到底是不是吕不韦的儿子，这是历史上的一大疑案，我们也只能存疑。但不用存疑的是，在嬴政当上秦王之初，秦国的大权绝对是确定无疑地落到了吕不韦的手中。吕不韦本来就已经是秦相，此时新继位的秦王尚小，还称他为“仲父”，这样的地位当然是权倾朝野，名重天下。当时，齐国有孟尝君，赵国有平原君，魏国有信陵君，楚国有春申君，他们都礼贤下士，结交宾客，名扬四海。吕不韦认为秦国如此强大，自己也是堂堂秦国丞相、秦王的仲父，不应该被他们比下去。于是，他“亦招致士，厚遇之，至食客三千人”。吕不韦命他的食客编写了一部百科全书式的著作，名为《吕氏春秋》。他还命人把书的内容写在布匹上，在咸阳的市场大门上张榜悬赏，谁能增删此书上的一个字，就可得到千金的奖励。吕不韦此举，可理解为小人得志之后的炫富，亦可理解为他是在为《吕氏春秋》做广告。但不论哪种情形，都说明吕不韦此时已是名利双收、志得意满，得到了他所做生意最大的红利。

三

老子说：“金玉满堂，莫之能守。富贵而骄，自遗其咎。”此话对吕不韦同样适用，抵达权力和财富的巅峰之后，吕不韦的人生也开始走下坡路了。

当上秦相之后，吕不韦仍与当年的赵姬如今的赵太后保持着“不正当的男女关系”。长期与太后淫乱私通，吕不韦也唯恐事情败露招致灾祸。为了让自己脱身，吕不韦向赵太后进献了嫪毐。赵太后对嫪毐的性能力非常满意，就长期与之私通。后来，赵太后再次怀孕，恐怕别人知道，就迁移到雍地的宫殿中居住。嫪毐一直假充太监，跟在赵太后身边。

嫪毐本是地痞流氓，现有赵太后撑腰，更加肆无忌惮。一次，他在宫中饮酒，与人赌钱，赌输了还要酒疯，对赌客说：“我是当今秦王的继父，尔等小子竟敢与我相抗！”

公元前238年，有人告发嫪毐，说他并不是宦官，常常与赵太后淫乱私通，并生下两个儿子，甚至还跟赵太后密谋说："若是秦王死去，就立我的儿子继位。"此时，秦王嬴政已经长大，他下令严查此事，事情很快就真相大白了，丞相吕不韦亦被牵连其中。这年九月，秦王嬴政"夷嫪毐三族，杀太后所生两子，而迁太后于雍"。打出这套组合拳，表明秦王嬴政开始亲政。秦王嬴政也想杀掉相国吕不韦，但因感念他侍奉先王有功，还有很多宾客说情，所以就暂时没有处罚吕不韦。

吕不韦既已为秦王嬴政所厌弃，那等待他的就只能是悲惨的命运。公元前237年，吕不韦被免除了丞相之职，随后被遣出京城，前往河南的封地。又过了一年多，各诸侯国的使者不断地前来慰问吕不韦。秦王嬴政恐怕他会纠集门客发动政变，就写信给吕不韦，斥责他说："君何功于秦，秦封君河南，食十万户？君何亲于秦，号称仲父？其与家属徙处蜀！"意思是，你对秦国有何功劳？秦国封你在河南，食邑十万户；你和秦王有什么亲密关系？秦王号称你为仲父。你赶紧带着家人一块迁到蜀地去！这等于剥夺了吕不韦的食邑并将其流放到蜀地。

吕不韦害怕日后被杀，"乃饮鸩而死"。靠投机政治起家的商人，最后又被残酷的政治给逼上了绝路。更吊诡的是，逼死吕不韦的秦王嬴政，可能就是吕不韦的亲儿子。

对了，这个嬴政，就是后来大名鼎鼎的秦始皇——整个战国时代在他的手上画上了句号，第一个专制帝国亦由他宣告成立。

李斯的仓鼠之悲

李斯像　杨树 绘

李斯的人生观是通过观察“厕鼠”和“仓鼠”的不同待遇而确立起来的。

日后成为大秦帝国丞相的李斯最初是楚国上蔡人，他出生于平民之家，年轻时，曾在郡里当小吏，掌管文书。就在当这个微不足道的小官的过程中，李斯观察到了一个现象：同为老鼠，待遇却大大不同。厕所中的老鼠又脏又臭，每天吃脏东西，见到有人或狗走来时，就受到惊吓。再看粮仓中的老鼠，日子就过得舒服多了，它们吃的是囤积的粮食，住在大屋子里，不怕风雨，也不用担心人或狗的惊扰，所以长得又肥又大。李斯由老鼠及人，慨叹道：“人之贤与不肖譬如鼠矣，在所自处耳！”意思是说，一个人有出息没出息，过得好还是不好，就如同老鼠一样，是由自己所处的环境决定的。这个理论深刻地影响了李斯后来的人生选择。

李斯当然不甘心做“厕鼠”，于是他先跟荀卿学帝王之术，学成之后感到“楚王不足事，而六国皆弱”，就到了秦国。他先做吕不韦的门客，后来受到秦王嬴政的赏识，为秦王成就统一六国的霸业出谋划策。在这个过程中，李斯既表现出了他过人的政治才华，也显露出了他嫉贤妒能、为了目的不择手段的卑劣品质。在一点突出地表现在李斯陷害韩非一事上。

李斯和韩非都是荀卿的学生，李斯自认为不如韩非。韩非是战国时期法家思想的代表人物、韩国的公子，多次上谏韩王，但不被韩王所用。韩非的著作《孤愤》《五蠹》等传到秦国，秦王嬴政读后很欣赏，说:“嗟乎，寡人得见此人与之游，死不恨矣。”李斯告诉秦王，这些文章是韩非写的。后来秦国攻打韩国，韩国派韩非出使秦国。秦王见到钦佩已久的韩非，心里很高兴。这个时候，李斯害怕韩非将来被秦王重用，影响了自己前途，就开始使坏。李斯先跟秦王说，韩非毕竟是韩国的公子，他最终肯定是要为韩国效力而不会为秦国所用的。这个人才既然不能为大王所用，您再把他放回韩国，就等于是自留后患，还不如杀了他。秦王一听也有道理，就把韩非给抓了起来。接着，李斯又派人给韩非送去了毒药，逼其自杀了。为了怕同学超过自己，就使出如此狠毒的手段，李斯为人之卑鄙可见一斑。

秦王嬴政统一了六国后，任命李斯为丞相。至此，李斯彻底完成了从“厕鼠”到“仓鼠”的蜕变。李斯以法家思想治理国家，他坚决主张实行中央集权的郡县制，同时建议拆除郡县城墙，销毁民间的兵器，以加强对人民的统治;还建议焚烧民间收藏的《诗》《书》、百家语，禁止私学，以加强专制主义中央集权的统治。他的这些建议都被秦始皇采纳了。一时之间，李斯达到了他的权力巅峰。

这个时候，他的几个儿子全部娶了秦朝的公主，几个女儿也都嫁给了秦国的公子。他的长子李由还做了三川郡守——一个很大的地方官。一次，李由请假回咸阳，李斯在家中请客，为长子接风。这个时候，“百官长皆前为寿”，满朝的高官都来敬酒祝贺，巴结李斯，李家门前的车马数以千计，热闹非凡。

面对这一番景象，李斯喟然而叹：“嗟乎！吾闻之荀卿曰‘物禁大盛’。夫斯乃上蔡布衣，闾巷之黔首，上不知其驽下，遂擢至此。当今人臣之位无居臣上者，可谓富贵极矣。物极则衰，吾未知所税驾也！”翻译成现代汉语就是：“哎呀！我听荀卿说过‘事情不要搞得过了头’的话。我李斯原本是上蔡的平民，街巷里的百姓，皇帝不了解我才能低下，才把我提拔到这么高的位子上。现如今做臣子的没有比我职位更高的了，我的富贵荣华已经到了极点。物极必反，我真不知道我的归宿在何方啊！”

在位极人臣、众宾喧哗之际发出这样的慨叹，虽然与欢乐的气氛不搭调，但它恰好暴露了李斯真实的内心世界。李斯毕竟是有思想有文化的高官，即便在位高权重之际，即便在拍马奉承之词不绝于耳的宴会上，他也对自己有着清醒的认识，知道自己有几斤几两——自己的出身并不高贵（平民出身），自己的志向也不远大（只是想做一只“仓鼠”而已）；自己的人格也不高尚（善于钻营，在骨子里是个自私自利的人）。这样的一个人，生逢乱世，仅靠帝王之术，居然于阴差阳错之间爬到丞相的位子上，荣华富贵享受到了极点。这样的福分是我李斯能承受得起的吗？荣华富贵享尽之后，将来的日子恐怕会不妙吧！

李斯的担心一点都不多余。

李斯是靠着秦始皇的赏识和提拔当上丞相的，他人生的下坡路也是从秦始皇“驾崩”开始的。秦始皇死后，李斯与赵高合谋，伪造遗诏，迫令秦始皇的长子扶苏自杀，立胡亥为秦皇帝，是为秦二世。赵高和李斯密谋政变的地点在沙丘，所以此事被称为沙丘政变。沙丘政变之初，李斯是不同意赵高的做法的。但赵高跟他说，如果不发动政变，那么扶苏当上皇帝后肯定任用蒙恬为丞相，那时还有你李斯什么事呀，你还不得退休回家？李斯也承认，自己在能力、功劳、谋略、美誉度、扶苏的信任程度等五个方面都不如蒙恬。为了保住丞相的官位，李斯最终和赵高一起发动了沙丘政变。

将胡亥立为皇帝之后，赵高得以把持秦朝大权。为了控制权力，赵高开始了残酷的政治清洗，他杀扶苏、杀蒙恬蒙毅兄弟、杀老臣、杀秦诸公子、诸公主。在整个过程中，李斯始终都是赵高的应声虫。为了保住自己的官位，李斯把原则、正义、良知等统统都放弃了，即便如此，他最后还是被赵高忌恨，陷害下狱，以谋反治罪，“腰斩咸阳市”，“夷三族”。在押赴刑场的路上，他对儿子说：“吾欲与若复牵黄犬，俱出上蔡东门逐狡兔，岂可得乎！”

以发誓要做“仓鼠”开始，以“腰斩咸阳市”、身首异处而告终，李斯传奇的一生着实令人唏嘘不已。就才能而言，李斯绝非庸人可比。他还擅长书法，主持整理出了小篆字体。此外，文章也写得很好，《谏逐客书》一文便是他的代表作。李斯的可悲之处在于，他用一种极端自私的人生观来指导自己的行动，不择手段地追求权势。为了扫除可能的竞争对手，他就害死了自己的老同学韩非；为迎合秦始皇，他就建议“焚书”；为保住丞相的官位，他就参与沙丘政变，陷害忠良。他的理想就是做一只“仓鼠”，这个理想本身就不高尚，可就为了这个并不高尚的理想，李斯便把道德、良知、正义等人生最珍贵的品格全抛弃了。这是他人生中最大的悲剧，也是他给后人留下的最深刻的教训。

秦始皇：是非功过如何说？

历史学家黄仁宇说：“如果中国历史和其他各国文化有唯一重要的歧异，那就是公元前221年秦始皇的统一全国。随着青铜时代的终止，全国立即展开的统一，这种政治上初期的早熟，创造了一个惊人的记录，在此后千百年间树立了一个中央集权的传统。”他还说：“中国因秦而统一也是世界史上的一桩大事。如此大规模螺旋式的发展，其程度愈深，速率也愈快，在世界其他各地无此事例。”可见，秦始皇统一全国实在是历史上的一件大事。秦始皇的是非功过一直是史学家所必须面对的，有时甚至还会与现实政治发生奇妙的纠缠。毛泽东曾对郭沫若说：“劝君少骂秦始皇”，还说“我就是马克思加秦始皇”。此事足以证实一点：对历史人物的不同评判，可以导致现实社会中价值取向和文化路径的不同选择。在孔子所代表的儒家思想受到大批判的年代，秦始皇及法家思想备受推崇。但是，时光的车轮向前驶过三四十年之后，人们对孔子和秦始皇的态度又一次发生翻转。儒家经典著作重新受到重视，国家有关部门也在世界各国创办孔子书院，某种程度上，孔子已成为中国传统文化的第一代言人，而秦始皇之残暴亦为世人所公认。

其实，就历史而言，若说孔子是中国文化“道统”之象征的话，那么秦始皇亦足以承担“法统”代表之身份。在中国历史的演进过程中，至圣和始皇，实如一枚硬币之两面。“天不生仲尼，万古如长夜”，同理，若没有秦始皇创建统一的大帝国并确立了“皇帝”制度，中国历史也一定会呈现出另外的面貌。从此点考量，毛泽东所言“百代都行秦政法”也绝非虚言。

一

秦始皇名嬴政，他是战国时期秦国的最后一任秦王，也是大秦帝国的首位皇帝，还是中国历史上的第一位皇帝。他的一生，横跨战国、秦朝两个历史阶段，即他是战国时代的终结者，亦是大秦帝国的开创者。如果组织部门对我高度信任，让我穿越回秦朝为嬴政同志写悼词，公正地评价他的历史功过，那我肯定也会让组织失望——这项任务太难了，“臣妾做不到”呀。

可是，在不承受组织嘱托，亦不会受到秦朝严刑峻法惩戒的情况下，我倒愿意聊一聊嬴政这个人——尤其是，这个人终结了战国时代。我写出对这个人的理解，亦可顺理成章地宣布自己完成这本解读战国之书。

嬴政的身世就是一个历史之谜，他的父亲到底是秦庄襄王还是吕不韦，似乎只有靠亲子鉴定才能说得清。但以下事实倒可大致肯定：他的妈妈年轻时是赵国的一个大美人，被大商人吕不韦看中并包养，名赵姬。吕不韦要将在赵国做人质的嬴异人包装“上市”，以便回秦国当太子，继承王位。嬴异人到吕不韦家喝酒，看中了赵姬。吕不韦遂将赵姬“转赠”嬴异人，一年后，嬴政出生，先姓赵。后嬴异人果然当上了秦王，是为秦庄襄王。秦庄襄王死后，年仅十三岁的嬴政继承了王位，赵姬升格为太后，而吕不韦则早在庄襄王时就已当上了秦相。

已经是太后的赵姬依然与老情人吕不韦保持着“不正当的男女关系”。身为国相的吕不韦也觉得此事不妥，遂给赵姬介绍了嫪毒。嫪毐是一位性能力超常的无赖，他因成为赵太后的情人而突然飞黄腾达，被封为长信侯。他被权势和富贵冲昏了头脑，变得嚣张任性，甚至还想发动政变。

嬴政一举粉碎了嫪毐的政变企图。吕不韦也因牵连嫪毐事件而被嬴政严厉惩戒，最后自杀。清除了老妈的两个情人之后，嬴政自己完全掌控了秦国的军政大权（此前，吕不韦为秦相十余年，大权独揽）。

王位坐稳之后，嬴政以极快的速度发动了兼并战争，迅速灭掉了韩、赵、魏、楚、燕、齐六国，于公元前221年统一了全国。在这一过程中，他得到了李斯和尉缭等人的有力辅佐。李斯是战国时期著名的法家人物，在此不用多说。尉缭这个人需要介绍一下。他原本是魏国人，来秦国也是为了“跨国寻求发展”。此人确实有才华，是那个时代出色的军事家，他写过一本军事学专著《尉缭子》，是很有名的兵法著作。他看人看事的眼光都很准确，比如，战国后期唯一能阻止秦军东进的就是赵国，赵国名将李牧用兵如神，有他阻击秦军，秦军很头疼。尉缭向嬴政建议，可用反间计除掉李牧。此招果然奏效，李牧先被赵王解除了兵权，随后被赐死。李牧一死，秦军便没了对手，大秦统一六国的速度大大加快了。

尉缭不但能想出对付赵国的办法，对嬴政这个人也看得很准。秦王嬴政厚待尉缭，“从其计，见尉缭亢礼”，不仅对尉缭言听计从，而且与尉缭见面时行对等之礼。两人本来是君臣，但身为国君的嬴政对臣子行对等之礼，可见他对尉缭的尊重。若是普通人，见国君如此崇信自己，那还了得？可人家尉缭不这样，他说：“秦王为人，蜂准，长目，挚鸟膺，豺声，少恩而虎狼心，居约易出人下，得志亦轻食人。我布衣，然见我常身自下我。诚使秦王得志于天下，天下皆为虏矣。不可与久游。”这段话是对秦王嬴政相貌和性格的经典概括，大意是，秦王的鼻子长得像蜂腰，眼睛较长，吊眼梢，胸脯向前突出，鸡胸脯，说话的声音像豺狼，这种人刻薄寡恩，有一颗虎狼之心，他在穷困之时不难做到礼贤下士，但当他得志之际就会吃人不吐骨头。我尉缭就是一个普通百姓，但他都能以低姿态见我。如果他真的统一了天下，那天下百姓就糟糕了，全都得受他压榨。不能长期跟这样的人混。说了这段话之后，尉缭"乃亡去"，想逃走，但没能成功，又被秦王嬴政给追回来了，回来之后就任命他做了国尉，即秦国最高的军事指挥官。秦始皇之所以能用了不到十年的时间(公元前230年至公元前221年)就统一了六国，尉缭功不可没。

灭掉六国之后，秦始皇觉得自己的功劳比历史上的"三皇""五帝"都大，遂自称"皇帝"，通过此称号亦可看出这个家伙是多么的自以为是、好大喜功。"绝对的权力导致绝对的腐败"，这话一点不假。从嬴政把自己从"秦王"升级为"秦始皇"，我们就能隐约地窥见权力对人性的腐蚀：一个人一旦大权在握，若没有足够的警惕性和约束力，那他自然而然地就觉得自己特别牛，就会骄傲自大、嚣张跋扈。秦始皇如此，现实生活中的好多有权者亦是如此。这说明，权力本身就具有扩张性，就能破坏人的平常心，就能诱发出人的骄傲情绪和自大心理。让掌权者学会谦卑，这本身就是一件有难度的事。可是，只有让掌权者学会谦卑，普通公民的权利才能得到确保与尊重。正因如此，我们才说，有权也不可太任性。

二

秦始皇之统一六国，并非全凭其本人的雄才大略。

秦王嬴政固然是一代雄主，但他所继承的秦国"遗产"亦堪称家底丰厚。秦国自商鞅变法时起就已成为当时的一流强国，自秦孝公至秦庄襄王，历时一百三十余年，连续六代君王都积极"奉行对外扩张政策"，不断发动战争，蚕食六国。秦始皇最后完成对六国的统一，真的是"奋六世之余烈"，完成"兼并战争加速度"的最后一跃。

就内政而言，秦国这一百三十多年的政策也很有连续性，它一直奉法家思想为意识形态，执政思路遵循商鞅变法时确定的方向。法家思想虽以"人性恶"为出发点，今天看来过于残忍，也太急功近利，但在战国时代它却很有“现代性”，是跟那个重视实际利益的时代最配套的思想。法家不为传统习惯、政治特权、血缘关系及道德观念所左右，赤裸裸地讲利害、讲赏罚，高效快捷，最利于国家的高度集权，也最适应长期的“对外扩张”战争——国家采用奖励耕战的政策，能最大限度地调动资源，支持大规模战争。当然，高度集权的国家会极大地压缩百姓的个人空间，但秦国官吏“严格执法”，不打折扣，这也颇能给当时的人们造成一种“王子犯法与民同罪”的平等感。这些因素综合在一起，使得秦国的综合国力最强，军队的战斗力也最强，堪称战国时代的“超级大国”。

秦国在地理上也有优势，函谷关就是它的天然屏障。合纵成功之时，诸侯联军也曾联合进攻秦国，但是打到函谷关就止步了。秦国凭着这个易守难攻的军事要塞可基本保证自身的国土安全。秦军作战多是在敌境，战胜可夺取对方的土地，战败亦可退守函谷关。所以，秦国发动的兼并战争一直是胜多负少，战争成了秦国的最大“红利”。自秦孝公以来，富强起来的秦国就不断对外发动战争，而战争又使秦国变得更加强大，如此滚动式发展，到了秦王嬴政手里，秦国这个“雪球”足以大到了一口吞下六国的体量。

当然，六国如果能“团结一心如一人”，那秦国依然不能将他们各个击破。可是，在一个不讲道义、只讲利害的年代，想让六个各怀心事的政治军事集团团结一致，那绝对是一件比登天还难的事。何况，秦国还采用“连横”的外交策略，不断分化瓦解六国的“合纵”。所以，到了秦王嬴政的时代，六国实现团结已然是不可能之事，六国不团结，秦国将它们一一吞掉就成为一种历史必然。

秦王嬴政顺应了这种必然。

三

当上秦始皇之后，嬴政本打算分封宗室与诸将，继续采用分封制治国，但李斯建议他推行郡县制。他采纳了李斯的建议，将天下分为

36郡(后又增加至42郡),郡下设县,郡的长官叫郡守,县的长官叫县令,均由皇帝任免。地方的官员既然由皇帝任免,在全国推行统一的法律和税收制度亦是顺理成章之事。如此一来,皇帝的权力空前扩大,绝非周朝的周天子可以比拟。

为了巩固统治,秦始皇收缴各国兵器,熔铸成十二个金人,放置在皇宫之前,以示从此不再有兵戈之乱。秦始皇将各国的豪门大户迁到都城咸阳,以便于监视。他还修建了以咸阳为中心的网状驿道,统一了度量衡、货币、文字以及车轨的宽度,"车同轨,书同文"。这些措施有效地整合了庞大帝国的各项社会资源,对华夏民族形成一个统一的文明共同体起到了至关重要的促进作用。

但秦始皇也"焚书""坑儒",推行思想钳制政策,彻底终结了"百家争鸣"的文化多元局面,天下是非,皆由皇帝"别黑白而定一尊"。普通百姓也不用学习、思考,只要按照秦朝的法律去做,"以吏为师"即可。他的这项摧残思想文化的政策饱受诟病,中国的历史文化发展到秦朝也确实进入了"拐点"。先秦的中国文化和秦朝以后的文化,"精气神"绝对不一样,比如,一提"先秦思想",人们立马能想到春秋战国时期的"百家争鸣",会竖起大拇指,会集体点赞,说那是中国思想史上的黄金时代。可秦朝之后呢?皇帝的权力确实是加强了,国家的疆域也拓展了,可思想文化方面却再也没重现过"百家争鸣"的盛况。

秦始皇性情暴躁,性格残忍,虚荣心强,且疑神疑鬼。他滥用民力,修建阿房宫、骊山陵墓,还派大将蒙恬北击匈奴,修筑了万里长城。向南,他派兵攻下了南越,在那里设立了桂林、象郡、南海三个郡,还修建了灵渠,中华的版图历史性地拓展到广西、广东和海南岛。开疆辟土和大兴土木,耗费了大量财力和民力。钱穆先生在《中国经济史》一书中就说:"秦之速亡,并不在于废封建而创建郡县制,而是统一天下以后,役使民力过多过急。如为修建阿房宫及骊山陵寝就劳役了70多万人,戍守五岭役使50万人,戍守长城役使30万人。加上堕城郭、决川防、夷险阻及筑驰道的力役,恐经常得征用200万劳动人民,乃是惊人之数。民力安得不竭？……由于政府动用如此庞大的劳动力，粮饷物资自亦相应增多。原来征收十分之一的田租，可能增加到十分之五，甚至更多。”

完成统一的大秦帝国并没有给人民带来真正的福祉，反而成了压榨人民的机器。秦朝的暴政让民间的不满情绪越来越重，秦始皇想靠不断“出巡”来向百姓彰显皇帝的奢华排场和绝对权威，他还想找到长生不老的药物，以让自己永远地活下去，一直当威风八面的皇帝。但他的这两个愿望都落空了，不但长生不老药没能找到，他自己也死在了出巡的路上，年仅49岁。

秦始皇死后，宦官赵高和丞相李斯即发动政变，矫诏将本该继承皇位的公子扶苏赐死，而扶持胡亥继位，是为秦二世。秦二世更加残暴，昏聩。百姓不堪秦国暴政，纷纷揭竿而起。三年之后，秦帝国灭亡。美国著名汉学家费正清先生说：“秦始皇创立万世帝国的梦想彻底破灭了。不过他创建的帝国制度却保存了下来并延续了两千多年，从而成为世界历史上保持时间最长的政治制度。在中国古代的史书中，秦始皇多以暴君的面目出现，但今天的中国学者却公正地认为他是统一中国的功臣。”费正清先生的评判极好，我只想改变一下次序，秦始皇是统一中国的功臣，但他也确实是一个暴君。没办法，历史就是这么吊诡。

编外补

战国时期的食客

一

秦赵之间的长平之战打到第三年的时候，赵国换将，解除了老将廉颇的指挥权，而代之以擅长纸上谈兵的赵括。赵国在长平之战中惨败，燕国趁火打劫，“举兵击赵”。赵孝成王此时缓过神儿来，复用廉颇为将。结果，廉颇率赵军“大破燕军”，还斩杀了燕军主将栗腹。赵国遂封廉颇为信平君，代理相国。

有趣的是，就在廉颇经历被免将又“复为将”的人生沉浮之际，廉颇门下的食客也有一番精彩表演。廉颇“失势之时，故客尽去。及复用为将，客又复至”。廉颇被解除军权的时候，门下的食客全都离开了，等他再次当上将军，门客又回来了。

平日里养着这些食客，本想着要他们与自己患难与共，哪里想到他们全是势利眼？廉颇很生气，就对这些又回来的食客说：“客退矣！”你们还是都走吧。

结果，更有趣的一幕上演了。门客中有人说：“吁！君何见之晚也？夫天下以市道交。君有势，我则从君，君无势则走，此固其理也，有何怨乎?”意思是,哎呀,您的思想观念为什么不能与时俱进呢? 现在天下人都以做买卖的原则打交道。您得势,我们便追随您;您失势,大家便各自散去,这是很正常的道理,您又何必抱怨呢?

大家谈及名将廉颇,多是谈他与蔺相如之间的“将相和”及“廉颇老矣,尚能饭否”的典故。相比之下,他与门客之间的这段小故事容易被忽略。可在我看来,廉颇门客的这段话信息含量丰富,既道出战国时代的社会风气,亦讲清了当时食客与主人之间的“潜规则”。

战国时期的社会风气是什么? 就是“天下以市道交”,各个领域都充斥着争名逐利、趋利避害的精致利己主义者的身影,四处弥漫的都是“只问利害,不问是非”的实用主义的味道。孟子所说的“上下交征利”可谓是对当时社会的经典概括。他跟魏惠王说:“大王何必曰利,亦有仁义而已矣。”劝魏惠王不要总是“言利”,身为国君要多谈仁义。孟子是有人文情怀的理想主义者,在当时就被不少人讥为“迂阔”,就像今天有人谈情怀也会被奚落为“文青”一样。所谓理想主义者,很大程度上就在于这些人的想法与现实有差距,用好听的话说是他们不肯同流合污,用不好听的话说就是理想主义者都有点“傻帽”,有些“迂腐”。就战国时代而言,“上下交征利”才是主流价值观,“仁义”绝对是非主流,边缘理念。我们看那些能成功说服君王的纵横家,如苏秦、张仪,他们在君王面前所谈的,全都是赤裸裸的利害,“诱之以利,吓之以威”,即“胡萝卜加大棒”,听我的,好处大大的,不听我的,“有你好看的!”正是在这种大的社会氛围之下,吕不韦才能从一介商人一跃而为秦相。为啥? 在一个“天下以市道交”的时代,商人的思维无疑更容易被上上下下认可,也更容易获得所谓的成功。

社会氛围自然会影响到食客文化。食客是战国时期一个特殊的社会阶层,他们虽在经济上依附别人,但他们拥有“用脚投票”的权利,可以自由选择主人,可以自由来去。他们与主人之间的关系,跟今天的员工与单位差不多。单位发展势头好,给的工资、奖金高,员工就愿意来你这里工作;单位效益不好,工资、奖金屡屡下降,那也别怪员工跳槽到别处。古人形容这种情况叫“树倒猢狲散”，非常形象。廉颇被免职，就相当于“树倒”，门客相当于“猢狲”，大树一倒，猢狲自然四散，这是正常的规律。我们不能怪罪“猢狲”，要怪也要怪大树，谁让你倒掉了呢？恰如单位，遇到人才流失的情况，单位领导与其抱怨辞职、跳槽的人不懂得“感恩”，不如反思一下自己为何没能将人才留住。用廉颇门客的话说就是：“君有势，我则从君，君无势则走，此固其理也，有何怨乎？”此语堪称战国时期食客与主人之间的“潜规则”，亦可移用来比附当今员工与单位的互动关系。道理很简单，让“猢狲”不散的最好方法就是大树一直屹立不倒。若“大树”一旦倒了，你也不要怪散去的“猢狲”，等你这棵“大树”再次雄起时，“猢狲”仍会聚在你的周围。君若不信，请重温一下廉颇的这段经历。

二

有人（特别是位居领导岗位的人）可能会问：现在不是也讲员工对单位的忠诚度吗？难道强调错了？忠诚不值得鼓励吗？

我的回答是：没错。确实也有忠诚的员工，恰如战国时期也有非常忠诚的食客。但必须明白，这样的人是极少数，是凤毛麟角，是可遇不可求的。

豢养食客的风气在战国时期盛极一时，王孙公子、豪门贵族纷纷争养食客。其中最著名的就是战国时期的“四公子”：齐国孟尝君、赵国平原君、魏国信陵君、楚国春申君。这四个人都“养士三千”，吕不韦做秦相后据说也“养士三千”，如此算来，仅“四公子”和吕不韦五人就养了1.5万食客，这还不算别人门下的，可见战国时期的食客数量之可观。如此众多的食客之中，只有冯谖、毛遂、侯嬴等几人非常忠诚。当然，也正因如此，他们才能青史留名，为人津津乐道。

孟尝君名田文，是齐威王的小儿子，齐宣王的庶弟，齐湣王的叔叔，堪称皇亲国戚。可是，即便对这样的主人，食客的态度也是“君有势，我则从君，君无势则走”。孟尝君被齐湣王罢相后，他门下的三千

孟尝君像　杨树 绘

食客“皆去”，走得一干二净，留下的只有冯谖。后经冯谖一番“运作”，孟尝君东山再起，“复相齐”，再次当上了齐相。这时，以前走了的那些食客就又回来了。

孟尝君跟冯谖叹曰：“文常好客，遇客无所敢失，食客三千余人，先生所知也。客见文一日废，皆背文而去，莫顾文者。今赖先生得复其位，客亦有何面目复见文乎？如复见文者，必唾其面而大辱之。”意思是，我田文平日就好客，对待食客非常尊重，不敢有所闪失，食客人数也有三千多，这您是知道的。可是，这些食客看到我田文一日被废，全都背弃了我，离开了，对我一点感恩之心都没有。现在，我依靠着先生您的运作才重新当上了齐相，那些食客有什么脸面来见我田文呢？如果他们还敢来见我，我一定把口水吐到他们脸上，大大地羞辱他们。

这个时候，就显示出冯谖见识和境界之高了。在替主人立了大功、正受主人高度信任之际，他非但不对曾经的同僚落井下石，反而替他们辩护。他跟孟尝君说：“生者必有死，物之必至也；富贵多士，贫贱寡友，事之固然也。君独不见夫趋市朝者乎？明旦，侧肩争门而入；日暮之后，过市朝者掉臂而不顾。非好朝而恶暮，所期物亡其中。今君失位，宾客皆去，不足以怨士，而徒绝宾客之路。愿君遇客如故。”这段话的大意是，人有生必有死，这是事物发展的规律。富贵了就有人来依附，贫贱了朋友就会减少，这也是正常现象。您没看那些赶集的人吗？他们早上进市场争先恐后、蜂拥而入，可到了晚上，离开市场时连头都不回。是因为他们喜欢早晨厌恶傍晚吗？不是。是因为他们要的东西到晚上就没有了。您失去了齐相之位，食客就都离开了，这是正常的。您不能怨恨他们，更不能因此就不再养士。我希望您还像以前那样厚待食客。

孟尝君也是个明白人，听了冯谖的高论后，说："敬从命矣。闻先生之言，敢不奉教焉?"立马表明了自己对冯谖言听计从的态度。孟尝君认同了冯谖的观念，也就等于认同了食客与主人之间的那条潜规则，即廉颇食客所言："君有势，我则从君，君无势则走。"战国时期的主人之于食客，尚且要讲"有条件的忠诚"，今日之单位对员工，又怎可单方面地强调"感恩"？孟尝君"遇客无所敢失"，他失势的时候也只有一个冯谖绝对忠诚，与之共进退。今日的一些单位高层，平日待员工刻薄寡恩，遇到危难之时却又期望员工忠诚无限、感恩不尽，这岂不荒谬?

三

冯谖是战国时期食客中极仗义的一位。可是，他能在众多食客中脱颖而出，靠的也绝不仅仅是仗义，而是他卓越的见识和谋划才能。最初，冯谖因家贫而投靠孟尝君，做了一名低级食客，享受的待遇也很差。为了提高自己的食客待遇，冯谖曾三次弹剑而歌，一次说"食无鱼"，一次说"出无车"，一次说"无以为家"，即一次要求提高伙食标准，一次要求给自己配辆专车，一次要求孟尝君替自己供养老母亲。如果孟尝君像现在某些单位的高管那样刻薄，那冯谖肯定要被宣布"下岗"。好

冯谖像　杨树 绘

在，孟尝君没枉担了“好客”之名，三次满足了冯谖的要求。冯谖凭着三次吐槽就使自己的食客生涯连升三级，这可能是历史上性价比最高的吐槽了。大概是受冯谖的启发，现在的很多职场中人也非常爱吐槽，可惜，他们没有遇到现代的孟尝君，工资奖金并未因吐槽而大幅改善。

伙食、专车、母亲供养三项待遇争取下来之后，冯谖就开始真心实意地替孟尝君做事，“不复歌”，也不再吐槽了。从这一点上看，冯谖是非常有职业精神的。我是做食客的不假，但做食客也得讲条件、谈待遇，你不答应我的这些待遇，那我可就要另寻下家了；你若满足了我的条件，那我就兢兢业业地替你工作。

冯谖替孟尝君干的第一件事就是去薛地收债。当时，孟尝君是齐相，在薛地（今山东滕州）有一万户的封邑，还放贷给薛地百姓。冯谖到薛地去替孟尝君收债，“使吏召诸民当偿者，悉来合券。券遍合，起，矫命以责（同债）赐诸民，因烧其券，民称万岁”。先把欠孟尝君钱财的人召来，对账。账目搞清之后，冯谖就起来，说自己受孟尝君之命，一律免除大家的债务，随后就把债券全部烧毁了。欠孟尝君钱财的人看到自己的债务随着熊熊大火化为乌有，喜出望外，对孟尝君感恩戴德，高呼“万岁”。

回去见到孟尝君，冯谖如此为自己的行为辩解：“我去之前曾问您，收债之后需购买什么回来，您说‘视吾家所寡有者’。在我看来，‘君宫中积珍宝，狗马实外厩，美女充下陈’，即您的家中金钱美女都不缺，‘所寡者以义耳’，所缺的只有‘义’。所以，我就用这些钱财替您买了‘义’，‘为君市义’。”然后他还跟孟尝君讲道理，说：“今君有区区之薛，不拊爱其民，因而贾利之。臣矫君命，以责赐诸民，因烧其券，民称万岁，乃臣所以为君市义也。”意思是，您的封邑在薛地，但您却不能对那里的百姓爱民如子，反倒还对他们放高利贷赚钱，这也太任性了。我假托您的命令，免除了那些百姓的债务，烧了债券，那里的老百姓对您感激不尽，高呼万岁。这就是我替您买回的“义”。

一年之后，孟尝君被罢相，回到薛地。结果，离薛地还有百余里，薛地的百姓就“扶老携幼，迎君道中”。孟尝君这时才感慨地说：“先生所为文市义者，乃今日见之。”您所说的替我田文买的“义”，我今天终于见到了。

冯谖所说的“义”其实就是民心。冯谖非常明白在乱世中赢得民心的重要性。替孟尝君赢得民心之后，冯谖认为才替孟尝君凿了“一窟”，“狡兔有三窟，仅得免死耳”。他随后又替孟尝君凿了“二窟”。“一窟”是去秦国造舆论，让秦国聘孟尝君为相，以此来刺激齐王，使他复用孟尝君为相；其二是让孟尝君将齐国的祭器移到了薛地，“立宗庙于薛”，提高了孟尝君与齐王的政治议价能力。有了这三窟之后，孟尝君果然“为相数十年，无纤介之祸”。后人也称，孟尝君能善始善终，“冯谖之计也”，都是冯谖给他谋划得好。一句话，冯谖绝对是战国时代的模范食客，孟尝君遇到他，三生有幸。

四

养士是战国中后期的一种社会风尚，它的形成跟战国时期极端重视人才的社会特点密不可分。葛优曾在电影《天下无贼》中说：“21 世纪什么最贵？人才。”这话完全可以移植到战国时代。豪门贵族养食客，一来是为了表明自己尊重人才、爱护人才的“普世”价值观，另一方面也确是为了网罗人才，起码是想建立一个强大的人才储备库，以备不时之需。

食客也是“士”，但他们与孟子、墨子、庄子这样大名鼎鼎的士人不能相比，他们只能算“士之末流”。用现在的话说，孟子、墨子、庄子之类的人是著名的文化学者，而食客则属于“中小知识分子”，“白领”而已。但即便是养这样的食客，也需要有足够的敬意和包容心。没有对士人的真诚敬意，食客根本就不跟你混，你想养人家，人家未必愿意让你养——因为有其他公子更值得投靠；没有包容心，求全责备，真正的人才也养不住。平原君养客的两个例子能很好地说明这一点。

平原君，名赵胜，是赵武灵王之子，赵惠文王之弟，他三为赵相，“喜宾客”，喜欢养食客。赵胜的别墅与食客的住处相邻。食客中有一个“躄者”（瘸子）。结果，“平原君美人居楼上，临见，大笑之”，嘲笑这个身有残疾的食客。

第二天，“躄者”就来找平原君抗议，说：我不幸是个瘸子，您后宫的美人非但不同情我，反而笑话我，为了让这个美人长点记性，“臣愿得笑臣者头”——如果您把她杀了，把她的头当礼物送给我，我不拒绝。

平原君笑着答应：“诺。”

“躄者”走后，平原君以为是个玩笑，就没当回事。可是一年过后，平原君的门客就走了一半多。平原君感到很奇怪，就问：“我平时对待大家也不错呀，为什么大家都纷纷离我而去呢？”

其中一个门客说：“因为您不杀笑话躄者的那个美人。大家因为这事便认为您爱色而贱士，所以就纷纷离开了。”平原君一听，知道事态严重了，就杀了笑话躄者的那个美人，并亲自到躄者的家中谢罪。经过此事之后，平原君“爱士”的名声传播开来，原来离开平原君的那些人又都回来了。

此事正说明食客在战国时代的地位。他们虽寄生于豪门贵族门下，但他们活得很有尊严，并不卑躬屈膝，在某种程度上比现在的“中小知识分子”及“白领”要有尊严得多。

平原君待“躄者”的故事说明他是真的“喜宾客”，不是叶公好龙。因为真心喜欢，所以他也能网罗到一些人才。孟尝君的食客中有许多“鸡鸣狗盗之徒”，可当他被困秦国之际，恰是“鸡鸣狗盗之徒”帮了大忙，使其顺利脱险。这恰说明养客的特殊功效，反正咱也有钱，平日就养着这些人，说不准关键时刻就能用上。平原君的门客毛遂就是在关键时刻才显出“英雄本色”的。

秦国于长平之战后再次出兵攻打赵国，包围了赵国都城邯郸。赵王派平原君前往楚国，请求楚国出兵相救。平原君打算在门下食客中挑选出二十个文武全才的人一同前往，但只挑选出十九个，剩下的都不符合条件。这时，有一个名叫毛遂的人，主动向平原君自我推荐，请求加入前往楚国的行列。

平原君问："你在我这里当食客几年了？"毛遂回答："三年于此矣。"

平原君说："一个真正有才能的人，就好像一把放在布袋里的锥子一样，立刻就会显露出锋利的锥尖。而你在我门下三年了，我却没听说过你有什么表现，'先生不能，先生留'，你还是留下吧！"

可毛遂坚持要去，他说："'臣乃今日请处囊中耳'，我现在自我推荐，就是请求你把我放进袋子里。并说，如果您早点给我这样的机会，那我就不只是露出锥尖而已，而是早就'脱颖而出'了。"

平原君觉得毛遂说得有道理，就让他一同到了楚国。

见到楚王之后，平原君请求楚国出兵救赵国的邯郸之围。可是会谈非常艰难，从早上到中午，一直都没谈出个结果来，"日出而言之，日中不决"。

关键时刻，毛遂"按剑历阶而上"，问平原君："从之利害，两言而决耳。今日出而言，日中不决，何也？"赵楚等国结盟的利害分析，三言两语就能讲清楚，现在都谈了半天了，怎么还没谈出个结果？

楚王嫌毛遂打断了他与平原君的谈话，就呵斥说："胡不下！吾乃与而君言，汝何为者也！"你赶快滚蛋，我在与你的主人谈话，这里没你说话的份儿。

毛遂"按剑而前"，立马回击楚王："王之所以叱遂者，以楚国之众也。今十步之内，王不得恃楚国之众也，王之命悬于遂手。吾君在前，叱者何也？"你之所以敢呵斥我，不过是仗着你们楚国人多势众罢了。可是我告诉你，在这么近的距离之内，楚国人再多也没用，大王您的小命就在我手里捏着呢。我的主人就在现场，哪里轮得到你呵斥我毛遂？

毛遂做出一副鱼死网破、要跟楚王拼命的架势。结果楚王还真就怂了。

接着，毛遂给楚王来了个激将法："今楚地方五千里，持戟之士百万，此霸王之资也。以楚之强，天下弗能当。白起，小竖子耳，率数万之众，兴师以与楚战，一战而举鄢郢，再战而烧夷陵，三战而辱王之先人。此百世之怨而赵之所羞，而王弗知恶焉。合从者为楚，非为赵也。吾君在前，叱者何也？"意思是，你治下的楚国，幅员辽阔，兵力强大，这都是可以称霸天下的优质资源。可是，秦国的白起带着几万军队来讨伐楚国，接二连三地打败楚国，把大王先人坟墓的所在地夷陵（今湖北宜昌）都给占领了。秦楚之间的深仇大恨，我们赵国人都替楚国感到羞耻，可是大王却不知道报仇雪恨。这合纵抗秦的事难道仅仅是为了赵国吗？难道不是你们楚国向秦国报仇的好机会吗？我的主人在这里，哪里轮得到你来呵斥我？

这番话又结结实实地"棒喝"了楚王。

结果，楚王还真就被毛遂给"棒喝"住了，赶紧说："唯唯，诚若先生之言，谨奉社稷而以从。"答应了赵国的合纵请求，随后歃血为盟，出兵救赵。

回到赵国之后，平原君大赞毛遂，说他"以三寸之舌，强于百万之师"。"毛遂自荐"这个成语亦由此而来。

毛遂也是一位模范食客。我们如果称冯谖是食客中的"智谋哥"的话，那么毛遂就是"勇气哥"。

五

战国的杰出食客中，除了"智谋哥""勇气哥"，还有"气节哥"。魏国信陵君的门客侯嬴就是个"气节哥"。

侯嬴七十多岁才成为信陵君的门客，此前，他一直以隐者自居，甘当看门小吏。信陵君第一次带厚礼去请侯嬴做门客，遭拒。后来，信陵君大办酒宴，亲自驾车去请侯嬴，还把象征尊贵的左边座位空下来，留给侯嬴。如此，侯嬴才接受了信陵君的邀请，成为信陵君门下的一名食客。

侯嬴为信陵君出的最大主意，就是帮助信陵君“窃符救赵”。

“窃符救赵”的背景依然是邯郸之围。秦军围攻赵国都城邯郸，赵国平原君的夫人是魏国信陵君的姐姐，因这层关系，平原君写信给信陵君，请魏国出兵救赵。魏国派晋鄙率十万大军前去救赵。秦王知道消息后，便威胁魏王，说你敢派兵救赵，等我打完了赵国就打你魏国。魏王害怕了，又急命走到中途的晋鄙停止前进，令大军驻守在邺地（今河北临漳），说是去救赵，“实持两端以观望”。信陵君几次请魏王出兵救赵，魏王就是按兵不动。

信陵君不愿眼看着赵国被秦所灭，就自己筹集了车马，带着门客去援赵，打算“与赵俱死”。临走之前，他去见侯嬴。侯嬴说：“公子就努力吧，恕我老了，不能跟你们去了！”辞别之后，信陵君越想越不对劲儿：平时我对你侯嬴够可以的了，我此次赴死，你不随我去也就罢了，怎么连句送别的话都没有呢？他于是便掉转马头，想回来质问侯嬴。

信陵君没想到，侯嬴早就料到他会回来，已经先在门前迎候了。他跟信陵君说：“臣固知公子之还也。”然后分析说，公子重名士，世人皆知。如今遇到危难之事，不充分发挥名士们的作用，却要同秦军拼命，这跟拿肉往虎口里填有什么区别呢？“何功之有哉？”您这么做有什么用呢？我故意不送您，就是因为我知道您会想不通，会再返回来。

信陵君一听，忙向侯嬴下拜说：“不知先生有何赐教？”

侯嬴遂告诉信陵君，能调动晋鄙所带之兵的兵符在魏王的卧室里，而如姬最受宠幸，能出入大王的卧室，偷出此兵符。我听说如姬的父亲为人所杀，是公子“使客斩其仇头，敬进如姬”，您帮助如姬报了杀父之仇。您现在如果请如姬帮忙，如姬一定会帮助盗得虎符。得到虎符，就可以“夺晋鄙军，北救赵而西却秦”。

信陵君依计而行，如姬果然从魏王的卧室盗来了兵符。信陵君带着兵符，准备去到晋鄙那里夺取兵权，指挥大军前去救赵。侯嬴又向信陵君推荐了自己的朋友朱亥，朱亥是个大力士。侯嬴告诉信陵君，如果晋鄙顺利交出军权也就罢了，如果晋鄙不肯交出兵权，就让朱亥打死他。

一切都安排好之后，侯嬴对信陵君说，我年岁已高，不能随你一同去杀敌了。但我会计算你的行程。当你到达晋鄙的营地时候，我将“北向自刭，以送公子”。

信陵君到了晋鄙的大营，出示了虎符，晋鄙果然不肯交出军队。朱亥便“椎杀”晋鄙，信陵君“遂将晋鄙军”。随后，信陵君指挥大军奔赴赵国，击退了秦军，救了赵国。

就在信陵君到达晋鄙大营的那一天，侯嬴果然实践了诺言，面向北方自杀了。

李敖先生解读侯嬴的自杀，说这代表着古代士人的一种气节，即在生死关头，他们会用“死给你们看”的方式激励同志，告诉大家：死没你们想象的那么可怕，不信，我先死给你们看！你们看到我肯为道义赴死，你们可能也就不那么畏惧了。

做食客做到以死明志的份儿上，气节绝对让人感动，所以我觉得评侯嬴为战国时期的“气节哥”名至实归。

战国时期的食客是一个鱼龙混杂的群体，其中既有出类拔萃的“智谋哥”“勇气哥”“气节哥”，也有不少“鸡鸣狗盗之徒”。当然更多的，可能是具备一定专业能力的“技术型人才”。他们寄食于豪门，首要目的就是利用一技之长谋生，并尽可能活得好一些。“趋利”是这些食客的人生常态。但是，当食客阶层的人数越来越大，及食客受到主人的特殊尊重之后，食客之中也会诞生出非凡的人物，比如孟尝君门下的冯谖、平原君门下的毛遂、信陵君门下的侯嬴。这几位是食客中的杰出代表，亦算是对战国养士之风的一份深情的历史报答。他们是几个特例，但仅这几个特例，亦足以让后人明白几多道理，感到几丝温暖，得到几许激励。

战国的“战”

以“战国”来命名一段二百多年的岁月，足以说明战争在那个时代是多么频繁，多么重要。春秋时代，国君要应对的两件大事是祭祀与战争，“唯祭与戎”。等到了战国时期，战争成了各国君王所要面对的头等大事，重要性已远在祭祀之上了。不唯如此，战国时期的战争在性质、规模、战术手段、军事理论等各个方面都发展到了一个前所未有的阶段，值得单独说一说。

春秋时期，战争的性质是“争霸”，即争夺霸主国地位——两国交战，败者称臣纳贡，承认胜方“老大哥”的国际地位即可。但到了战国时期，战争的性质已经不再是争霸战争，而变为兼并战争了，即发动战争的主要目的就是为了兼并土地、夺取城池。如果说争霸战争主要是为了争面子的话，那兼并战争所争的可就不只是面子，更有实实在在的利益，土地、城池、人口等均成了争夺对象。战败了，不但丢面子，还要丢城、丢地、丢人。正因如此，战国时期的战争比春秋时期的战争规模要大得多，战术手段也复杂得多，当然也更加残酷。春秋时代的战争规模小，投入的兵力少（一般不超过千辆战车），战争基本在一天之内结束。若经过战国，再回头看春秋时期的战争，简直就成了小儿科。

战国时期的战争动辄就要投入几万、十几万乃至几十万的兵力，双方旷日持久地厮杀，一场战役打几个月是寻常之事。著名的秦赵长平之战，历时三年，参战兵力近百万，赵军战败后，光被秦军坑杀的降卒就有四十万之多，其规模之巨大、战况之复杂、战局之残酷可谓史无前例。

另外，战争手段和战术水平在战国时期也发展到了一个前所未有的高度，绝非春秋时代可以比拟。春秋时代的战争模式比较单一，两军都使用战车，在一个相对平坦的战场列好阵形，然后发起冲锋。可等到了战国时代，随着战争范围的扩大和作战条件的复杂，战车这种作战方式逐渐就被淘汰了。为什么？其一，战车的使用条件太苛刻，必须在平原上使用，若在山区作战，其劣势就相当明显；其二，与骑兵相比，战车机动性太差。战国时代，赵武灵王的“胡服骑射”是一场极其重要的社会变革，这场变革体现在军事领域，更是具有革命性——以骑兵代替战车，直接将战争从 1.0 版本升级到了 2.0 版本，其颠覆性一点也不亚于网上购物与赶大集。战车与骑兵相比，机动性太差。战车一方即便打赢了，人家骑兵掉头就跑，你追不上；若战车方打败了，你驾着四匹马拉的战车如何跑得掉？其三，战车已经不适应新技术条件下的战争形势了。战国时期，各国都有弩箭部队，那就是当时的“远程武器”，战车这么大的目标，不正成为人家弓箭的靶子吗？正是基于上述原因，战车这种作战形式在战国时期就被淘汰了，取而代之的是骑兵、步兵、侦察兵、箭弩兵等多兵种的协同作战。

战术手段的丰富性势必然带动战场形势的复杂化，而战场形势的复杂化又呼唤着军队训练的专业化和战役指挥的专业化，彼此互动，也就将军事理念和战术水平提升到了一个新的高度。秦国最后能兼并六国，在军事上就在于秦军有它独创的先进战法——箭弩阵与轻骑兵密切配合的突击法。秦军与敌方作战，第一轮上场的是训练有素的箭弩兵，他们按一定的阵形摆开，对着敌方的部队或城池，密集发射

“箭雨”，这类似于二战时期的“炮火打击”。一阵密集的箭雨之后，秦国的轻骑兵趁着对方阵脚大乱之际就迅速发起冲锋，他们或直插要害，“中央突破”，或“两翼包抄”，合围敌人。这种先进的战法，再加上士兵训练有素，所以秦军才在战争中屡屡取胜，威震诸侯。在战国后期，唯一能对抗秦军的赵国军队，亦有他们的撒手锏——骑兵冲锋战术。赵武灵王“胡服骑射”改革之后，赵国的骑兵规模和骑兵作战能力均发展迅猛。赵国与他国作战，往往就利用他们的骑兵优势，以骑兵占领战场制高点，通过骑兵居高临下冲锋的方式冲垮敌人。公元前269年，秦赵之间在阏与交战。赵国名将赵奢前期故意行军缓慢，给秦军造成赵国畏战的假象，意在麻痹秦军。随后，他率部急行军赶到战场，以骑兵占领战场高地，迅速发起了冲锋，一举击垮了秦军。

战争频繁，对手之间相互对抗，也相互学习，这使得战国时期的战术手段迅速提升。比如，秦国在孝公时期与韩国交战，发现韩国的劲弩有强大的杀伤力，他们缴获劲弩后就用心研究，随后开发出威力更大的秦弩。在阏与之战被赵军打败之后，秦人也积极学习骑兵战术，并结合本国特点，开发出了用轻骑兵迂回包抄、合围敌军的战术。公元前260年，长平之战中，白起就利用轻骑兵包抄、合围的战法，将赵括率领的赵军成功地分割包围。

战术手段之外，军事指挥艺术在战国时期也发展到了一个新高度。战国时期，前期的军事指挥还是军政不分的，即一国的国相也统领一国的军队，经常指挥军队作战。越到后期，军事指挥越由专业化的战将负责。为赢得战争的胜利，这些将领极尽所能，创新出了许多新的战役形式，指挥了许多经典战例。这些战例不仅丰富了指挥艺术，而且也推动了军事思想的进一步发展。比如，孙膑在马陵之战中打败庞涓，采用的是伏击战；廉颇在长平之战中之所以能与秦军对峙三年，用的是堡垒防御战；白起在长平击败赵括，打的是大规模歼灭战；三家分晋之际，智伯先是对赵襄子用水攻，放水淹赵晋阳城，后来他自己也被赵、韩、魏三家水攻；齐国的田单用“火牛阵”奇袭燕军大营，用的是火攻。这些不同的作战模式和指挥思路，使得战国时期的战争异彩纷呈，可圈可点。更重要的是，随着战争实践的发展，兵家和兵法理论体系亦在战国时期趋于成熟，《孙膑兵法》《吴起兵法》《鬼谷子兵法》直到今天还是人们津津乐道的军事理论专著。

战神的魔咒

战国时期“战”字当头，一大批卓越的军事将领也在战争中脱颖而出，他们成为后世很多军事发烧友心目中的战神，比如孙膑、吴起、乐毅、田单、白起、赵奢、廉颇、李牧、王翦、蒙恬等。可以说，这些人通过他们的实战指挥和理论总结，将中国的军事思想、战术水平提升到了一个新的历史高度。

可是，仔细考察这些战神的命运，就会发现他们得善终的人很少，被冤杀的很多。曾经为各自国家精心指挥、浴血拼杀所立下的汗马功劳，亦敌不过“狡兔死，走狗烹”的悲剧宿命。手握重兵的战神，或因功高盖主而遭君王猜忌，或遭敌方反间计陷害，或在残酷的政治缠斗中败下阵来，凡此种种，构成了战神的魔咒——他们可以在战场上运筹帷幄、出奇制胜、建功立业，但战场之外，他们的个人命运却往往以惨败收场。

为了说明这一点，我们不妨看几个例子。

白起，战国四大名将之首，一生征战沙场三十七年，屡将重兵，“战胜攻取者七十余城”，战功卓著，其指挥艺术也是“料敌合变，出奇无穷，声震天下”。如此厉害的战神，最后不还是被秦昭王赐死了吗？

李牧，被誉为“赵国的长城”。他先是指挥赵军击败匈奴，一举解除了边患，后又对阵秦国的虎狼之师，先后在肥下(今河北晋州市)、番吾(今河北灵寿)、邺下(今河北临漳)打败秦军，威震诸侯。可是后来，秦国使用反间计，贿赂赵国宠臣郭开，让他在赵王面前诬陷李牧谋反。赵王昏庸，听信了谗言，解除了李牧的兵权，将其押解回邯郸，赐死。后人称，“赵有李牧，秦人罢东并之势”，赵王冤杀李牧，实属“自毁长城”之举。

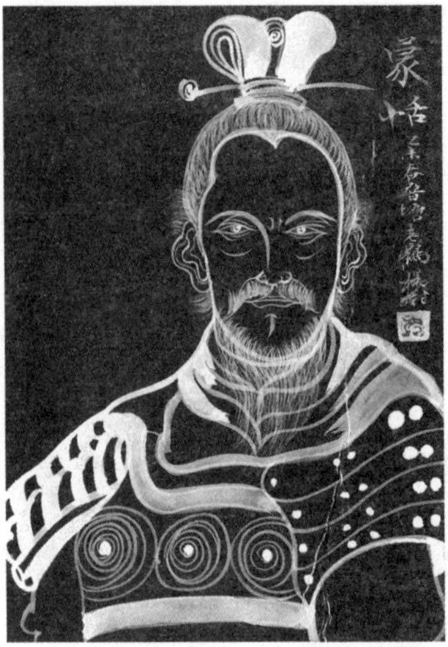

蒙恬像　杨树 绘

蒙恬，他的祖父蒙骜、父亲蒙武都曾为秦国立下过赫赫战功。蒙恬自己做了秦国将军后，“攻齐，大破之”。秦始皇统一六国之后，派蒙恬北击匈奴，收复了今天内蒙古黄河以南的“河套”地区，随后又负责修筑长城，“威震匈奴”。可是，赵高、胡亥、李斯等人发动沙丘政变，为清除异己，他们“遣使以罪赐公子扶苏、蒙恬死”。

与上述被冤杀的战神相比，如乐毅被燕惠王解除兵权后即“亡走赵”，廉颇不为赵悼襄王信任后亦“奔魏之大梁”，两位战神最后客死他乡，已算是不错的结局了。像孙膑、田单、王翦这样能得以善终的战神，诚可谓凤毛麟角。而他们之所以能善终，亦是他们赔尽小心才万幸谋得。

战国时期的战神多数不得善终，具体原因虽各有不同，但核心的一点不变，那就是君王对他们的猜忌。可以说，君王的猜忌就是战神们的魔咒。不论他们在战场上多么英勇善战，也不论他们的军事才能多么杰出，只要他们失去了国君的信任，那他们的人生就立马发生大逆转——由指挥千军万马的将军变成阶下囚，随后含冤而死。

此种情形不仅适用于战国时期的著名将领，历朝历代的武将似乎都是这样。汉代的韩信，宋朝的岳飞，明代的徐达、常遇春等，不也这样子吗？中国古人总结过这种现象，说这叫"飞鸟尽，良弓藏；狡兔死，走狗烹"。现象背后，其实是有人性的深层原因的。君王之爱猜忌能征善战的武将，除了具体君王的道德素质之外，深层根源还在于军政之间的矛盾始终未能很好解决。换言之，在一个前现代国家的政治框架中，君王和武将之间的信任与托付体系并没有良好的制度保证，而是仅靠彼此之间的私人关系来维系。君王信任哪个武将，就可将兵权托付于他，待君王不信任这个武将之时，他就又可解除这个武将的兵权，甚至将其治罪。这种建立在君王私人感情之上的信任与托付体系，无疑是脆弱的，不可靠的——只有君王都是圣人，才能保证他对手下文臣武将的任免不会出错。可是，绝大多数的国君就是普通人，他们和普通人一样贪财好色，和普通人一样爱慕虚荣，和普通人一样争强好胜。

与君王的种种人性弱点相对的是，"枪杆子"一向就极其重要。这种极端重要性本身就是一把双刃剑，即"枪杆子"可以维护政权，"枪杆子"也可以颠覆政权。一个手握重兵的战神，既可以为国家御敌于国门之外，甚至是开疆辟土，亦可以发动兵变，篡夺王位。武将的军事才能越杰出，就越能建立赫赫战功；可是，当到了"功高盖主"的时候，他对君王的潜在威胁也就越大——他的军事才华和他在军中的威望都足以让他号令三军，发动兵变。不用等他真发动兵变，只要他具备了这种可能性，就足以让君王睡不好觉。君王为了能睡个好觉，所以就每每出手解除战神的兵权，甚至将其干掉。在君王的眼里，你战将再厉害，也不过是我养的一条狗，养你是为了让你给我看家护院的，不是让你吓得我睡不着觉的。你搞得我都睡不着觉了，那怎么行呢？不要说你是猎犬了，就是藏獒，也不能再养你了。从这个角度看，君王之猜忌能征善战的武将，也是有其可以理解之一面的。赵匡胤不就是通过发变兵变篡夺了人家柴家的天下吗？赵匡胤深知个中三昧，所以他当上皇帝之后采用了“杯酒释兵权”的办法，和平地解除了著名战将的兵权。纵观历史，我们不得不说，与“兔死狗烹”相比，“杯酒释兵权”已经算是比较温和、比较人道的做法了。

有人可能会问：若照你这么分析，那岂不意味着战神被冤杀是合情合理的了？凭什么战神就该死？我的回答是：任何人都不应该被冤杀，为国家立下过汗马功劳的战将当然更不应该被冤杀。这一点是毫无疑问的。可是，历史确实又有许多战神是被冤杀的，这种不应该的事情反复发生，恰说明这是一个困局，一个魔咒。古代社会，这个困局一直没有在制度上得到破解。身为武将的人，只能期盼遇到明主；身为君王的人，也只能靠自己的“知人善任”和“用人不疑”；君臣之间的信任则就只能靠情感关系来维系了。我们必须说，这些方法也有一些效果，但是，不能解决根本问题。原因很简单，人与人之间的关系本来就是充满变数的。就像男女青年恋爱时的温情脉脉并不能保证日后的白头偕老一样，君王与武将之间的信任也不是一成不变的。当初的信任并不代表着永久的信任；今天的信任与托付也绝不能保证日后不会翻脸；现任君王的赏识与信任也并不能保证下一任君王继续赏识与信任。

手握重兵，就容易让君王猜忌；变数太大，则招致危险的几率亦大。但是，号令三军、建功立业的诱惑也同样巨大。许许多多的人为了追求后者，宁愿戴着魔咒也要选择做一个威风凛凛驰骋疆场的武将。他们就像孙悟空，宁愿被唐僧念紧箍咒念得头疼，也要加入到西天取经的团队。他们是现实的孙行者，他们是人间的斗战胜佛。

如何赢得君王的信任?

一个人要赢得他人的真正信任,这本身就是一件很难的事,如果这个人再是手握重权的君王的话,那就更难了。大家可以设想,在职场上你要想得到董事长的信任难不难?在官场上,你要得到局长、书记的信任难不难?已经是现代社会了,你想得到一个小范围里的"头儿"的青睐都不容易,遑论在古代那种等级森严的社会里,遑论你要得到的还是君王的信任?

难是难,可是到底有没有争得君王的信任的办法呢?还真有。我先试着总结出以下几条。

比如,钓。经典案例就是姜太公,他老人家取得周文王信任的办法就是坐在河边钓鱼,而且鱼钩还是直的——正常的鱼钩能钓到鱼,人家这个笔直的鱼钩却能调到君王的信任。果然,周文王发现这个用直钩钓鱼的老先生不是凡人,一谈之下,相见恨晚。于是,就拜姜太公为老师,并请他辅佐自己,中国历史上一对模范君臣就此诞生。与姜太公相似的还有孔子的学生子夏。孔子去世之后,儒家"一分为八",分成了八个门派,以子夏为首的讲学团队是其中非常重要的一派。他们这个讲学团队后来被魏文侯迎请到了魏国,魏文侯还拜子夏为师,给予极高的礼遇和信任。在魏文侯的信任和支持下，子夏和他的弟子开始了一段有名的“西河讲学”岁月——这是儒学发展史上的一个重要阶段。史书上没留下子夏游说魏文侯的任何言辞，说的都是他被魏文侯“迎请”到了魏国。看来，他和姜太公一样，是凭着自己的道德学问征服了君王，使其主动“上钩”的。

能“钓”到君王的信任当然是极好的。众多史实也证明，君王主动“上钩”，尊重、信任某人，一般这种君臣关系都非常牢固、和谐。周文王之于姜太公、魏文侯之于子夏都是这样的。可是，我们必须说，“钓”得君王的信任，其效果虽佳，但毕竟不是一种常规手段，属于可遇不可求之列。或许正因为这个原因，很多急切地想得到君王信任的人，一般不采取这种被动等待的方法，他们大多喜欢主动出击。

主动出击的方法也分好几种，比如“连忽悠带骗”法。这种办法战国时期的纵横家用得最多最娴熟，其秘诀是，游说君王的时候，能忽悠就忽悠，能哄就哄，能骗就骗，为了目的可以不择手段。就手段的效果而言，晓之以理不如诱之以利，诱之以利不如吓之以威。张仪游说楚怀王可说是这方面的经典案例。张仪替秦国出使楚国，目的是拆散齐楚联盟，以便秦国分而治之。为了达到这个目的，张仪根本没跟楚怀王讲什么外交原则、国际公约之类的道义和道理，而是上来就诱之以利，跟楚怀王说，请您跟齐国绝交，绝交之后秦国给楚国方圆六百里的商於之地，此外秦王还会把他漂亮的女儿嫁给您。上来就是赤裸裸的利益诱惑——给你土地、美女，你要不要？有人可能会觉得这招很低级，但是，它就是管用。要知道，从古至今，不少领导人都是经不住金钱和女色诱惑的，在巨大的诱惑面前，他们的智商总是一降再降。楚怀王就是如此，不管这种不靠谱的事别人信不信，反正他信了。结果，他被骗了，还傻呵呵地派人跟着张仪到秦国，准备接收那“六百里商於之地”。到了秦国，张仪变卦了，“哪里有六百里？我说的是六里”。这真是骗你没商量。楚怀王很生气，发兵攻打秦国，可惜打不过，损兵折将。这时张仪再次到楚国来，这次不诱之以利，而是吓之以威，跟楚怀王说，秦国实力如何如何强大，你楚国是根本打不过的，好好跟秦国搞好关系才是上策。你如果不跟秦国建立友好的外交关系，那秦国就会大兵压境，打你没商量。你可要想好了后果吆。结果，楚怀王被吓住了，又信了张仪。在当时，各诸侯国的人都知道张仪是个"反覆无常之人"，不是什么正人君子，可是，他替秦国搞连横偏偏屡屡得手。为什么？说白了就是各国君王均有贪财好利、目光短浅、见利忘义等致命弱点，所以才屡屡被他"胡萝卜加大棒"的方法忽悠住。

再比如，"盟誓"法。古代的盟誓效用大概与今天的签合同差不多，口说无凭，咱得落实到白纸黑字上。盟誓有仪式，有誓词，非常庄重，一般不能反悔。这有点像今天的男女双方登记结婚——虽然登记过的婚姻也未必真保险，但毕竟说明这种关系是受法律保护的，不能当儿戏。这个招法严格来说属于"巩固信任法"，即害怕君王中途变卦，不再信任自己了，所以就用这种方法固定这种信任关系。战国时期的名将甘茂用过这个办法。当时，秦武王想让甘茂带兵去攻打韩国的宜阳。甘茂没有乖乖领命，而是先跟秦武王谈起了条件，他说："宜阳说是一个县，其实相当于一个郡，秦军要千里奔袭，还要通过许多险要的战略要地，非常难。以前，孔子的高徒曾参居住在费县，鲁国有个与曾参同名的人杀了人。有人告诉远在家乡的曾参母亲：'你的儿子曾参杀人了！'结果呢？'其母织自若也'，曾参母亲镇定自若，照常织布，她根本不相信自己那个德操极佳的儿子会杀人。过了一会儿，又一个人来告诉说：'你的儿子曾参杀人了。'结果，'其母尚织自若也'，曾参妈妈还能镇定自若地织布。又过了一会儿，又来一个人说：'你儿子曾参杀人了。'结果呢？'其母投杼下机，逾墙而走'，没织完的布也不要了，织布机也不管了，赶紧翻墙逃走，害怕受儿子牵连也被官府抓走。"然后甘茂就跟秦武王说："夫以曾参之贤与其母之信也，三人疑之，其母惧焉。今臣之贤不若曾参，王之信又不如曾参之母信参也，疑臣者非特三人，臣恐大王之投杼也。"意思是，曾参的德行那么高，他的母亲对他的信任那么深，连着有三个人怀疑曾参，他母亲都害怕。现在我的贤德没法跟曾参比，大王您对我的信任也不及曾参母亲对曾参的信任，朝中怀疑我的人又不止三人，我害怕您中途会对我失去信任。甘茂还给秦武王具体分析说，我如果带兵去攻打韩国宜阳，樗里子、公孙奭两位大臣一定会非议我，大王您一定会听信他们，这样一来，您背上反悔的恶名，我也白白得罪了韩国。

秦武王赶紧说："寡人不听也，请与子盟。"我不听信他们对你非议的话，不信，咱们搞个盟誓。

甘茂等的就是这个。两人在息壤这个地方举行了盟誓，盟书各拿一份，就想今天的合同一样。

之后，甘茂带兵去攻打宜阳。宜阳不好攻打，"五月而不拔"，围攻了五个月还没攻打下来。结果，樗里子和公孙奭两个人果然就到秦武王那里去说甘茂的坏话，希望秦武王将甘茂召回，"欲罢兵"，既然都打了五个月还打不下来，那你就回来吧，不打了。

这个时候，甘茂的盟誓派上用场了。甘茂说："息壤在彼。"您忘了当初和我一块在息壤举行过盟誓了吗？誓词我手里还有一份呢，您那份也该还在吧？

一提盟誓，秦武王没话说了，只好继续履行合约，"大悉起兵"，继续给甘茂增兵，坚决支持他的宜阳之战。结果，甘茂"斩首六万，遂拔宜阳"，取得了宜阳之战的胜利。此战之后，韩国震恐，赶紧派人到秦国求和，"与秦平"。

若不是甘茂用盟誓约束秦武王，我估计秦武王肯定会中途变卦。失去了君王的信任和支持，甘茂指挥的宜阳之战也不可能取得胜利。

盟誓法属于古代的"法治"思维，即便跟君王办事，咱们也得"先小人后君子"，重合同，讲信用。这里面是很有点契约精神的，也值得提倡。可惜的是，一般的人没胆量与君王讨价还价地谈"契约"，一旦谈不好，惹得君王发了火，那后果岂不很严重？所以这个方法用的人也不多。

还有一种取得君王信任的办法，就是自污法。王翦和萧何都用这个办法。战国末期,秦始皇要派兵攻打楚国,问李信需要带兵多少,李信回答“二十万”。秦始皇又以同样的问题问王翦,王翦回答:“非六十万不可。”秦始皇命李信带兵二十万攻楚,结果失败。秦始皇回头再请王翦出兵,并答应了王翦“将兵六十万”的要求。王翦率兵出征之际,秦始皇还亲自送到灞上。

这时,有趣的一幕出现了。统率六十万大军的王翦要秦始皇赐给他许多良田美宅,秦始皇说:“将军行矣,何忧贫乎?”意思是,将军您尽管带兵出征吧,我怎么会让您受穷呢?王翦说:“做大王的将军,有功最终也不能封侯,所以我趁着大王还肯赏我酒饭时,就及时请求点赏赐,以作为子孙后代的家业。”秦始皇听后大笑。王翦带兵到了潼关,仍然五次派遣使者回长安,向秦始皇请求赏赐良田。王翦的部下都看不下去了,说:“将军要求赏赐也太过分了吧!怎么能这么贪财呢?”王翦说:“不是的。大王为人狡猾,不信任人。现在他把全国的军队都让我统领,我如果不多向他要些良田美宅,不是等着他怀疑我吗?”原来,王翦不断地要求赏赐,并不是真的贪婪,而是为了取得秦始皇的信任——如果他不这么做,秦始皇可能就会疑心他拥兵造反。他一“自污”,秦始皇就明白,王翦的目的只是求财,而非造反,反倒放心了。看来,与多疑的君主共事,臣下有时竟不得不“自污”!这不是有点逼良为娼的味道吗?

相比于王翦,萧何的“自污”更让人心酸。刘邦建立西汉,萧何是第一功臣,当上了相国。汉高祖十二年,黥布反,刘邦带兵去讨伐黥布,萧何镇守关中。刘邦“数使使问相国何为”,即屡屡从前线派使者回来寻问萧何在干什么?萧何当时正一心一意地治理国家,“拊循勉励百姓,悉以所有佐军”。治国的同时,还鼓励百姓捐出家财支援国家的平叛战争。按说,萧何的做法实在太好了。可是,有一个门客指出了萧何的危险,他说:“您不久就会被灭族了。您身居高位,功劳第一,不可能再得到皇上的提拔了。可是,自进入关中以后,您就一直得到百姓的拥护,如今已有十多年了;皇上数次派人问及您,就是害怕您得到关中百姓的拥戴，也会像韩信、陈豨等人一样谋反。现在您为何不利用职权贱买土地，租出去赚钱呢？您用这种方法自损名声，皇上才不会对您起疑心。”萧何依计行事，刘邦得知情况后，果然非常高兴。

刘邦打败黥布后回来，百姓拦路上访，控诉相国萧何抢夺百姓田地。萧何拜见刘邦，刘邦笑着对萧何说：“相国对百姓真好！”然后就把老百姓的上访信交给了萧何，说：“君自谢民。”您自己看着给老百姓个答复吧。萧何本是贤相，趁机建议：“长安地狭，上林中多空地，弃，愿令民得入田，毋收稿为禽兽食。”意思是，长安附近土地少，而刘邦的上林苑空地很多，希望刘邦将上林苑的空地拿出一些来给老百姓耕种，田里的秸秆还可以给牲畜做饲料。

刘邦大怒，说：“相国你自己到处敛财，却让我把上林苑的空地让给老百姓。有这样的相国吗？”于是就将萧何下狱了。几天之后，有王卫尉（卫尉，乃统率卫兵守卫皇宫之官）问刘邦，为何要将相国萧何下狱？刘邦说，人家李斯做秦始皇的相国，“有善归主，有恶自与”，遇到好事就归功皇上，事情搞砸了就自己替皇上担着。现在，萧何自己收受商人的钱财，却在我面前为民请命，这是他“自媚于民”，所以我要下狱治他的罪。

王卫尉跟刘邦说，相国为民请命，这是职分所在。您以为相国真的贪财吗？当年您跟项羽争天下及后来平定陈豨、黥布叛乱时，萧相国一直镇守关中。当时，萧相国如果对您稍有二心，关中大地早就不是您的了。萧相国当时不贪整个关中这个大财，现在反而会贪商人的一点小财吗？而且，李斯做秦始皇的相国，秦朝最后亡国了，又怎么可以效法呢？

听了王卫尉的这番话，刘邦才知道错怪了萧何，就放萧何出狱。萧何被赦之后赶紧“徒跣谢”。刘邦此时反倒说：“您为老百姓请求上林苑的空地，我不许，我不过是桀纣一样的暴君，而相国您则是贤相。我之所以将您下狱，就是要让百姓知道我的过错，以衬托您的伟大。”

萧何自污，虽不免遭受下狱之辱，但总算得到了刘邦的信任，没有像韩信、陈豨等人一样被杀掉。

写了这么多，有读者可能会提醒我了：为什么不提“进谏劝说”法，难道通过进谏，劝说君王改过，不也是一种赢得君王信任的好办法吗？这当然是个好办法，名正言顺，堂堂正正。儒家的经典也不断地鼓励“武死战，文死谏”。我自然也知道这个办法，那为啥不先推荐呢？说出来可能有点让人悲观：这个办法在实践中常常行不通，属于理论上高大上，实际操作起来惊险万分却又收效甚微的一种，所以才放在最后来说。有人会说，不对吧，人家魏征取得唐太宗李世民的信任不就是用的这种办法吗？没错。可是别忘了，中国历史上的君王那么多，李世民却只有一个呀。李世民和魏征的君臣关系也是特例，不好推而广之。孔子周游列国，劝说各诸侯国国君实行“仁政”，结果没一个国君听他的。我读孔子劝说鲁定公、鲁哀公、齐景公等人的言辞，隔着两千五百多年都觉得句句在理，且说到了点子上，针对性也很强。可是，这些君王当时听孔子的了吗？没听。他们为孔子的精神、气度感动过，给过孔子礼遇，甚至对孔子的主张有过心动和犹豫，但最后还是都放弃了。相对于孔子的从容劝说，孟子对战国时期诸侯国君王的游说就激烈得多，有的用“当头棒喝”来形容似乎都不过分，从中可见孟子用心是何等良苦。可是最后呢？游说活动仍以失败告终。大家别忘了，孟子与张仪、苏秦等是同一个时代的人。孟子游说过的君王，比如魏惠王、齐宣王等，张仪、苏秦等人也游说过。这些君王不听孟子苦口婆心的劝说和建议，却听信了纵横家张仪、苏秦之流的“忽悠”，这就叫“听骗不听劝”。若单论口才，孟子的口才也很好，“善辩”，可是，要赢得君王的信任，光能言善辩是不够的，还要能忽悠敢骗。张仪就是既善辩又能忽悠，还敢骗，所以才得到了诸多君王的信任。

当然，“进谏劝说”法还是可以用的，但使用之前最好降低一下对它的期望值，以免日后太失望。世界就是这么诡异，一些原本是名正言顺、看上去很美的事，等到了真正落实的时候往往备感艰难，处处碰壁，而一些“名不正，言不顺”的行径反倒可以畅通无阻、大行其道。

参考书目

司马迁:《史记》,岳麓书社 2001 年版。

司马光:《资治通鉴》,中华书局 2007 年版。

刘向编订:《战国策》,上海古籍出版社 2008 年版。

杨伯峻、杨逢彬译注:《孟子》岳麓书社 2009 年版。

方勇译注:《庄子》中华书局 2010 年版。

方勇译注:《墨子》中华书局 2011 年版。

方勇、李波译注:《荀子》中华书局 2011 年版。

高华平、王齐洲、张三夕译注:《韩非子》,中华书局 2010 年版。

胡适:《中国哲学史大纲》,肖伊绯整理,广西师范大学出版社 2013 年版。

钱穆:《中国经济史》,北京联合出版公司 2014 年版。

钱穆:《中国古代思想史》,九州出版社 2012 年版。

钱穆:《国学概论》,九州出版社 2011 年版。

钱穆:《秦汉史》,生活 · 读书 · 新知三联书店 2004 年版。

钱穆:《国史大纲》,商务印书馆 2009 年版。

（美）费正清：《中国：传统与变迁》，张沛、张源、顾思兼译，世界知识出版社 2002 年版。

（日）平势隆郎：《从城市国家到中华》，周洁译，广西师范大学出版社 2014 年版。

黄仁宇：《中国大历史》，生活·读书·新知三联书店 2004 年版。

黄仁宇：《赫逊河畔谈中国历史》，生活·读书·新知三联书店 2004 年版。

瞿同祖：《中国法律与中国社会》，中华书局 2003 年版。

吕思勉：《中国制度史》，上海教育出版社 2005 年版。

李泽厚：《中国古代思想史论》，天津社会科学出版社 2004 年版。

王力：《中国古代文化常识》，世界图书出版公司 2008 年版。

孙占铨、孙天元编著：《中国历史图谱》，吉林文史出版社 2010 年版。

余英时：《士与中国文化》，上海人民出版社 2013 年版。

许倬云：《万古江河》，上海文艺出版社 2006 年版。

沈长云：《士人与战国格局》，安徽人民出版社 2013 年版。

沈长云、杨善群：《战国史与战国文明》，上海科技文献出版社 2012 年版。

易中天：《我山之石》，广西师范大学出版社 2009 年版。

易中天：《易中天中华史：从春秋到战国》，江苏文艺出版社 2013 年版。

张嵚：《不容青史尽成灰·春秋战国卷》，古吴轩出版社 2011 年版。

李开周：《君子爱财——历史名人的经济生活》，上海三联书店 2011 年版。

熊逸：《春秋大义》，民主与建设出版社 2015 年版。

后 记

感谢魏新先生于百忙之中为本书作序。魏新先生是著名作家、学者、诗人，央视《百家讲坛》主讲，《春秋范儿》一书就是他写的序，那篇《一个人的春秋》不但让书增色不少，而且还增加了不少销量。我这次写完《战国派儿》，又厚着脸皮请他作序，他也爽快，再次出手，写《战的国》，把我本人和这本书都大大表扬了一番。所以，必须感谢魏新先生，他两次为我的书写序，其深情厚谊每每让我想起古代大侠“该出手时就出手”的豪情与仗义。

感谢著名书画家杨树先生。此前他就为《春秋范儿》一书题写了书名，这次出版《战国派儿》一书，他不仅题写了书名，还特意为此书画了插画，这些插画为本书增色颇多。

感谢齐鲁书社的许允龙先生。允龙兄曾编辑过我的两本书（《兼容并蓄长者风——蔡元培》和《春秋范儿》），这本《战国派儿》已经是我们俩的第三次合作了。允龙兄是个理想主义者，有情怀，水平高，业务精。我连续写出的三本书都由允龙兄编辑出版，这是一大幸事。

后 记

感谢妻子对我的支持。在本书的写作过程中,她与我就书中涉及的诸多问题进行过深入讨论,并在文章结构、写法等技术层面提出过良好建议。

感谢广大读者及诸位亲友的关注。一本书的写作与出版,乍看似乎就是作者和编者的案头工作,可实则需要多层面多方位的碰撞与互动,要"众缘和合"方能促成。在写作本书时,我对自己的期许是:既要"接地气",又要"开天眼"。所谓"接地气"就是要拉近历史与现实之间的距离,要把两千多年前的历史写得鲜活生动,让今人能读得懂,且感到有趣;所谓"开天眼"就是不满足于光讲故事,还要有所超越,以打通历史与现实之间的"人性隧道","通古今之变",于时光流变中体察人性的复杂和思想的精深。当然,这只是我的期许,具体做到多少,还要等待方家的评判。

一本书面世之后会有它自己的命运,或为读者喜爱,或被读者漠视,这些都不是作者所能掌控的。此时,我唯一能做的或许就是:祝此书好运!

郑连根

2015 年 6 月 12 日